U0455519

权威·前沿·原创

皮书系列为
"十二五""十三五""十四五"时期国家重点出版物出版专项规划项目

BLUE BOOK

智 库 成 果 出 版 与 传 播 平 台

葡语国家蓝皮书

BLUE BOOK OF PORTUGUESE-SPEAKING COUNTRIES

葡语国家发展报告（2022）

REPORTS ON THE DEVELOPMENT OF
PORTUGUESE-SPEAKING COUNTRIES (2022)

对外经济贸易大学国家对外开放研究院

主　编 / 刘金兰　张　敏　安春英

特聘专家 / 王成安

社会科学文献出版社
SOCIAL SCIENCES ACADEMIC PRESS（CHINA）

图书在版编目（CIP）数据

葡语国家发展报告. 2022 / 刘金兰，张敏，安春英
主编. --北京：社会科学文献出版社，2023.7
（葡语国家蓝皮书）
ISBN 978-7-5228-1594-7

Ⅰ. ①葡…　Ⅱ. ①刘…　②张…　③安…　Ⅲ. ①葡萄牙
语-国家-社会发展-研究报告-2022　Ⅳ. ①D569

中国国家版本馆 CIP 数据核字（2023）第 061003 号

葡语国家蓝皮书
葡语国家发展报告（2022）

主　　　编／刘金兰　张　敏　安春英
特聘专家／王成安

出 版 人／王利民
组稿编辑／高明秀
责任编辑／宋浩敏
责任印制／王京美

出　　　版／社会科学文献出版社 · 国别区域分社（010）59367078
　　　　　　地址：北京市北三环中路甲 29 号院华龙大厦　邮编：100029
　　　　　　网址：www.ssap.com.cn
发　　　行／社会科学文献出版社（010）59367028
印　　　装／天津千鹤文化传播有限公司

规　　　格／开　本：787mm×1092mm　1/16
　　　　　　印　张：15.5　字　数：230 千字
版　　　次／2023 年 7 月第 1 版　2023 年 7 月第 1 次印刷
书　　　号／ISBN 978-7-5228-1594-7
定　　　价／138.00 元

读者服务电话：4008918866

▲ 版权所有 翻印必究

本书得到对外经济贸易大学国家对外开放研究院
区域国别研究院的大力支持

葡语国家发展报告（2022）
编 委 会

主编单位　对外经济贸易大学国家对外开放研究院

主　　编　刘金兰　张　敏　安春英

特聘专家　王成安

编 委 会　（按姓氏笔画排序）
　　　　　王成安　文卓君　成　红　刘金兰　安春英
　　　　　李春顶　宋　爽　何露杨　张　敏　张维琪
　　　　　徐亦行　唐奇芳

主编及主要编撰者简介

刘金兰　对外经济贸易大学国际学院院长，国家对外开放研究院、北京对外开放研究院研究员，中国葡语国家研究中心副主任。长期从事葡语国家研究，参与编写中葡论坛十年报告和葡语国家蓝皮书，参与组织中国与葡语国家联合研究年会，作为主办方代表赴巴西出席国际研讨会并做学术交流，著有《中国与葡语国家多双边合作机制建设与成效》等论文。

张　敏　理学硕士，中国社会科学院欧洲研究所研究员、博士生导师，创新工程项目首席研究员，国务院政府特殊津贴专家，国家社科基金评审专家，兼任中国社会科学院科英布拉中国研究中心执行主任（中方）、中国社会科学院西班牙研究中心主任、中国欧洲学会理事、对外经济贸易大学中国葡语国家研究中心副主任、澳门城市大学特聘导师等。曾在荷兰蒂尔堡大学、西班牙巴塞罗那大学、马德里自治大学、英国皇家科学院、德国弗莱堡大学、比利时科学院、芬兰科学院、欧洲政策研究中心、葡萄牙科英布拉等大学与智库机构进行学术访问与合作研究。曾在欧洲多个国家参加重要国际会议，开设学术讲座、发表英文主旨演讲等。曾多次荣获中国社会科学优秀对策信息二等奖、三等奖，以及国家高端智库优秀成果奖。

安春英　中国社会科学院西亚非洲研究所《西亚非洲》常务副主编、编审，兼任中国非洲问题研究会副会长、中国国际关系期刊研究会常务理事、中国亚非学会常务理事。主要研究方向为非洲经济、非洲减贫与可持续发展问题。主要著述：《非洲的贫困与反贫困问题研究》（专著，2010）、《中非减贫合作与经验分享》（智库报告，2018）、《中国对非减贫合作：理念演变与实践特点》（论文，2019 年）、《中国脱贫攻坚调研报告——恩施州利川篇》（第一作者，智库报告，2020）、《疫情对非洲减贫进程的冲击》（研究报告，2021）、《中非粮食安全共同体的应然逻辑与实践路径》（论文，2022）、《非洲粮食安全困局及其治理》（论文，2023）等。

王成安　北京广播学院（今中国传媒大学）外语系葡萄牙语专业毕业，资深翻译家，中国世界贸易组织研究会外经贸咨询顾问委员会委员，商务部国际商务官员研修学院客座教授。曾担任中国援助非洲佛得角、几内亚比绍专家组葡萄牙语翻译和驻几内亚比绍、圣多美和普林西比使馆经济商务参赞处经济商务外交官、中国—葡语国家经贸合作论坛（澳门）常设秘书处秘书长，中国世界贸易组织研究会副会长。长期从事葡语国家、非洲和对外援助研究。

（以下按照中文姓氏笔画排序）

李春顶　经济学博士，中国农业大学经济管理学院教授、博士生导师，经济贸易系主任。主要研究方向为国际贸易与投资、农业国际合作、全球经济治理。中宣部文化名家暨四个一批青年人才，国家社会科学基金重大项目主持人和首席专家，中国农业大学领军教授和青年科学家创新团队负责人。参与中国—葡语国家经贸合作论坛（澳门）成立 15 周年第三方评估调研并参与撰写评估报告。主持和参与国家社科基金重大项目以及教育部、农业农村部、国家发改委、商务部、财政部、海关总署、国开行等部门有关课题数十项。在 *Journal of Comparative Economics*、*The World Economy China Economic Review*、《经济研究》、《世界经济》、《中国工业经济》等国内外知名期刊上发表中英文学术论文 100 余篇，在美国国家经济研究局 *NBER Working Paper* 上发表工作论文 14 篇，在《人民日报》、《光明日报》、《经济日报》和 *China Daily* 等重要媒体上发表中英文财经评论 200 余篇。

张维琪　法学博士、文学硕士，上海外国语大学西方语系副教授、硕士生导师，上海外国语大学巴西研究中心主任、西方语系葡萄牙语教研室副主任，中国拉丁美洲学会理事、上海欧洲学会会员。1998 年起在上海外国语大学葡萄牙语专业担任教师至今。曾先后赴澳门大学、葡萄牙里斯本大学等高校进修。先后负责讲授 10 余门葡萄牙语专业本科、研究生课程。主要研究方向为区域国别研究、语言学、翻译。近年来正式出版的各类教学、科研成果 40 余项，主持参与多项省部级、校级科研课题，4 项校级课程、教材建设项目。合作编写的《葡萄牙语综合教程》系列教材于 2015～2017 年荣获中国外语非通用语优秀成果奖、上海市优秀教材奖、上外教学成果奖。上海外国语大学"区域与国别研究导论"课程团队成员，该课程入选首批"国家级一流本科线下课程"、教育部课程思政示范课程、上海高校市级精品课程、上海外国语大学精品课程等。

宋　爽　清华大学经管学院应用经济学博士，中国社会科学院世界经济与政治研究所助理研究员。曾先后在联合国亚洲及太平洋经济社会委员会东北亚办公室、英国雷丁大学亨利商学院、英国皇家国际事务研究所、挪威国际事务研究所访问。2018 年参加中葡论坛成立 15 周年第三方评估项目，并赴几内亚比绍、佛得角、葡萄牙以及中国澳门特别行政区的相关政府部门和智库机构调研。主要研究方向为国际金融，在《国际经济评论》《经济社会体制比较》《欧洲研究》《金融论坛》等核心期刊上发表文章 10 余篇。

徐亦行　上海外国语大学葡萄牙研究中心主任、西方语系葡萄牙语教研室主任，教授，硕士生导师，葡萄牙里斯本新大学语言学博士。葡萄牙里斯本科学院外籍通讯院士，教育部高等院校外语非通用语种类专业教学指导分委员会委员，中国非通用语教学研究会理事，全国翻译专业资格（水平）考试葡萄牙语专家委员会副主任，世界葡萄牙语研究大会学术委员会成员。主要研究方向为葡萄牙等葡语国家问题、葡萄牙语语言学。主编《文化视角下的欧盟五国研究：西班牙、葡萄牙、意大利、希腊、荷兰》，合作编著

《葡萄牙语综合教程》1~4册等教材，合作翻译《澳门基本法释要》《巴西经济的形成》《世界尽头的土地上》等。从事葡萄牙语教学及研究多年，2014年获葡萄牙总统功绩勋章。

唐奇芳 中国国际问题研究院副研究员，主要从事中国—东盟关系、中日关系及东亚地区合作等领域的研究。毕业于北京大学和早稻田大学，获国际政治学博士学位。出版专著1部，译著2部，发表学术论文20余篇，参与各类研究课题10余个，并经常在主流报刊发表时评文章。

前　言

　　《葡语国家发展报告（2022）》（葡语国家蓝皮书）与读者见面了。报告由对外经济贸易大学国家对外开放研究院区域国别研究院中国葡语国家研究中心编撰并由社会科学文献出版社出版，这是第七部关于葡语国家经济和社会发展的年度研究报告。

　　安哥拉共和国、巴西联邦共和国、佛得角共和国、几内亚比绍共和国、莫桑比克共和国、葡萄牙共和国、圣多美和普林西比民主共和国、东帝汶民主共和国八国以葡萄牙语为官方语言，分布于欧洲、亚洲、非洲、拉丁美洲四大洲，八国国土面积总计1070万平方公里，人口2.9亿（2020年统计）。中国澳门特别行政区也以葡萄牙语为官方语言之一。

　　2020年初至2021年末，新冠肺炎疫情在全球肆虐，并一直延续至2022年，病毒威胁着人类的健康。葡语国家经济和社会发展遭到重创，其经济增长出现大面积衰退，社会生活受到严重影响。各葡语国家均采取严格措施防控疫情，尽力把损失降到最低限度。中国与葡语国家团结合作、相互扶持、携手抗疫，共同谱写构建人类命运共同体的壮丽篇章。

　　百年未有之大变局正以前所未有的方式展开，全球经济复苏仍然脆弱乏力，人类面临国际安全问题多重威胁，气候治理的赤字尚未填补，数字治理的新课题提上日程，全球通胀的压力超过预期，供应链风险在全球范围内演变，发展鸿沟仍然有待于弥合。但是，国际社会推动全球经济复苏的努力并未付之东流，和平与发展的时代潮流并未发生改变，相信人类必将战胜疫情，迎接美好的明天。

本报告从全球化的视角，纵向观察葡语国家的年度发展趋势，横向比较葡语国家政治、外交、经济、社会、人文等领域；从内外因关系，洞察其发展的内生动力和外部条件，力求揭示其发展特点和规律。同时，运用国际经济学理论，从宏观经济分析入手，结合微观数据论证，客观、公正、准确地反映葡语国家经济和社会发展的全貌，为政府部门制定政策提供智力支持，为企业开展与葡语国家的合作提供咨询意见，为学术界进行交流提供平台。

本报告坚持区域国别研究的属性，着重分析葡语国家自身的经济社会发展变化，还原其客观性和规律性的本质。新冠疫情限制了部分数据的收集，也制约了现场实地的调查。但是，这并不影响数据的权威性，也不妨碍科学的分析和结论的有效性。

本报告的主要作者坚持七年赐稿，使得这部集学术性和政策性于一体的年度发展报告始终处于相关领域研究的前沿，有志于区域国别研究的高校师生的加盟也给作者团队注入新的血液。

感谢对外经济贸易大学国家对外开放研究院区域国别研究院对于本书编辑出版的大力支持，感谢中国—葡语国家经贸合作论坛（澳门）常设秘书处给予本书的指导和大力支持。同时感谢北京外国语大学西班牙语葡萄牙语学院，上海外国语大学巴西研究中心和葡萄牙研究中心，中国农业大学经济管理学院，中国社会科学院中国非洲研究院、欧洲研究所、拉丁美洲研究所，中国国际问题研究院，中国路桥工程有限责任公司对于本书编辑出版的大力支持。

北京外国语大学西班牙语葡萄牙语学院欧洲语言文学专业硕士研究生李诗悦将本书摘要翻译成葡萄牙文，并审定各篇报告摘要和关键词的葡萄牙文，在此一并表示感谢。

摘　要

《葡语国家发展报告（2022）》是第七部关于葡语国家经济社会发展状况和趋势的学术性年度报告。

安哥拉共和国、巴西联邦共和国、佛得角共和国、几内亚比绍共和国、莫桑比克共和国、葡萄牙共和国、圣多美和普林西比民主共和国及东帝汶民主共和国八国遭遇 2020 年全球新冠肺炎疫情的严重冲击，经济增长显现史上未有之衰退，社会生活出现重大灾害性动荡。但是，在如此大疫面前，各国采取超常防控措施，努力维持经济和社会的基本需求，总体上经济和社会在较低的水平上运行。

主报告以大量篇幅综述葡语国家整体经济和社会发展状态和趋势。主报告在对全球政治、经济形势做出分析和判断后认为，世界百年未有之大变局的大幕已经拉开，并且愈演愈烈。新冠肺炎疫情肆虐，国际社会全面投入抗疫斗争。葡语国家面对重大疫情和世界格局剧变的双重挑战，一方面，各国采取严格的防控措施，保护人民生命安全；另一方面，各国坚持不懈地恢复生产，保障社会的基本需求。

2020 年，葡语国家整体上滑入经济衰退之中，多数国家 GDP 出现负增长，人均 GDP 普遍下降，外商投资信心受挫，外债总额上升，失业率增长幅度较大，对外贸易仅维持最低水平。2020~2021 年，葡萄牙举行总统选举和议会选举，选举后社会稳定。2021 年，葡语国家 GDP 获得恢复性增长，对外贸易取得两位数增幅。但是，葡语国家仍然未能摆脱新冠肺炎疫情的羁绊，各国继续采取防控措施，同时促进复工复产，努力实现经济增长。

2020 年，中国与葡语国家进出口商品总额同比略有下降，但是总体上

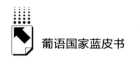

维持基本的贸易规模。中国连续 12 年是巴西第一大出口目的地国和进口来源国，安哥拉成为中国在非洲的第三大贸易伙伴。中国对葡语国家投资同比下降；虽然中资企业在葡语国家开展工程承包新签工程承包合同额实现大幅度增长，但完成的营业额却大幅度下降。中国与葡语国家团结合作、携手抗疫，中国向葡语国家提供大量紧急医疗物资援助和疫苗援助，葡语国家以多种方式支持中国抗击疫情，共同谱写构建人类命运共同体的壮丽篇章。

2021 年，中国国家主席习近平与葡萄牙总统通电话，推进共建"一带一路"建设。中国与葡语国家民间交往不断，促进双边友好合作。

特别报告，系中国—葡语国家经贸合作论坛（澳门）常设秘书处连续 5 年撰写的关于中葡论坛进展情况的年度报告，即 2021 年工作情况及 2022 年工作展望。2021 年，常设秘书处积极筹备中葡论坛部长级特别会议，稳步推进相互贸易投资促进，努力保持文化交流良好势头，积极促进省市间合作，持续开展人力资源合作，支持社会团体和学术机构的活动，参与中葡青年创新创业和双语人才培养基地建设。

专题报告中的四篇报告分别从葡语国家整体和国别的视角观察这些国家在贸易投资、碳中和、双边经贸合作和基础设施建设领域的发展变化。其中，一篇研究中国与葡语国家的贸易投资便利化问题，一篇探讨葡萄牙在欧盟碳中和战略中所采取的政策与行动目标，另一篇分析中国与巴西经贸合作的现状、动因与前景，第四篇介绍中国与莫桑比克的基础设施建设合作中的马普托跨海大桥这一典型案例。

国别报告，按照葡萄牙语国名首字母排序，分国别阐述葡语国家 2020~2021 年在政治、外交、经济、社会和人文等领域的发展变化。其中包括葡语国家经济和社会发展变化的详细情况、中国与葡语国家双边关系发展的具体情况，以及双边经贸合作的进展情况。

附录，编写 2021 年葡语国家大事记，并发布 2017~2021 年葡语国家主要经济指标，以飨读者。

关键词： 葡语国家　经济社会发展　经贸合作

目 录 ↖

I 主报告

II 特别报告

Ⅲ 专题报告

Ⅳ 国别报告

Ⅴ 附　录

目　录

皮书数据库阅读使用指南

003

主 报 告
General Report

B.1
葡语国家经济和社会发展
（2020~2021）

王成安*

摘　要： 2020 年以来，世界百年未有之大变局与全球新冠肺炎疫情叠加，严重冲击葡语国家经济和社会发展。经济出现经年未有之大衰退，人均国内生产总值大幅度下滑，进出口商品总额出现前所未有的双降，吸引外资严重下挫，政府债务负担沉重；社会秩序受到严重干扰，人口虽有不同程度的增长，但是失业率飙升，人民生活艰难，多数国家仍然处于发展中国家状态，发展之路任重而道远。各国采取较为严格的应急措施防控疫情蔓延，在医疗设施短缺的情况下，最大限度地保护人民生命安全。同时，采取特殊的财政政策和货币政策，维持相当规模的对外贸易，努力改善投资环境，将疫情造成的损害降到最低限度。中国与葡语国家加强

---

* 王成安，资深翻译家，对外经济贸易大学中国葡语国家研究中心首席专家，中国世界贸易组织研究会外经贸咨询顾问委员会委员，中国商务部国际商务官员研修学院客座教授。

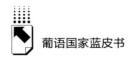
合作，携手共同抗击疫情，中国向葡语国家提供医疗物资援助和疫苗援助，帮助葡语国家缓解新冠肺炎疫情的压力，共同谱写构建人类命运共同体的新篇章。随着新冠肺炎疫情的逐步减弱，2021年葡语国家经济获得恢复性增长，中国与葡语国家的经贸合作迎来发展机遇。

关键词： 葡语国家　经济发展　多双边合作

2020年，世界处于百年未有之大变局之中，又出现新冠肺炎疫情暴发。葡语国家安哥拉、巴西、佛得角、几内亚比绍、莫桑比克、葡萄牙、圣多美和普林西比、东帝汶各国经济发展遭受重创。中国与葡语国家携手抗疫，谱写构建中国与葡语国家人类命运共同体的新篇章。

一　葡语国家经济发展遭遇新冠肺炎疫情，各国采取措施减少损失

2020年，新冠肺炎疫情肆虐全球，葡语国家经济出现衰退，国内生产总值大幅度下滑。各国采取了严格的防控措施，保护人民生命安全，同时采取激励政策，努力将损失降到最低。

（一）葡语国家出现经济衰退，中低收入国家更加艰难

2020年，葡语国家经济普遍出现负增长，其下降幅度之大、范围之广前所未有。新冠肺炎疫情造成企业停工停产、经济活动停滞、物流大量受阻，经济发展面临严峻挑战。

2020年，葡语国家名义GDP总量为1.76万亿美元，占世界经济总量84.7万亿美元的2%，比2019年减少3600亿美元，整体下降了16.98%。东帝汶将石油收入计入国内生产总值，实现了19.02亿美元的增长，增幅达

到 11.3%。圣多美和普林西比的表现不俗，GDP 增长了 3.1%，达到 5.85 亿美元。其他葡语国家经济呈现大幅度下降的趋势，最大降幅达 14.8%（佛得角），最小降幅为 1.2%（莫桑比克）。

2020 年，葡语国家人均国内生产总值呈下降趋势。根据《2017~2020 年葡语国家主要经济指标》的数据，安哥拉人均 GDP 为 6538 美元，同比下降了 5.97%；巴西人均 GDP 为 14920 美元，同比下降了 3.20%；莫桑比克人均 GDP 为 1304 美元，同比下降了 2.90%；葡萄牙人均 GDP 为 34250 美元，同比下降了 5.50%。根据国际货币基金组织 2021 年 4 月发表的报告，其他葡语国家人均 GDP 大幅下降，佛得角人均 GDP 为 6376.6 美元，同比下降了 57.9%；几内亚比绍人均 GDP 为 789.88 美元，同比下降了 61.9%；东帝汶人均 GDP 为 4141.3 美元，同比下降了 63.1%；圣多美和普林西比人均 GDP 为 4273.8 美元，同比下降了 53.7%。这一组国家人均 GDP 平均下降了 59.2%，显示出这些相对弱小经济体在疫情面前表现出的脆弱性。[1]

新冠肺炎疫情给葡语国家的经济发展造成重挫，各国国内生产总值均出现负增长，人均国民总收入下降，大部分国家长期处于中低收入状态，发展之路十分艰辛。未来，安哥拉、圣多美和普林西比有望进入中等收入国家序列，佛得角早在 2004 年就成为中等收入国家，葡语国家的发展仍然大有希望。

（二）艰难开展对外贸易，维持基本进出口规模

除莫桑比克外，其他葡语国家均为世界贸易组织成员；除葡萄牙为发达成员外，其他葡语国家均为发展中成员。巴西、安哥拉的货物贸易相对于其他葡语国家比重较大。

2020 年，葡语国家进出口商品总额为 5644.95 亿美元，占世界货物贸易总额 35.59 万亿美元的 1.59%，比 2019 年进出口商品总额的 6358.66 亿美元减少了 713.71 亿美元，同比下降了 11.22%。其中，葡语国家出口额为 2952.88 亿美元，同比下降了 10.69%；进口额为 2692.07 亿美元，同比下

---

[1] 参见附录《2017~2021 年葡语国家主要经济指标》。

降了 11.80%。2020 年，葡语国家进出口商品总额下降幅度依次为：安哥拉同比下降了 37.60%，佛得角同比下降了 23.72%，莫桑比克同比下降了 17.07%，几内亚比绍同比下降了 12.24%，东帝汶同比下降了 11.92%，葡萄牙同比下降了 9.86%，巴西同比下降了 8.47%，圣多美和普林西比同比下降了 7.19%。除葡萄牙、巴西、圣多美和普林西比外，大多数葡语国家进出口贸易降幅都在两位数以上，其中安哥拉进出口商品总额降幅最大。

葡语国家对外贸易在各自国家经济发展中占据着举足轻重的地位。根据对外贸易类型不同，可将葡语国家划分为四种类型。第一种类型是资源出口型国家，主要依赖石油、矿产品、农产品出口，如巴西货物进出口商品总额为 3890.44 亿美元，安哥拉货物进出口商品总额为 304.80 亿美元，两国获得 323.70 亿美元和 113.94 亿美元的贸易顺差。第二种类型是资源较为匮乏，需要进口燃料、日用品等生产资料和生活资料的国家，如佛得角、圣多美和普林西比，两国货物进出口总额分别为 9.13 亿美元和 1.29 亿美元，当年贸易逆差分别是 6.65 亿美元和 1.01 亿美元。第三种类型国家，虽然本国资源并不匮乏，但是仍然需要大量进口市场上需要的产品，如葡萄牙、莫桑比克和几内亚比绍，这三个国家的货物进出口总额分别为 1334 亿美元、94.72 亿美元和 5.13 亿美元，当年贸易逆差分别为 140 亿美元、22.94 亿美元和 1.13 亿美元。第四种类型国家如东帝汶，其油气资源虽然十分丰富，但是制造业薄弱，尚需进口生产和生活的必需品，其进出口商品总额为 5.45 亿美元，贸易逆差达到 5.10 亿美元（见表 1）。进出口贸易为葡语国家的国际收支平衡、财政收入、发展生产和改善人民生活做出了重要贡献。

表 1 2019~2020 年葡语国家进出口商品总额

单位：百万美元，%

国　家	2020 年						2019 年
	进出口额	出口额	进口额	同比			进出口额
				进出口	出口	进口	
安哥拉	30480	20937	9543	-37.60	-39.71	-32.45	48853
巴　西	389044	210707	178337	-8.47	-6.68	-10.50	425053

续表

国　家	2020 年						2019 年
	进出口额	出口额	进口额	同比			进出口额
				进出口	出口	进口	
佛得角	913	124	789	−23.72	−53.37	−15.26	1197
几内亚比绍	513	200	313	−12.24	−19.69	−6.71	584
莫桑比克	9472	3589	5883	−17.07	−23.13	−12.88	11422
葡萄牙	133400	59700	73700	−9.86	−8.01	−11.31	148000
圣多美和普林西比	129	14	115	−7.19	7.69	−8.73	139
东帝汶	545	17.4	527	−11.92	−33.08	−10.99	619
葡语国家合计	564495	295288	269207	−11.22	−10.69	−11.80	635866
世　界	35591146	17705793	17885353	−10.17	−7.36	−7.58	38463610

资料来源：根据 EIU，*Country Report：Timor-Leste*，February 2022；世界银行网上统计数据库 data. worldbank. org 编制。

　　葡语国家的对外贸易虽然受到新冠肺炎疫情的严重冲击，但是国际贸易活动仍然维持一定的规模。特别是巴西的对外贸易，进出口额同比只出现小幅下降，出口额与上年基本持平，农产品出口实现了 6% 的增长，并且实现了 323.70 亿美元的贸易顺差，同比增长了 6.2%。2020 年，巴西向德国出口大豆、铁矿石、石油、牛肉、蔗糖、玉米、木浆，其中大豆、铁矿石、石油三大出口产品占出口总额的比重超过 35%，巴西对外贸易为其战胜新冠肺炎疫情做出了重要贡献。[①]

　　自疫情发生以来，巴西政府出台了一系列稳定经济的措施，包括总金额 7500 亿雷亚尔的救助计划，按照该计划，政府连续三个月每月直接向临时劳工发放 600 雷亚尔的现金补助。巴西央行下调银行基准利率至 2%，向市场注入流动性。[②] 安哥拉努力扭转石油产量下降的局面，并吸引大型石油公

---

① 《2020 年巴西对外贸易》，中国驻巴西使馆经济商务处，2021 年 6 月 24 日，http：//br. mofcom. gov. cn/article/ztdy/202106/20210603161482. shtml。

② 《巴西央行下调基准利率至 2%》，《经济参考报》2020 年 8 月 7 日，http：//www. jjckb. cn/ 2020-08/07/c_ 139271544. htm。

司的投资，推出新的税收制度和特许权使用费，其石油日产量维持在约120万桶。① 佛得角国民议会审议通过了在圣维森特岛及其周边地区建设海洋经济特区的规划及相关法案。佛得角通过海洋经济特区规划，包括在圣维森特岛东部的萨拉加萨建设集装箱码头、维修船厂及渔业出口物流等设施，发展海洋产业、创造就业机会和促进出口。莫桑比克将液化天然气产业作为未来的经济支柱，改变传统出口结构，促进天然气出口。

葡语国家进出口总额罕见地出现双降，但是在企业停工停产、物流不畅的艰苦条件下，其仍然维持相当的贸易规模，这实属不易。可以看出，能源和农产品出口成为安哥拉和巴西的经济命脉，即使在如此艰难的情况下两国也尽力维持能源和农业生产，尽可能保障国内生产和生活的需要。

（三）外商投资总体受挫，外资流量明显减少

根据《2021年世界投资报告》的数据，新冠肺炎疫情对2020年全球外国直接投资（FDI）产生了巨大影响，全球外国直接投资流量比上年下降了35%，创下2005年以来的新低。发展中经济体的外国直接投资大幅降低，其中国际项目融资下降了42%，绿地投资下降了33%。②

2020年，葡语国家吸引外资流量大幅下降了58.10%，比上年减少了440.77亿美元，远超世界投资流量的降幅水平（34.72%）。其中，几内亚比绍同比外资流量降幅最大，下降了72.22%，减少了5200万美元；巴西同比外资流量降幅次之，下降了62.11%，减少了406.08亿美元；葡萄牙外资流量同比下降了47.67%，减少了57.6亿美元；佛得角外资流量同比下降了31.78%，减少了3400万美元；东帝汶外资流量同比下降了4.00%，减少了300万美元。但是，圣多美和普林西比外资流量逆势增长了93.42%，增加

---

① 《困境中的非洲产油国前景未卜》，中国石油新闻中心，2021年3月22日，http：//news.cnpc. com. cn/system/2021/03/22/030027545. shtml。

② 《联合国贸发会议发布"2021世界投资报告"》，中国国家发展和改革委员会，2021年7月26日，https：//www. ndrc. gov. cn/fggz/gjhz/zywj/202107/t20210728 _ 1291902. html？code = &state=123。

了 2270 万美元；莫桑比克外资流量增幅为 5.65%，增加了 1.25 亿美元。

　　葡语国家外资流入存量同比小幅下降了 8.31%，存量断崖式减少，达到 777.22 亿美元。其中，存量降幅最大的是巴西，下降了 13.75%，减少了 969.45 亿美元；另外，安哥拉降幅为 10.02%，减少了 18.66 亿美元。其他国家外国投资流入存量均呈上升趋势，有 5 个国家的增长率超过两位数。按照增长率由高到低的顺序，依次为：东帝汶，增长了 18.18%，增加了 7200 万美元；几内亚比绍，增长了 17.41%，增加了 4700 万美元；圣多美和普林西比，增长了 15.44%，增加了 4200 万美元；佛得角，增长了 13.45%，增加了 2.92 亿美元；葡萄牙，增长了 10.97%，增加了 181.45 亿美元；莫桑比克是只有一位数增长的国家，增长了 5.81%，增加了 24.91 亿美元。尽管大部分葡语国家外国投资流入存量增长幅度可观，但是由于巴西和安哥拉存量减少的体量较大，葡语国家吸引外资整体情况并不乐观（见表 2）。

表 2　葡语国家 2019～2020 年吸引外资情况

单位：亿美元，%

国　家	流量		存量	
	增加额	增长率	增加额	增长率
安哥拉	22.32	—	−18.66	−10.02
巴　西	−406.08	−62.11	−969.45	−13.75
佛得角	−0.34	−31.78	2.92	13.45
几内亚比绍	−0.52	−72.22	0.47	17.41
莫桑比克	1.25	5.65	24.91	5.81
葡萄牙	−57.6	−47.67	181.45	10.97
圣多美和普林西比	0.227	93.42	0.42	15.44
东帝汶	−0.03	−4.00	0.72	18.18
葡语国家合计	−440.773	−58.10	−777.22	−8.31
世　界	−5313.37	−34.72	39768.12	10.64

资料来源：笔者根据《2021 年世界投资报告》、联合国贸易和发展会议统计数据库编制。

　　2020 年，葡语国家整体上吸引外资大幅度下降，主要原因是新冠肺炎疫情导致许多经济活动处于停滞状态，停工停产、经济衰退、失业严

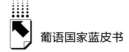
重、投资环境恶化、投资者丧失信心。除大部分国家当年外商投资下降外，安哥拉和巴西出现了外商累计投资同比下降的局面。联合国贸发会议（UNCTAD）发布的《全球投资趋势监测》报告显示，巴西吸引外国直接投资骤降，出现 20 年来新低，其在全球吸引外国直接投资主要国家的排名中，从 2019 年第 6 位下降至 2020 年第 11 位。① 2020 年，巴西石油和天然气开采、电力供应和金融服务方面的外国企业投资大幅减少。其主要原因是疫情期间私有化计划和基础设施特许权处于"暂停"状态，导致福特（Ford）等撤出已经对巴西的投资。葡萄牙对外投资贸易局（AICEP）公布的数据显示，新冠肺炎疫情导致外资不确定性增加，部分外商投资项目的合同签署延期，2020 年，新签外商投资项目合同额比上年下降了 76%，比近年平均水平下降了70%。② 原油价格大幅下滑、全球融资环境急剧收缩等原因，使得安哥拉的公共财政愈加疲弱，降低了外商投资的信心，为此，穆迪将安哥拉评级列入降级关注名单。其他葡语国家当年所面临的外商投资的形势大同小异，这在全球国际投资大幅下跌的状况下在所难免。

世界银行发布《2020 年营商环境报告》，从 10 个领域对全球 190 个经济体的营商环境便利度做了分析，主要包括开办企业、办理施工许可证、获得电力和信贷、登记财产、纳税、跨境贸易、保护少数投资者、执行合同和办理环境，并对营商环境整体情况做了分析和排名。③ 按照这个排名，葡语国家排名靠前的是葡萄牙，排在第 39 位。其他葡语国家排名都在 100 位之后，巴西排在第 124 位，佛得角排在第 137 位，莫桑比克排在第 138 位，圣多美和普林西比排在第 170 位，几内亚比绍排在第 174 位，安哥拉排

① 《联合国贸发会议发布"全球投资趋势监测"报告》，2021 年 1 月 25 日，http：//tv.cctv.com/2021/01/25/VIDEU6BuEzv4i0BNVDAKDZ9o210125.shtml。

② 《2020 年葡新签外商投资项目合同额 2.85 亿欧元，同比下降 76%》，中国商务部，2021 年 2 月 5 日，http：//www.mofcom.gov.cn/article/i/jyjl/m/202102/20210203038199.shtml。

③ 《新华社快讯：世界银行 23 日发布的〈2020 年营商环境报告〉显示，中国营商环境在全球 190 个经济体中排名第 31 位，较去年的第 46 位大幅提升》，中国财经，2019 年 10 月 24 日，http：//finance.china.com.cn/roll/20191024/5104767.shtml。

在第 177 位，东帝汶排在第 181 位。可见，大部分葡语国家的营商环境还有很大的改善空间。虽然各国吸引外资的规模不完全取决于这个排名，但是改善营商环境无疑会增加获得外商投资的机会。由于葡萄牙政府对于新冠肺炎疫情应对迅速，尽管葡萄牙黄金签证在吸引外国投资方面表现一般，但依然吸引了许多外国投资者。根据葡萄牙移民局（SEF）的统计，2020 年通过黄金签证获得的外国投资比上一年下降了 13%，在严峻的疫情形势和严格的出入境政策限制之下，黄金签证还能取得如此出色的成绩实属不易。

（四）争取外国援助和融资，助力经济复苏和缓债

葡语国家各国的医疗系统防控疫情压力较大，防疫医疗物资匮乏，国际社会包括政府部门、企业和个人捐赠口罩、防护服、防护眼镜和疫苗，帮助这些国家抗击疫情。

葡萄牙获欧盟恢复基金支持。欧盟于 2020 年 7 月设立"恢复基金"，旨在促进成员国经济复苏。恢复基金投入 5600 亿欧元预算，其中包括 3100 亿欧元捐赠款项和 2500 亿欧元贷款。根据这项计划，葡萄牙未来几年将获得 153 亿欧元的直接援助，有助于其扩大创新和增加基础设施投资，加快经济和社会转型升级，为经济恢复注入更多动力。① 安哥拉寻求向国际组织借款。安哥拉政府为抗击新冠肺炎疫情，采取审慎的财政政策，保证人民健康和社会安全的必要支出。同时向国际信贷银行（BIC）寻求 300 亿宽扎的借款。这是在国际市场原油价格下跌，石油出口收入减少，而又要按计划实施公共投资项目的情况下所采取的应急措施。国际货币基金组织批准向安哥拉支付 4.875 亿美元贷款，以应对新冠肺炎疫情和石油价格疲软等风险。② 巴西向外国机构寻求贷款。日本国际协力机构（JICA）承诺向巴西百达投资银行（BTG Pactual）提供 2 亿美元贷款，助

① 《设立"恢复基金"促经济复苏　欧盟向合作抗疫迈出一大步》，光明网，2020 年 4 月 28 日，https：//m.gmw.cn/baijia/2020-04/28/1301187442.html。
② 《安哥拉获国际货币基金组织 4.875 亿美元贷款》，央视网，2021 年 1 月 15 日，http：//m.news.cctv.com/2021/01/15/ARTI2fGRsuzBWcAp3xOWWak2210115.shtml。

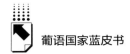
力中小企业发展。① 巴西百达投资银行通过数字化方案 BTG+为中小企业提供总信贷服务。金砖国家新开发银行向巴西提供 10 亿美元贷款，支持巴西政府在新冠肺炎疫情期间为低收入人群发放紧急补助。② 几内亚比绍获得非洲开发银行贷款。2020 年 12 月，几内亚比绍从非洲开发银行获得了 1200 万美元的援助承诺，旨在促进经济复苏。几内亚比绍还从非洲开发银行获得了 1.72 亿美元的一揽子援助计划，包括经济重启，以及农业和技术转型（TAAT）计划，加速稻米生产。③ 莫桑比克获得天然气（LNG）项目融资。莫桑比克液化天然气项目（Mozambique Area 1 LNG）从非洲进出口银行（Afreximbank）获得了 4 亿美元担保和直接贷款的承诺，用于经济和能源的发展。④ 这笔融资用于两条天然气生产线，预计将生产超过 16 万亿立方英尺（约合 4530.72 亿立方米）的天然气和 9300 万桶凝析油。佛得角暂缓偿还外国贷款。应佛得角政府请求，葡萄牙政府同意该国暂缓偿还 2020 年 12 月 31 日之前的直接贷款。⑤ 这是葡萄牙政府帮助佛得角政府缓解新冠肺炎疫情带来的经济、社会和卫生影响的一项举措。为支持复工复产，缓解个人和企业偿还贷款的压力，东帝汶政府决定负担 60%的贷款利息。这项决定适用于东帝汶自然人、总部设在东帝汶的非营利法人实体、独资企业和注册公司，但是不适用于电信、采掘和金融服务等企业。⑥

越是在困难时期，越是能显示国际援助发挥的特殊作用，特别是用于提供医疗物资、派遣医疗小组帮助抗击疫情的无偿援助，凸显人道主义精神。

① 《日本国际协力机构向巴西百达投资银行提供 2 亿美元贷款助力中小企业发展》，中国驻里约热内卢总领事馆，http://riodejaneiro.mofcom.gov.cn/article/jmxw/202202/20220203279618.shtml。
② 《金砖国家新开发银行向巴西提供抗疫贷款》，人民网，2020 年 7 月 23 日，http://m.people.cn/n4/2020/0723/c34-14243844.html。
③ 《非洲开发银行为几内亚比绍提供资金支持》，《证券时报》2020 年 12 月 15 日，http://www.stcn.com/kuaixun/cj/202012/t20201215_2627791.html。
④ 《非洲进出口银行向莫桑比克 LNG 项目提供 4 亿美元贷款》，海洋能源工程资讯平台，2020 年 8 月 10 日，https://www.sohu.com/a/412485978_99912085。
⑤ 《葡萄牙批准佛得角暂缓偿还直接贷款》，中国驻佛得角使馆经济商务处，2020 年 8 月 5 日，http://cv.mofcom.gov.cn/article/jmxw/202008/20200802992206.shtml。
⑥ 《东帝汶政府将为个人和企业负担部分贷款利息》，中国驻东帝汶使馆经济商务处，2020 年 6 月 10 日，http://easttimor.mofcom.gov.cn/article/ddfg/202006/20200602972651.shtml。

通过国际机构和外国融资的渠道，缓解资金短缺的困难，也是救民于水火的举措。这些道义和实际的支持对于帮助葡语国家尽早摆脱新冠肺炎疫情的影响至关重要。但是，融资所带来的债务问题也必须给予重视，应在可持续债务管理的条件下使得政府债务可控。

二 葡语国家社会发展总体稳定，
2020年人口持续增长

（一）人口增长，失业率上升，积极开展疫情防控合作

2020年，葡语国家人口达到2.9亿人，比2019年的2.86亿人增加了近400万人，增长了1.38%。[①] 2020年葡语国家人口占世界总人口（77.62亿人）的3.74%，与上年的占比基本持平。其中，几内亚比绍增幅最大，同比增长了5.3%，达到200万人；另外，安哥拉同比增长了3.5%，达到3290万人；莫桑比克同比增长了3.0%，达到3130万人；圣多美和普林西比同比增长了1.9%，达到21.9万人；佛得角同比增长了1.1%，达到55.6万人；巴西同比增长了0.8%，达到2.12亿人。葡萄牙和东帝汶都是零增长，分别为1030万人和130万人。

巴西地理与统计研究所的调查显示，巴西的就业人数比例在2020年5月底已经下降至49.5%，这是自2012年统计以来就业人数的最低比例，意味着处于工作状态的人口不到总适龄劳动力的一半，有近580万名失业者之前都从事零工行业。[②] 7月，有3020万个巴西家庭获得了疫情期间政府发放的紧急救济金，占巴西家庭总数的44.1%。[③] 巴西当年失业率达到13.7%。

[①] 参见本书附录《2017～2021年葡语国家主要经济指标》。

[②] 《巴西近800万人因疫情失业　仅有不到一半劳动力在工作》，光明网，2020年7月8日，https：//m.gmw.cn/baijia/2020-07/08/1301346701.html。

[③] 《巴西单日新增确诊病例逾4.5万例　累计确诊超350万例》，中国新闻网，2020年8月20日，https：//new.qq.com/omn/20200822/20200822A024QV00.html。

安哥拉全年失业率达到8.3%，该国国家统计研究所（INE）的数据显示，2020年安哥拉失去了53.7万个工作岗位。[①] 莫桑比克2020年全年失业率为3.8%，并不是很高（参见表3）。

表3　2020年葡语国家失业率情况

单位：%

国　家	失业率	国　家	失业率
安哥拉	8.3	葡萄牙	6.8
佛得角	15.3	巴　西	13.7
几内亚比绍	6.7	东帝汶	4.9
莫桑比克	3.8	葡语国家平均值	9.4
圣多美和普林西比	15.7		

资料来源：世界银行，2022年9月20日，https://data.worldbank.org.cn/indicator/SL.UEM.TOTL.ZS?end=2020&start=1991&view=chart。

新冠肺炎疫情不仅造成各国的经济衰退，还威胁各国人民生命安全。大批确诊患者需要救治，医疗资源明显不足。巴西医疗系统承受巨大压力，各大医院新冠肺炎患者人满为患，各地医院投入全部精力应对疫情。2020年3月起，巴西重症监护病房全部用于接诊新冠肺炎患者，国家基本的医疗用品匮乏，医用手套、无菌工作服、消毒用酒精，以及麻醉药、抗生素、肾上腺素和肌肉松弛药短缺，医用血浆供应量不足；个人防护用品需求量增加，医疗物资价格上涨。葡萄牙国内的新冠肺炎疫情持续恶化，医疗系统难以负重，医院负荷过载，不仅缺乏医生及护理人员，而且病床严重不足，大部分加护病床提供给新冠肺炎重症患者。安哥拉政府紧急增加卫生医疗机构的病床数量，从625张增加到5000张，而重症监护病房的床位也从289张增加到1229张。[②]

---

① 《安哥拉2020年非正规就业占就业人口的80%以上》，https://www.sohu.com/a/477050404_121123712。

② 《安哥拉政府将继续加大抗疫力度　以阻断新冠病毒社区传播》，央视新闻，2020年10月16日，https://baijiahao.baidu.com/s?id=1680707313235879689&wfr=spider&for=pc。

佛得角迎来援助医疗队，开展针对如何治疗重症患者的医疗培训。① 佛得角普拉亚和圣维森特岛分别迎来了葡萄牙政府派出的两支医疗队，加强两岛中心医院的医护力量，主要对佛得角医务人员进行治疗重症患者培训。两支医疗队由葡萄牙国家医疗急救中心专家、葡军方人员和重症监护室医护人员组成。葡萄牙于 2021 年 5 月 5 日派先遣组赴佛得角了解当地疫情。此次行动是葡萄牙政府落实"葡萄牙与非洲葡语国家和东帝汶间应对新冠肺炎疫情卫生行动计划"的一部分。此外，葡萄牙迎来援助医疗队支持，进行抗疫。② 葡萄牙里斯本一家医院迎来了德国国防部派出的一支由 26 人组成的援助医疗队，其携带 50 部呼吸机和 150 张简易病床进行为期 21 天的抗疫援助。葡萄牙 2020 年初期疫情形势严峻，累计确诊病例 720516 例，累计死亡病例 12482 例，处于非常艰难的时刻。虽然疫情也给德国医疗体系带来巨大挑战，但是德方认为"此刻的欧盟，团结必不可少"，必须提供援助。东帝汶接收医疗物资援助，积极抗击新冠肺炎疫情。柬埔寨洪森首相代表政府援助了 105 万只口罩和医疗设备助力东帝汶政府抗击疫情。③ 柬埔寨航空公司受政府委派安排两架专机运输这批物资，柬埔寨外交与国际合作部国务秘书吴波烈率领政府高级代表团随运输物资飞机赴东帝汶，受到东帝汶政府相关代表的热情迎接，双方在现场举行捐赠仪式。柬埔寨航空公司还分别向东帝汶和缅甸运送了 330 余万只口罩、医疗设备等防疫物资。安哥拉得到援助资金，政府组织民众抗击疫情。安哥拉得到了葡萄牙卡蒙斯合作与语言研究所（CAMÕES-INSTITUTO DACOOPERAÇÃO E DA LÍNGUA PORTUGAL）向部分葡语国家捐赠的资金用于当地抗击疫情。④ 英国石油公司（BP）安哥拉子公

---

① 《葡萄牙政府派出医疗队支援佛得角抗疫》，中国驻佛得角使馆经商处，2021 年 5 月 18 日，https://zhejiang. investgo. cn/investment/country/detail/350123。

② 《德国国防部将派遣医疗队支援葡萄牙抗击疫情》，光明网，2021 年 2 月 7 日，https://m. gmw. cn/2021-02/02/content_ 1302086546. htm。

③ 《柬埔寨向东帝汶援助 105 万只口罩》，搜狐网，2020 年 12 月 2 日，https://www. sohu. com/a/435878549_ 120437642。

④ 《安哥拉：由国家紧急状态下调至公共灾难状态》，东方网纵相新闻，2020 年 6 月 20 日，https://baijiahao. baidu. com/s？id=1669998145542067010&wfr=spider&for=pc。

司已承诺向安哥拉提供 5 万美元的援助，以支持孤儿院和当地公司口罩的生产和分销，并开展宣传活动以支持弱势社区。古巴多次派出医疗援助队赴安哥拉多个省市培训当地技术人员进行新冠肺炎病例管理，并对技术人员进行家庭医学管理培训。莫桑比克接受援助资金，集中在重点领域防控疫情。① 莫桑比克接受了葡萄牙卡蒙斯合作与语言研究所的资金援助，集中用于孕产妇和儿童保健、粮食援助、流离失所人员救助。圣多美和普林西比接受中国与联合国人口基金的援助。新冠肺炎疫情严重影响圣多美和普林西比人民生命健康。中国与联合国人口基金联合向该国提供健康卫生援助，旨在共同帮助其增强疫情防控和应对能力，支持卫生系统提供生殖健康、孕产妇保健服务。

（二）发展状况总体未有明显改善，大部分国家处于中等发展水平

联合国开发计划署于 1990 年创立人类发展指数（HDI），通过科学的计算方法，全面、客观地反映出不同国家的发展状况。基本指标包括预期寿命、教育水平、生活质量三项。《2020 人类发展指数报告》共展示了 189 个国家与地区的人类发展指数。

按照联合国开发计划署发布的 2020 年人类发展指数的标准，人类发展指数高于 0.7 分的国家属于高人类发展指数国家，0.55~0.7 分的国家属于中等人类发展指数国家，低于 0.55 分的国家属于低人类发展指数国家。② 葡语国家中葡萄牙得分为 0.864 分，世界排名第 38；巴西得分为 0.765 分，世界排名第 84，两国属于高人类发展指数国家。佛得角得分为 0.665 分，世界排名第 126；圣多美和普林西比得分为 0.625 分，世界排名第 135；东帝汶得分为 0.606 分，世界排名第 141；安哥拉得分为 0.581 分，世界排名第 148，四国属于中等人类发展指数国家。几内亚比绍得分为 0.480 分，世界排名第 176；莫桑比克得分为 0.456 分，世界排名第 181，两国属于低人

---

① 《安哥拉：由国家紧急状态下调至公共灾难状态》，东方网纵相新闻，2020 年 6 月 20 日，https：//baijiahao. baidu. com/s？ id = 1669998145542067010&wfr = spider&for = pc。

② 《联合国开发计划署发布"2020 人类发展指数报告"》，中国商务部，2020 年 12 月 7 日，http：//www. mofcom. gov. cn/article/i/jyjl/l/202012/20201203023775. shtml。

类发展指数国家。人类发展指数的重要意义在于衡量世界各国和地区发展水平，分析以上数据，显然葡语国家中发展水平较高的国家只有葡萄牙和巴西，人类发展指数世界排名在前 100 位之内。大部分葡语国家处于中等发展水平，世界排名在 100 位以后，其中几内亚比绍和莫桑比克属于发展水平较低的国家。葡语国家从整体上看提升发展水平的任务十分艰巨。

联合国开发计划署《2020 年人类发展报告》中发布了世界各国预期受教育年限和平均受教育年限，两者年限越长显示国家教育水平越高。[①] 葡语国家中，葡萄牙预期受教育年限为 16.1 年，平均受教育年限为 9.3 年；巴西为 15.4 年和 8.0 年，佛得角为 12.7 年和 6.3 年，圣多美和普林西比为 12.7 年和 6.4 年，东帝汶为 12.6 年和 4.8 年，几内亚比绍为 9.7 年和 6.8 年，安哥拉为 11.8 年和 5.2 年，莫桑比克为 10.0 年和 3.5 年。葡语国家人均受教育年限为 6.3 年，比上年的 5.7 年提高了 9.5%。大多数国家受教育年限高于平均值，少数国家在平均值以下。以上情况说明，多数葡语国家在增加受教育年限方面还要做出很大努力。

葡语国家多数属于人类发展指数中低发展水平的国家，属于世界银行按人均收入划分归类为中低收入的国家。在教育领域，葡语国家受教育年限有所提高，但是少数国家仍明显不足。三项衡量国家发展状况的数据表明，亚非葡语国家仍然处于中低发展水平，国家社会保障的力度有待加强。

（三）佛得角、葡萄牙和巴西举行大选，选后社会稳定

葡语国家总统选举和议会选举是各个国家政治生活中的大事，不仅本国选民高度重视，而且引发国际社会的关注。多年来，葡语国家无论是总统选举，还是议会选举，都是在有条不紊的过程中进行。

2021 年 10 月 17 日，佛得角举行总统选举，包括若泽·马里亚·内韦斯（José Maria Pereira Neves）和卡洛斯·韦加（Carlos Veiga）两名前

---

① 世界经济论坛，《世界银行 2020 年国别收入分类详解》，2020 年 8 月 14 日，https://cn. weforum. org/agenda/2020/08/shi-jie-yin-hang-2020-nian-guo-bie-shou-ru-fen-lei-xiang-jie/。

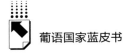

总理在内的 7 名候选人角逐下一届总统。内韦斯以 51.7% 的得票率当选为新一届总统。当地时间 2021 年 11 月 9 日，佛得角当选总统内韦斯在首都普拉亚宣誓就职。① 佛得角还于 2021 年 4 月 18 日举行议会选举，执政党争取民主运动党以及反对党佛得角非洲独立党角逐 72 个议会席位。佛得角国家选举委员会公布议会选举最终结果，民运党获 110211 票，得票率为 50.04%，获佛国民议会 72 个议席中的 38 个，确认获得议会绝对多数党地位。独立党获 87151 票，得票率为 39.57%，赢得 30 个议席。独民联获 19796 票，得票率为 8.99%，赢得 4 个议席，全部来自圣维森特选区。

葡萄牙总统德索萨于 2021 年 11 月 4 日宣布解散议会，并计划于 2022 年 1 月 30 日举行议会选举。预算案首次遭到议会否决促使总统做出解散议会的决定。德索萨认为，预算案对于葡萄牙战胜新冠肺炎疫情和摆脱经济、社会危机至关重要。② 葡萄牙如期在 2022 年 1 月 30 日举行议会选举。葡萄牙总理科斯塔（Antonio Costa）领导的社会党在议会选举中获胜，共获得 42% 的选票，占有绝对优势。社会民主党以 28% 的得票率居第二位。

2022 年巴西总统选举于 10 月 2 日举行第一轮投票，左翼劳工党候选人、前总统卢拉得票率为 48.4%，右翼自由党候选人、现总统博索纳罗得票率为 43.2%，两人均未获得过半选票。10 月 30 日，巴西总统选举第二轮投票完成，根据巴西高等选举法院的统计结果，劳工党候选人路易斯·伊纳西奥·卢拉·达席尔瓦在大选中获胜。卢拉当选为新一任巴西总统，于 2023 年 1 月 1 日正式就任，任期 4 年。③

---

① 《内韦斯宣誓就任佛得角总统》，中华网，2021 年 11 月 10 日，https://3g.china.com/act/news/13004216/20211110/40256797.html。

② 《2022 年国家预算草案遭否决，葡萄牙议会或解散并提前选举》，澎湃新闻，2021 年 10 月 28 日，http://m.yangtse.com/wap/news/1715182.html。

③ 《巴西总统选举首轮投票结果出炉》，搜狐网，2022 年 10 月 3 日，https://m.sohu.com/a/589922749_267106/。

三 中国与葡语国家合作抗击疫情， 携手同行共克时艰

面对新冠肺炎疫情，中国与葡语国家共同携手、勇敢面对、相互支持，共筑中国与葡语国家人类命运共同体，谱写抗疫合作新篇章。

（一）中国与葡语国家携手抗疫，构建人类命运共同体

习近平主席在多个国际场合表示，中国新冠肺炎疫苗研发完成并投入使用后，作为全球公共产品，将为实现疫苗在发展中国家的可及性和可负担性做出中国贡献。同时，中国在自身急需抗疫物资的情况下，仍然向葡语国家提供抗疫医疗物资援助，体现中国负责任大国的担当，以实际行动推动构建中国与葡语国家人类命运共同体。

中国向葡语国家提供抗疫医疗物资援助分为两个阶段。第一阶段是疫情初期到疫苗研制成功之前，中国向葡语国家提供了检测试剂、口罩、防护服、隔离眼罩、额温枪、医用手套鞋套，以及呼吸机等抗疫设备，缓解这些国家医疗物资短缺的燃眉之急。第二阶段是疫苗生产出来后，中国向葡语国家提供疫苗援助。

第一阶段：中国向葡语国家提供医疗物资支持。中国向葡语国家提供紧急医疗物资援助呈现主体多元的特点。中国政府提供了多批次、多品种的抗疫医疗物资，并包机运送到各个葡语国家。中国紧急援助中西非18国40吨抗疫物资，转运分送至这些国家，其中包括非洲葡语国家几内亚比绍、佛得角、圣多美和普林西比。[①] 北京、深圳、珠海等地向葡语国家友城捐赠医用防疫物资，上海和沈阳分别向葡萄牙的波尔图（Porto）市和布拉加（Braga）市运送了各种医用物资，沈阳市还与葡萄牙布拉加市通过远程视频

[①] 《中国民航圆满完成我国援助中西非18国抗疫物资包机运输任务》，中国民航网，2020年4月6日，http://www.caac.gov.cn/XWZX/MHYW/202004/t20200406_ 201912.html。

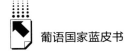

方式交流，分享城市公共卫生危机管理和疫情防控方面的经验。① 中国三峡集团联合葡萄牙电力集团（EDP）从中国国内采购医疗物资捐赠给葡萄牙抗击疫情。② 江苏省无锡市华西村向莫桑比克捐赠 50 万只口罩、6000 套防护服、3000 副防护眼罩。③ 中国克服货源和物流运输方面的困难，以最快速度通过包机将援助东帝汶医疗物资运抵其首都帝力。④ 中国向巴西提供了100 万个新冠病毒试剂盒、32 万只一次性医用口罩和 14 万只 N95 口罩，旅居巴西累西腓（Recife）的中国侨民也踊跃向当地社区捐资捐物，彰显他们与当地居民共命运的大爱精神。⑤

第二阶段：中国政府向葡语国家提供疫苗援助。中国政府应东帝汶、安哥拉、佛得角、几内亚比绍、莫桑比克、圣多美和普林西比请求，在 2021年上半年向其提供新冠肺炎疫苗援助。东帝汶副总理阿曼达（Armanda Berta dos Santos）表示，中国疫苗援助非常重要、非常及时；安哥拉卫生部部长卢图库塔（Silvia Lutucuta）感谢中方首个伸出援手；佛得角总理席尔瓦感谢中国提供疫苗援助；几内亚比绍外交部国际合作国务秘书、卫生部秘书长和抗疫高级专员席尔瓦代表政府感谢中国政府和人民雪中送炭，及时提供疫苗，称几内亚比绍人民对此铭记于心。莫桑比克总理卡洛斯·多罗萨里奥（Carlos do Rosário）赴马普托国际机场迎接疫苗，他代表纽西（Filipe Jacinto Nyusi）总统、莫桑比克政府和人民表示，中国疫苗的到来对莫是一个历史性的时刻，感谢中国政府和人民的义举。中莫友谊源远流长、历久弥坚。中国政府迅速批准向巴西出口疫苗活性成分。巴西总统博索纳罗（Jair

① 《中国—葡语国家：携手抗疫，共克时艰》，人民网葡文版，2020 年 5 月 8 日，https：// www. sohu. com/a/393889097_ 120030017。

② 《三峡—葡电联合向葡萄牙捐赠医疗物资设备》，澎湃新闻，2020 年 3 月 31 日，https：// m. thepaper. cn/baijiahao_ 6772439。

③ 《华西村向莫桑比克捐赠 200 万元防疫物资》，《新华日报》2020 年 4 月 19 日，http：// xhv5. xhby. net/mp3/pc/c/202004/19/c766809. html。

④ 《一批中方捐赠抗疫物资运抵东帝汶》，2020 年 5 月 27 日，http：//www. ddcpc. cn/detail/d_ guoji/11515115266678. html。

⑤ 《你安康 我无恙——累西腓侨胞向第二故乡献爱心》，中国驻累西腓总领馆，2020 年 3 月 26 日，https：// www. mfa. gov. cn/ce/cgrecife/chn/zlghd/t1761754. htm。

Messias Bolsonaro）在推特上公开感谢中国政府快速批准并出口科兴疫苗的活性成分。①

葡语国家支持中国抗击疫情，"与中国同在"。新冠肺炎疫情暴发之后，葡萄牙足球超级联赛比赛现场打出"中国加油，我们与你同在"的中文巨幅横幅，表达葡萄牙人民对中国人民抗击疫情的支持。② 还有很多葡萄牙普通民众给中国大使馆发邮件、打电话和网上留言，为中国加油。佛得角政府和人民在中国抗击新冠肺炎疫情最困难的时候表达了真诚和宝贵的支持。巴西累西腓市作为广州市的友好城市致函广州市政府表达亲切慰问和对中国抗疫行动的支持。③

（二）发挥多边机制作用，募捐抗疫医疗物资

中国—葡语国家经贸合作论坛（澳门）发挥澳门商贸服务平台的作用，与葡语国家共同应对疫情挑战。开展线上线下交流活动，交流防控疫情经验，助力葡语国家开拓中国内地市场。

中国—葡语国家经贸合作论坛（澳门）常设秘书处向驻澳中资企业和澳门本地商会发出倡议，呼吁向葡语国家捐助抗疫医疗物资，获得 16 家企业的积极响应。这些企业和商会克服物资紧张、运输不畅的困难，向葡语国家捐赠了 18 万只口罩和千余件防护服，为支持葡语国家抗疫做出贡献。常设秘书处还联合中国对外承包工程商会发出倡议，呼吁在葡语国家开展业务的会员企业为葡语国家捐赠防疫物资。

中国—葡语国家经贸合作论坛（澳门）常设秘书处充分利用互联网资源在官方网站和社交媒体转载《张文宏教授支招防控新型冠状病毒》（葡文版）知识手册，发布为葡语国家专门制作的《齐心抗疫做好防护》（葡文

① 《巴西总统博索纳罗发推，感谢中国批准出口新冠疫苗活性成分》，光明网，2021 年 1 月 26 日，https：//m. gmw. cn/2021-01/26/content_ 1302071386. htm。

② 《本菲卡：中国加油，我们与你同在!》，光明网，2020 年 2 月 17 日，https：//m. gmw. cn/baijia/2020-02/17/33561165. html。

③ 《广州近日向友好城市——巴西累西腓市捐赠防疫物资》，广州日报客户端，2020 年 5 月 5 日，https：//news. dayoo. com/gzrbrmt/202005/05/158562_ 53326063. htm。

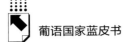

版）防疫宣传片，与葡语国家及时分享抗疫资讯。① 常设秘书处派驻代表线上参加中国对外承包工程商会举办的巴西基础设施项目推介会，参与举办"首届中国—巴西（里约）云上国际服务贸易交易会"系列活动。② 同时，中葡论坛（澳门）常设秘书处还组织派驻代表和内地、澳门企业参加第二十五届澳门国际贸易投资展览会、活力澳门推广周青岛站，推介葡语国家产品及贸易投资商机，以及参加在第十一届国际基础设施建设与投资高峰论坛期间举办的葡语国家投资项目专场推介会。

中葡论坛（澳门）常设秘书处作为支持单位会同中国驻巴西大使馆、驻里约总领馆分 3 期举办 11 场以国际抗疫合作为主题的"国际抗疫合作系列研讨会"。③ 邀请专家、学者通过视频会议就防疫专项议题深入交流，助力各国尽早恢复经济增长。中葡论坛（澳门）常设秘书处还举办传统医药研修班，增加传统医药辅助抗疫的内容，其间，推动中方通过双边渠道继续向葡语国家派遣医疗队。常设秘书处与澳门特别行政区卫生局合作，分主题录制葡语版关于医护知识和实践的"线上公开课"，系统地与葡语国家专业人员分享防控疫情的经验。

中国—葡语国家经贸合作论坛（澳门）常设秘书处推动澳门查理斯通咖啡公司在东帝汶投资设厂，创建葡语国家产品在中国内地和澳门新的合作模式。参与"第十届江苏—澳门·葡语国家工商峰会"系列活动，并签署关于实施江苏省葡语国家留学生协议奖学金项目的备忘录。④ 接待来自湖南、山东、江西等地的多批代表团来访，开展请进来、走出去交流活动。

---

① 《中葡论坛常设秘书处组织向葡语国家捐赠防疫物资　同舟共济　同心抗疫》，中国商务部台港澳司，2020 年 5 月 8 日，http：//tga. mofcom. gov. cn/article/zt_ zp2003/lanmutwo/202005/20200502967384. shtml。

② 《中国—巴西（里约）云上国际服务贸易交易会首场"云论坛"——智慧医疗专题研讨会成功举办》，中国驻里约热内卢总领馆经贸之窗，2020 年 9 月 5 日，http：//riodejaneiro. mofcom. gov. cn/article/jmxw/202009/20200903001548. shtml。

③ 《驻里约热内卢总领事馆举办"国际抗疫合作系列研讨会"》，2020 年 6 月 14 日，http：//www. mofcom. gov. cn/article/i/jyjl/l/202006/20200602973732. shtml。

④ 《江苏—澳门·葡语国家工商峰会走过丰硕十年——共架"金色桥梁"同奏共赢新乐章》，澎湃政务，2020 年 10 月 22 日，https：//m. thepaper. cn/baijiahao_ 9665182。

（三）澳门特别行政区政府支持葡语国家渡过难关

澳门特别行政区政府通过澳门基金会设立规模为 100 亿澳门元的抗疫援助专项基金，对受新冠肺炎疫情影响导致生活和经营困难的澳门居民和企业商户实施援助。[①] 澳门特别行政区金融管理局与中国人民银行广州分行联合开展粤澳跨境电子账单直接缴费服务，便利粤澳两地基础设施建设合作，促进横琴粤澳深度合作区建设，推进澳门经济适度多元化进程。通过举办博鳌亚洲论坛国际科技与创新论坛首届大会和第十一届国际基础设施建设与投资高峰论坛，彰显了澳门会展业发展前景。[②] 开通横琴口岸新旅检区域，大大提升了通关效率，粤澳日通行能力从 75 万人次提升到 90 万人次。[③]

澳门红十字会从内地采购 24 万只防护口罩，捐赠给八个葡语国家，帮助其应对疫情。[④] 澳门万国控股集团在短短一个月的时间里，克服种种困难，建成 3 间口罩厂、22 条生产线，实现量产，提供给内地以及葡语国家和其他国家。[⑤] 澳门理工学院开发新型冠状病毒防控语言大数据库，可使用中葡英三种文字查询防疫权威机构报告、主流媒体报道、核心医疗期刊，为葡语国家提供咨询服务，并发布 200 条上述三种语言的新冠病毒高频词，与葡语国家分享防控疫情的经验。

（四）国家领导人之间开展"电话外交"，民间社团相互交往不断

新冠肺炎疫情改变了人们传统面对面的交往方式，但是阻不断中国与外

---

① 《澳门宣布设立 100 亿澳门元抗疫援助专项基金》，央视新闻客户端，2020 年 3 月 29 日，http://m.news.cctv.com/2020/03/29/ARTIdp8UhewrBx6rKsdKtuVR200329.shtml。

② 《博鳌亚洲论坛国际科技与创新论坛首届大会在澳门正式开幕》，澳门特区发布，2020 年 11 月 10 日，https://weibo.com/ttarticle/p/show?id=2309404569757952114954。

③ 《粤澳横琴口岸新旅检区域开通》，新浪看点，2020 年 8 月 19 日，http://k.sina.com.cn/article_3881380517_e7592aa502000xw3m.html?from=news&subch=onews。

④ 《全球抗疫 澳门守望相助》，央广网，2020 年 5 月 2 日，https://news.dayoo.com/china/202005/02/139997_53323596.htm?from=groupmessage。

⑤ 《全球抗疫 澳门守望相助》，央广网，2020 年 5 月 2 日，https://news.dayoo.com/china/202005/02/139997_53323596.htm?from=groupmessage。

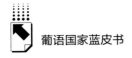

国的联系。

中国国家主席习近平于 2020 年 3 月 24 日晚与巴西总统博索纳罗通电话，代表中国政府和中国人民向巴西政府和巴西人民抗击新冠肺炎疫情表示诚挚慰问和坚定支持。① 习近平指出，近来，疫情在全球多点暴发，扩散很快。当务之急，各国要加强合作。中方始终秉持人类命运共同体理念，本着公开、透明、负责任态度，及时发布疫情信息，毫无保留同世卫组织和国际社会分享防控、治疗经验，并尽力为各方提供援助。他十分关注巴西疫情发展，希望巴方尽早遏制疫情扩散。他强调，中巴两国互为全面战略伙伴。双方要保持战略定力，支持彼此核心利益和重大关切，共同向国际社会发出团结一致的声音，传递携手应对疫情的积极信号，同时推进各领域务实合作，加强在二十国集团、金砖国家等多边框架内的沟通和协作，共同维护好、发展好中巴全面战略伙伴关系。他相信，中巴两国一定能够携手战胜疫情，并推动中巴全方位合作不断迈上新台阶。博索纳罗表示，当前新冠肺炎疫情在巴西呈现蔓延势头。巴方感谢中方为巴西在华采购必要医疗物资提供便利，希望同中方加强防控经验交流，共同抗击疫情，尽快遏制国内疫情扩散。巴方向伟大的中国人民致敬，并重申巴中友谊和巴中全面战略伙伴关系坚不可摧。巴方愿同中方加强双边合作，并加强在二十国集团等多边框架内的沟通协调，为抗击疫情和经济恢复发挥应有作用。

中国国家主席习近平于 2021 年 8 月 27 日同葡萄牙德索萨总统通电话时表示，希望疫情过后，双方深化各领域合作，推进共建"一带一路"，探索公共卫生等领域三方合作，推动中葡全面战略伙伴关系得到更大发展。② 葡萄牙是共建"一带一路"的重要国家，是连接陆上和海上丝绸之路的重要枢纽，虽与中国分处欧亚大陆西东两端，但两国人民友谊源远流长，历久弥坚。近年来，中国与葡萄牙在共建"一带一路"框架下，务实友好合作，

① 《习近平同巴西总统博索纳罗通电话》，中国政府网，2020 年 3 月 24 日，http：//www. gov. cn/xinwen/2020-03/24/content_ 5495126. htm。
② 《习近平同葡萄牙总统德索萨通电话》，中国政府网，2021 年 8 月 27 日，http：//www. gov. cn/xinwen/2021-08/27/content_ 5633772. htm？version＝2. 5. 40020. 452&platform＝win。

双边关系呈现蓬勃生机。2019 年 4 月，德索萨总统来华出席第二届"一带一路"国际合作高峰论坛，彰显对与中国加强合作、互利共赢的重视。

每年一度的葡华侨联春节庆祝活动于 2021 年 1 月在波尔图举行，葡萄牙议会代表、国会议员安东尼奥（Antonio Cameiro），国会议员维他林（Vitalino Cana），葡萄牙政府移民事务国务秘书克莱迪亚（Cláidia pereira），欧粤工商联合会和葡华侨联副负责人出席，与华人社团代表欢聚一堂共度佳节，期望新的一年中国与葡萄牙两国在政治、经济和文化领域有更多的合作成果。2020 年 9 月，非洲智库发布的《非洲民众对华看法报告》表明，佛得角人对中国、中国人和中国文化印象良好，超过 80% 的佛得角民众认为中国在佛得角的影响是积极的。[①] 莫桑比克贸易投资促进局于 2020 年 9 月 7 日在北京国家会议中心举行推介会，作为中国国际服务贸易交易会专题论坛之一，吸引了不少中资企业与会交流。在几内亚比绍疫情最严重时期，中国政府派出的第 11 批农技专家组和第 17 批医疗队依然分别在巴法塔市、比绍市和卡松果市坚守岗位，与几内亚比绍人民共同抗疫，凸显两国患难与共、风雨同舟的深厚友谊。[②]

（五）新冠肺炎疫情难阻双边合作，市场需求拉动贸易投资

中国与葡语国家双边贸易、投资与多种形式合作在疫情之下并未中断，仍保持了相当的规模，凸显了双边市场刚性需求。

2020 年，中国与葡语国家进出口商品总额为 1451.85 亿美元，同比下降了 2.98%。其中，中国从葡语国家进口额为 1019.49 亿美元，同比下降了 3.43%；中国对葡语国家出口额为 432.36 亿美元，同比下降了 1.88%。

中国与葡语国家贸易情况如下：中国与安哥拉双边贸易额为 162.61 亿美元，同比大幅度下降了 35.89%；中国与巴西双边贸易额为 1190.4 亿美

---

① 《【我在中国当大使】中国提供了真实准确的疫情信息》，广州日报大洋网，2021 年 2 月 18 日，https：//news.dayoo.com/china/202102/18/139997_53797920.htm？from=groupmessage。

② 《展望 2021，共书中几比友好新篇章播报文章》，中国日报网，2020 年 12 月 30 日，https：//baijiahao.baidu.com/s？id=1687493934552544991&wfr=spider&for=pc。

元，同比逆势增长了 3.80%；中国与圣多美和普林西比贸易额同比增长了 127.55%；中国与几内亚比绍贸易额同比增长了 27.58%；中国与佛得角贸易额同比增长了 24.52%；中国与东帝汶贸易额同比增长了 13.97%；中国与葡萄牙贸易额同比增长了 4.82%；中国与莫桑比克贸易额略有下降。因中国与安哥拉贸易额同比下降幅度较大，特别是中国从安哥拉进口降幅达到 37.73%，中国向安哥拉出口降幅也达到 15.05%，因而拖累了中国与葡语国家整体贸易额的增长（见表4）。

表4 2019～2020 年中国与葡语国家进出口商品总额

单位：万美元，%

序号	国家	2020 年						2019 年
		进出口额	出口额	进口额	同比			进出口额
					进出口	出口	进口	
1	安哥拉	1626135.99	174790.81	1451345.19	−35.89	−15.05	−37.73	2536580.87
2	巴西	11904032.11	3495652.47	8408379.64	3.80	−1.47	6.16	11468055.60
3	佛得角	7899.94	7778.94	121.00	24.52	22.66	4133.26	6344.53
4	几内亚比绍	5144.82	5144.28	0.54	27.58	61.14	−99.94	4032.59
5	莫桑比克	257711.10	199994.59	57716.51	−3.5	2.20	−19.1	266854.71
6	葡萄牙	696375.50	419153.01	277222.49	4.82	−3.10	19.60	664338.20
7	圣多美和普林西比	2033.22	2028.56	4.67	127.55	127.37	242.48	893.54
8	东帝汶	19162.71	19041.65	121.06	13.97	32.62	−95.07	16813.98
	中国对葡语国家进出口商品总值合计	14518495.41	4323584.31	10194911.10	−2.98	−1.88	−3.43	2.00

资料来源：中国海关总署统计数据。

2020 年，中国连续 12 年是巴西第一大出口目的地国和进口来源国，并第一次成为巴西对外贸易额突破 1000 亿美元的贸易伙伴。[①] 在中国与葡语

① 《逆势而上！进博会助力巴西对华出口增长》，中国国际进口博览会博览局，2021 年 1 月 14 日，https：//baijiahao.baidu.com/s？id=1688815165281637774&wfr=spider&for=pc。

国家进出口货物贸易中，巴西是中国第一大贸易伙伴，占中国与葡语国家贸易总额的82%。① 中国从巴西进口大豆6428万吨。② 中国从巴西进口猪肉48.19万吨，进口牛肉118.2万吨，巴西是中国牛肉第一大进口来源国；中国从巴西进口鸡肉63.76万吨，巴西是中国鸡肉第一大进口来源国。③ 中国从巴西进口咖啡20.2万袋（每袋60公斤），比5年前增长了140%，进口额达到3059万美元，较5年前翻了一番，中国已成为巴西咖啡的主要出口目的地国。④ 2020年，安哥拉成为中国在非洲的第三大贸易伙伴。在中国与葡语国家进出口货物贸易中，安哥拉是第二大贸易伙伴，占中国与葡语国家贸易总额的11.2%。石油仍然是安哥拉对中国出口的主要产品，约占出口总额的70%。据专门从事贸易统计的Statista门户网站公布的数据，中国从安哥拉进口石油4179万吨（约84万桶/日），占石油进口总量的7.71%，进口额达到148.51亿美元。⑤ 2021年，中国从葡萄牙进口猪肉17084吨，进口额达3500.69万欧元，中国仍为葡萄牙猪肉最大出口目的地国，出口量和出口额分别占葡萄牙出口总量和出口总额的38.27%和34.97%。⑥ 中国从佛得角、圣多美和普林西比、几内亚比绍、莫桑比克和东帝汶进口木材、矿砂、农产品等初级产品。

2020年，中资企业对葡语国家非金融类直接投资流量为5.18亿美元，比上年的12亿美元减少了6.82亿美元，同比大幅度下降了56.80%。中国对葡语国家直接投资流量较高的国家依次为，巴西3.13亿美元，同比下降

① 《2020年中国原油进口量（按来源地）》，国际石油贸易，2021年2月5日，https：//zhuanlan. zhihu. com/p/349387814。

② 《2020年中国进口美豆数量激增，但是未及贸易协议目标》，农产品网，2021年1月21日，https：//www. myagric. com/21/0121/08/7CBA14BF0006C19A. html。

③ 《海关总署：2020年全年中国猪肉、禽肉进口翻倍》，中国饲料工业信息网，https：//www. sohu. com/a/448140896_ 267943。

④ 《巴西咖啡在中国市场销售增加》，海峡食品安全网，2021年7月7日，http：//www. cfqn12315. com/wap/news/？321425. html。

⑤ 《2020年中国原油进口量（按来源地）》，国际石油贸易，2021年2月5日，https：//zhuanlan. zhihu. com/p/349387814？ivk_ sa=1024320u。

⑥ 《2021年葡萄牙对华猪肉出口1.7万吨》，海峡食品安全网，2022年2月23日，http：//www. cfqn12315. com/wap/news/？381312. html&WebShieldDRSessionVerify=qsXypmAyDtMxfUbjhnHt。

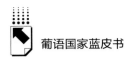

了 63.64%；安哥拉 1.25 亿美元，下降了 67.29%，尽管中国对两国直接投资流量降幅较大，但是均超过 1 亿美元，共计 4.37 亿美元，占中国对葡语国家直接投资流量的 84.56%。中国对其他葡语国家直接投资流量的情况分别为：葡萄牙 118 万美元，下降了 93.64%；佛得角 48 万美元，下降了 61.29%；圣多美和普林西比 155 万美元，增长了 2483.33%。中国对东帝汶直接投资流量为 3631 万美元，对莫桑比克直接投资流量为 4328 万美元，对几内亚比绍直接投资流量为 -244 万美元（上述三家未能计算其同比情况）。

中资企业对葡语国家直接投资流量下降的趋势与中资企业对外直接投资趋势大相径庭。当年，中国对外投资流量规模达到 1537.1 亿美元，同比大幅度增长 12.3%，首次位居全球第一位。但是，中国对葡语国家直接投资下降的状态与全球外国直接投资大幅下降的情况比较一致。当年全球外国直接投资流量仅为 8590 亿美元，比 2019 年下降了 42%，比 2009 年国际金融危机低谷时还低 30%。流入发达国家的外资大幅度下降 69%，是过去 25 年的最低水平；流入发展中经济体的外资下降了 12%，占全球外国直接投资的比重高达 72%。

2020 年，中资企业对葡语国家直接投资存量为 74.17 亿美元，比 2019 年的 86.41 亿美元减少了 12.24 亿美元，同比下降了 14.17%。直接投资存量增长幅度最大的是圣多美和普林西比，存量为 199 万美元，增长了 352.27%。其次依次是东帝汶，存量为 1.29 亿美元，增长了 59.78%；佛得角存量为 282 万美元，增长了 20.51%；莫桑比克存量为 13.17 亿美元，增长了 14.89%。中资企业对巴西、葡萄牙、几内亚比绍、安哥拉四国的直接投资存量分别下降了 27.73%、21.84%、9.14%、6.94%。综上所述，中国对葡语国家直接投资存量总体减少，但是具体到每一个国别却差异较大，一半是 2~3 位数的大幅度增长，一半是 1~2 位数的较大幅度下降（见表 5）。这是当年新冠肺炎疫情导致的暂时现象。尤其是巴西和安哥拉两国，新冠肺炎疫情使其投资环境发生很大变化，企业受疫情影响无法实现现场考察和面对面商谈，项目停工停产、物流运输受阻，投资项目难以为继。

表 5　2019~2020 年中国对葡语国家直接投资情况

单位：万美元

国　家	2020 年				2019 年	
	直接投资流量	同比（％）	直接投资存量	同比（％）	直接投资流量	直接投资存量
安哥拉	12536	−67.29	269009	−6.94	38324	289073
巴　西	31264	−63.64	320506	−27.73	85993	443478
佛得角	48	−61.29	282	20.51	124	234
几内亚比绍	−244	—	2427	−9.14	—	2671
莫桑比克	4328	—	131749	14.89	−4670	114675
葡萄牙	118	−93.64	4578	−21.84	1855	5857
圣多美和普林西比	155	2483.33	199	352.27	6	44
东帝汶	3631	—	12918	59.78	−1630	8085
合　计	51836	−56.80	741668	−14.17	120002	864117

资料来源：笔者根据 2020 年《中国对外直接投资统计公报》编制。

　　中国金融机构在葡语国家陆续设立分支机构。2020 年 7 月，中国制造业首家海外银行——徐工巴西银行（BANCO XCMG BRASIL S.A）在巴西米纳斯吉拉斯州（Minas Geras）的徐工巴西工业园区内线上开业，中国工程机械企业在巴西首次实现产融结合。徐工投资 5 亿美元在巴西设立全资子公司——徐工巴西制造有限公司。[①] 巴西萨夫拉（Safra）银行和代科瓦尔（Daycoval）银行的代表表示，徐工巴西银行的开业是中巴合作不断加强的一个里程碑。中国工商银行和中国银行直接在巴西开设了分支机构，中国建设银行通过收购巴西工商银行（Banco Industrial e Comercial BicBanco）进入巴西市场，交通银行收购了巴西 BBM 银行，中国农业银行也在圣保罗设立代表处，中国国家开发银行在里约热内卢设立代表处。除中国金融机构在巴西设立分支机构外，中国银行在葡萄牙里斯本设立分行，在安哥拉设立代表

---

① 《中国制造业首家海外银行——徐工巴西银行获批开业》，中国机电产品进出口商会，2020
　　年 6 月 23 日，http://www.cccme.org.cn/news/en_news/content-3002206.aspx。

处。中国工商银行旗下子公司工银澳门在葡萄牙设有代表处，该行还与葡萄牙商业银行签署了全面合作协议。虽然这些银行在葡语国家的资产不多，但是提供金融服务作用很大，并且可根据协议提供人民币跨境结算业务。

中资企业开展对葡语国家承包工程合作。2020年，中资企业在葡语国家开展工程承包，新签工程承包合同额达75.46亿美元，同比增长了27.24%。新签合同额较高的三国情况如下：巴西为32.50亿美元，增长了7.12%；莫桑比克为28.60亿美元，增长了189.77%；安哥拉为12.53亿美元，增长了54.90%，中资企业在三国新签合同额共计73.63亿美元，占中国对葡语国家承包工程新签合同额的97.57%。其他葡语国家的情况分别为：葡萄牙为8721万美元，增长了16.59%；几内亚比绍为2728万美元，增长了121.61%；佛得角为2241万美元，增长了55925.00%；圣多美和普林西比为809万美元，增长了239.92%；东帝汶为3846万美元，下降了96.20%。

2020年，中资企业对葡语国家承包工程完成营业额为41.77亿美元，同比下降了36.61%。按照完成营业额由高到低排序，巴西为16.36亿美元，同比下降了27.34%；安哥拉为15.15亿美元，同比下降了47.15%；莫桑比克为6.76亿美元，同比下降了32.53%；东帝汶为2.34亿美元，同比下降了9.90%。尽管中资企业在葡语国家承包工程完成营业额趋于下降，但在上述四国均超过1亿美元，共计40.61亿美元，占97.22%。另外，其他葡语国的情况分别为：葡萄牙为7415万美元，下降了44.50%；佛得角为2600万美元，下降了61.03%。圣多美和普林西比为282万美元，增长了213.33%；几内亚比绍为1374万美元，增长了39.07%（见表6）。

表6 2019～2020年中国对葡语国家承包工程情况

单位：万美元，%

葡语国家	2020年				2019年	
	新签合同额	同比	完成营业额	同比	新签合同额	完成营业额
安哥拉	125327	54.90	151473	-47.15	80906	286588
巴　西	325022	7.12	163649	-27.34	303418	225237
佛得角	2241	55925.00	2600	-61.03	4	6671

续表

葡语国家	2020 年				2019 年	
	新签合同额	同比	完成营业额	同比	新签合同额	完成营业额
几内亚比绍	2728	121.61	1374	39.07	1231	988
莫桑比克	285950	189.77	67568	-32.53	98681	100144
葡萄牙	8721	16.59	7415	-44.50	7480	13361
圣多美和普林西比	809	239.92	282	213.33	238	90
东帝汶	3846	-96.20	23359	-9.90	101131	25926
合　计	754644	27.24	417720	-36.61	593089	659005

资料来源：2020 年《中国对外承包工程统计公报》，其中中国对圣多美和普林西比承包工程相关数据来自商务部《中国圣多美和普林西比经贸合作简况》（2019）和《中国圣多美和普林西比经贸合作简况》（2020）。

在巴西，中国电建集团成都电力金具有限公司成功中标巴西 2020 年度国家重点规划的 500 千伏输变电项目。其线路总长 1831 公里，装机容量 11230 兆瓦送出线路，跨越帕拉（Pará）州和托坎廷斯（Tocantins）州，连接巴西东北部及北部电网，建成后将极大缓解巴西北部地区的电力供求紧张。

在安哥拉，中国路桥通过竞标获得安哥拉 230 国道第一段 60 公里道路升级改造工程施工合同。[①] 项目位于安哥拉马兰热（Malanje）省，是连接安哥拉最大港口罗安达（Luanda）港和最大矿区省份南隆达（Lunda Sul）省的主要干道。中国能源建设集团天津电力建设有限公司通过竞标获得安哥拉教师福利住房项目的施工合同。[②] 项目总占地 500 公顷，包括 5000 套教师安居房，合同额约合 21 亿元。工程施工期间将为当地创造大约 9200 个就业岗位。

在莫桑比克，中国土木工程集团有限公司牵头的联营体成功签约莫桑比

[①] 《中国路桥签署安哥拉三个项目商务合同》，中创网，2020 年 7 月 7 日，http：//www.zctpt.com/finance/159772.html。

[②] 《独家 | 中企海外项目周报（12.6～12.12）》，中国一带一路网，2021 年 12 月 13 日，https：//www.sohu.com/a/507927234_731021。

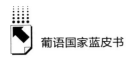

克古鲁埃（Gurué）供水系统修复与扩建项目。[①] 项目位于莫桑比克赞比西（Zambese）省，主要工程是修复与扩建利孔戈（Licungo）河的取水站、新建水处理站的储水滤水系统以及建造取水站与输水站等。中国电力建设集团中标莫桑比克马坦博（Matambo）变电站升级及扩建项目。[②] 项目位于莫桑比克与马拉维交界处的太特（Tete）省太特市，项目新建一座 400 千伏变电站、扩建现有 220 千伏马坦博变电站及 4.5 公里的道路施工，合同工期 24 个月。

四 葡语国家2021年经济社会发展与2022年展望

2021 年，随着疫苗接种的范围扩大，新冠肺炎感染率和死亡率均有所下降。

（一）2021年，葡语国家 GDP 获得恢复性增长，对外贸易取得两位数增幅

世界各国采取宽松货币政策和财政政策使得各大经济体复苏趋势明显。中国社会科学院世界经济与政治研究所于 2021 年 12 月 23 日发布的《世界经济黄皮书：2022 年世界经济形势分析与预测》显示，2021 年全球经济增长率为 5.5% 左右。[③] 世界主要经济体为应对新冠肺炎疫情而采取财政政策与货币政策助力全球经济复苏。2021 年，世界经济在上年较低的基数基础上重启增长，新兴经济体和发展中经济体的实际 GDP 增长率预计有较大幅

[①] 《海外十大签约：看看有没您合作的领域》，丝路国家产能合作促进中心，2020 年 4 月 27 日，http：//weixin.bricc.org.cn/Module_Think/ThinkPortal/ArticleDetail.aspx？aid=602。

[②] 《企在非洲｜第四十四期》，第二届中国—非洲经贸博览会，2021 年 10 月 29 日，http：//www.caetexpo.org.cn/。

[③] 《世界经济黄皮书：2022 年世界经济形势分析与预测》，中国社会科学院世界经济与政治研究所，2022 年 1 月 17 日，http：//www.iwep.org.cn/xscg/xscg_zzjyz/202201/t20220117_5388882.shtml。

度的回升，并高于发达经济体。联合国贸发会议预计2021年全球商品贸易或获得25%的恢复性增长，达到28.5万亿美元。[1] 联合国贸发会议发布的《全球投资趋势监测报告》显示，2021年全球外国直接投资（FDI）流量从2020年的9290亿美元增长了77.6%，达到约1.65万亿美元，超过了新冠肺炎疫情前的水平。[2]

根据经济学人智库发布的数据，2021年葡语国家GDP总额达到1.9万亿美元，同比增长了2.93%，整体上获得了较大的恢复性增长。只有安哥拉还处于负增长状态，其他国家都有不同程度的增长。增幅较高的国家当属巴西和葡萄牙两国，都取得了4.8%的增长，分别达到1.59万亿美元和2465亿美元。其他葡语国家都有不俗的表现，佛得角增长了4.5%，达到17.95亿美元；圣多美和普林西比增长了3.3%，达到6.79亿美元；东帝汶增长了3.0%，达到19.6亿美元；几内亚比绍增长了2.5%，达到16.01亿美元；莫桑比克增长了2.1%，达到153亿美元。

2021年，葡语国家进出口商品总额达到7476.2亿美元，比2020年增加了1831.25亿美元，增幅达到32.44%。其中，葡语国家出口额为4108.91亿美元，同比增长了28.13%；进口额为3367.29亿美元，同比增长了20%，贸易顺差为741.62亿美元。其中，巴西进出口商品总值为5398.02亿美元，同比增长了38.75%；安哥拉为418.50亿美元，同比增长了37.3%；莫桑比克为122.84亿美元，同比增长了29.69%；圣多美和普林西比为1.64亿美元，同比增长了37.82%；葡萄牙为1519亿美元，同比增长了13.87%；佛得角为10.50亿美元，同比增长了15.01%；几内亚比绍为5.70亿美元，同比增长了11.16%（东帝汶尚无2021年对外贸易统计数据）。以上数据，一方面表明葡语国家上年进出口商品总额

[1] 《联合国贸发会议：2021年全球贸易总额创纪录 但在2022年可能会减弱》，中国商务部中国服务贸易指南网，2022年3月17日，http://tradeinservices.mofcom.gov.cn/article/yanjiu/pinglun/202203/131638.html。
[2] 《联合国贸发会议发布最新"全球投资趋势监测报告"》，贸易投资网，2022年2月11日，http://www.tradeinvest.cn/information/10398/detail。

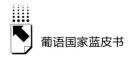
基本为负增长；另一方面，也必须看到，各国政府采取的财政刺激政策和货币刺激政策奏效。

2021 年，中国与葡语国家进出口商品总额达到 2009.48 亿美元，同比增长了 38.41%，中国对葡语国家出口额和从葡语国家进口额分别增长了49.91% 和 38.41%。这是自 2003 年中国—葡语国家经贸合作论坛（澳门）成立以来中国与葡语国家进出口商品总额首次突破 2000 亿美元大关，首次突破 1000 亿美元是在 2011 年，当年中国与葡语国家进出口商品总额达到1172.33 亿美元。2018～2020 年，双边进出口商品总额一直在 1400 亿美元左右徘徊。

（二）2022年，葡语国家将进入恢复性发展时期

2022 年，世界仍然处于百年变局之中，葡语国家分布在亚洲、非洲、拉丁美洲和欧洲，受到全球新冠疫情和地区经济格局变化的双重影响，仍然面临巨大挑战。但是，各个国家均采取积极的财政政策和社会稳定措施，并争取与国际社会开展广泛合作，努力巩固和发展 2021 年所取得的来之不易的成果，整体上处于经济社会恢复性增长的时期。

新冠病毒变异使各国继续增加疫情防控财政支出，各国将面临更大阻力，并有可能导致全球经济总量的巨大损失。全球经济增速预计将回落至4.5% 左右，并逐步回归到 3%～3.5% 的中低速增长时期。[1] 但是，应该看到，葡语国家中相当一部分国家的经济发展韧性不容小觑，特别是资源型生产和出口的国家更加有回旋的余地。

2023 年对于中国与葡语国家来说是非常重要的一年。中葡论坛于2003 年 10 月在澳门成立，至 2023 年经历 20 年。其间，中葡论坛以澳门特区为商贸平台，在参与国的共同努力下，既促进了中国与葡语国家友好合作，又促进了澳门特区的经济发展，取得了可持续发展的卓越成果。总

---

[1] 《今年全球经济增长 4.5%》，东方财富，2022 年 2 月 27 日，https：//finance.eastmoney.com/a/202202272290359881.html。

结中葡论坛 20 年成功的经验，展望未来 20 年的发展远景，将是这一年中葡论坛的主要任务。

在中国—葡语国家经贸合作论坛（澳门）将进入 20 周年华诞前夕，以澳门特区为商贸服务平台的中国与葡语国家多边合作机制将在总结 20 年经验的基础上，再上一个新台阶。中国与葡语国家进出口商品贸易、投资和多种形式的双边合作将持续为双方人民带来福祉。

结　语

2020 年，在全球新冠肺炎疫情之下，葡语国家各国均出现前所未有的经济衰退，社会生活受到严重干扰。各国政府面对突如其来的疫情，采取严格的防控措施，保护人民生命安全，维持基本的生产和对外贸易规模。中国与葡语国家携手抗疫，中国政府、社团和企业向葡语国家提供医疗物资和疫苗援助，葡语国家也通过多种形式支持中国抗击新冠肺炎疫情，共同谱写了构建人类命运共同体的新篇章。

2021 年，葡语国家迎来经济复苏和贸易增长的曙光，中国与葡语国家进出口商品贸易获得恢复性增长，中资企业对葡语国家投资再上新台阶。中国—葡语国家经贸合作论坛（澳门）保持生机，多双边合作双轮驱动，迈向新的征程。

特 别 报 告

Special Report

B.2

中葡论坛（澳门）常设秘书处
2021年工作情况及2022年工作展望

中葡论坛（澳门）常设秘书处

摘　要： 面对新冠肺炎疫情持续在全球肆虐，中葡论坛（澳门）常设秘书处主动作为、积极发挥澳门平台作用，携手论坛与会葡语国家共同应对挑战，以"线上+线下"的形式开展论坛框架下经贸和人文领域的相关工作，持续推动中国与葡语国家在各领域的合作交流取得积极成果。粤港澳大湾区建设和横琴粤澳深度合作不仅对丰富和发展"一国两制"实践、保证澳门长期繁荣稳定具有重大而深远的意义，也为中葡合作提供了广阔的空间。未来，常设秘书处将助力澳门特区政府进一步打造澳门中葡商贸合作服务平台，推动新时期中国与葡语国家各领域合作取得新成效。

关键词： 中葡论坛　澳门平台　经贸　人文

一　2021年工作情况

2021年，世界经济在重重挑战中艰难前行，新冠肺炎疫情防控形势依然严峻。在此背景下，论坛框架下各领域交流活动以及常设秘书处工作受到不利影响，原定于10月在澳门召开的中葡论坛部长级特别会议推迟举行。尽管如此，常设秘书处始终做好两手准备，一方面积极协助筹备部长级特别会议，另一方面按照计划稳步推进线上交流和线下具体工作。全年接待来访团组40余个，主办、协办或支持各类经贸人文活动27场次，发布葡语国家投资指南系列丛书，较好地完成了计划任务。主要包括以下方面。

（一）积极筹备中葡论坛部长级特别会议

中葡论坛第六届部长级实体会议因疫情推迟，为保持论坛框架下工作的连续性，各方一致决定于10月召开部长级特别会议，虽然最后由于疫情推迟召开，但常设秘书处仍为此做了大量筹备工作。

常设秘书处与澳门特别行政区政府及葡语国家政府及时沟通有关情况。全程参与中国商务部代表团访问澳门期间的所有活动，派员出席商务部台港澳司与驻华使节的吹风活动，利用拜访驻华使节的机会了解各方意见。同时，积极协助起草、协调、翻译会议成果性文件。召开常设秘书处第十六次例会。配合各方商定部长级特别会议活动日程、议程及成果文件内容。

（二）稳步推进贸易投资促进活动

4月，常设秘书处组团前往青岛，出席"2021上海合作组织国际投资贸易博览会暨上海合作组织地方经贸合作青岛论坛"，论坛期间举办"中国—葡语国家经贸合作交流对话会"，推介澳门平台作用和葡语国家投资环境，参观中国—上海合作组织地方经贸合作示范区并考察当地企业。7月，与葡萄牙工业总会和江苏省港澳办、贸促会联合举办江苏与葡语国家

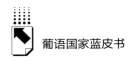
企业合作网络研讨会。出席第九届澳门国际旅游（产业）博览会，会议期间与澳门旅游局合办"葡语国家旅游产品推介会"。参加第十二届国际基础设施建设与投资高峰论坛，举办"发挥澳门平台作用，促进中国与葡语国家共建'一带一路'"平行论坛。9月，应邀出席中国、巴西部分省州云上国际服务贸易交易会。组团前往四川省成都市，与澳门贸促局和成都市贸促会合办"把握澳门，把握葡语国家机遇投资推介会"，出席"四川·成都澳门周"开幕式，并考察成都当地企业。11月，与澳门贸易投资促进局及广东省商务厅联合主办"2021粤澳名优商品展——葡语国家产品推介会"，加强中国内地及澳门企业了解葡语国家产品，借粤港澳大湾区优惠政策及便利措施，协助葡语国家产品通过澳门平台进入大湾区市场。12月，出席第二十六届澳门国际贸易投资展览会及2022年葡语国家商品及服务展，积极推介葡语国家产品及贸易投资商机。出席首届国际宝石与钻石高峰论坛。

（三）努力保持文化交流良好势头

常设秘书处举办第十三届中国—葡语国家文化周。此届中葡文化周新增了"葡语国家宣传片创作比赛"和"葡光十色"系列展览及工作坊等新元素，并继续以线上线下相结合的形式进行。

11月12日，在中葡商贸合作服务平台综合体举行文化周开幕式，葡语国家在澳团体代表及澳门高等院校代表等近200人参加。来自9个论坛与会国家的18场文化精品展示线上同步启播，内容丰富多彩，包括歌舞表演、话剧、旅游及传统文化推介、手工艺展示、美食烹饪展示等。

与澳门理工学院合办的葡语国家宣传片创作比赛取得圆满成功。比赛活动吸引了逾20所中国内地、澳门及葡语国家大专院校近180名学生踊跃参加，6个获奖作品视频可供大众线上浏览。

"葡光十色"8个葡语国家艺术家作品展及工作坊，于6月起在中葡商贸合作服务平台综合体以线下方式展开，通过作品展览和互动交流，加深了公众对葡语国家独特的文化艺术、风土人情的认识。

（四）积极促进省市间合作

常设秘书处接待浙江、江苏、深圳、吉林、山东、福建、湖南等地来访经贸团组，深入交流意见。

常设秘书处支持并积极参与内地省份与葡语国家的交流活动，包括：派员出席浙江—澳门经贸交流会暨出口网上交易会（澳门站）启动仪式；出席由广东省贸促会、中国贸促会驻澳门代表处、广州市贸促会、深圳市贸促会和珠海市贸促会在澳门举办的"2021粤港澳贸促合作交流会"；出席"2021（澳门）胶州市贸易投资合作恳谈会"；作为支持单位参与"第十一届江苏—澳门·葡语国家工商峰会"系列活动。

（五）继续开展人力资源合作

6~11月，常设秘书处出席由商务部主办、中国中医科学院承办的"中葡论坛传统医药发展研讨会"线上会议，举办"葡语国家中小企业后疫情时期发展网络研修班"和"传统医药应对疫情网络研修班"。其中，"葡语国家中小企业后疫情时期发展网络研修班"有61名来自佛得角、几内亚比绍和莫桑比克的政府官员和企业代表在线参加。学员们围绕新冠肺炎疫情后经济发展、中小企业策略与创新、运作韧性与危机管理、数字化转型、社会责任、供应链和物流、澳门作为中国与葡语国家平台角色等专题进行交流。"传统医药应对疫情网络研修班"紧密结合抗疫国际合作，邀请医学专家和临床医生聚焦传统医药应对新冠肺炎后遗症的临床经验和治疗方案，并就传统医药日常保健和预防方法进行分享。安哥拉、佛得角、几内亚比绍、莫桑比克、葡萄牙等国家卫生医药领域的政府官员、技术人员等近200人在线参加。

（六）支持社会团体和学术机构的活动

7月，常设秘书处派员出席澳门城市大学举办的"2021年中国与葡语国家研究国际学术研讨会暨新书发布会"活动。

11月，常设秘书处接待澳门城市大学近20名工商管理硕士研究生到

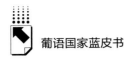

访。介绍中葡论坛和常设秘书处情况，鼓励学生积极参与大湾区建设和横琴粤澳深度合作，助力中葡各领域交流合作。

（七）协助中葡青年创新创业和双语人才培养基地建设

10月，常设秘书处与澳门城市大学、深圳大学和联合国大学澳门研究所联合主办首届"中国与葡语国家大学生928创新创业挑战赛"。来自中国和葡语国家的近800名大学生通过3周的线上训练，深入了解中国大湾区和葡语国家的发展商机。89个团队提交参赛计划，16个团队入围决赛。葡萄牙波尔图大学、几内亚比绍Lusofona大学、中国广东技术师范大学和巴西里约热内卢州立大学的团队分别获得比赛奖项。挑战赛推动粤港澳大湾区和葡语国家的创业团队建立了联系和合作关系。

继常设秘书处（辅助办公室）2020年与澳门理工学院签署合作交流协议书，定期为该学院中葡翻译、公共行政课程学生开展实习计划后，2021年2~3月，该学院公共行政课程3名葡语国家学生参与辅助办公室公关活动和翻译工作共计70小时。5~7月，该学院中葡笔译暨传译硕士学位课程8名学生参与辅助办公室实习活动共计405小时。实习期间，学生们与葡语国家派驻代表进行交流、参与"第十三届中国—葡语国家文化周"展览和工作坊等活动，丰富了专业知识和实践经验。

二 2022年工作展望

2022年，全球新冠疫情防控形势依然严峻。原定于2021年10月召开的中葡论坛部长级特别会议因疫情推迟。在此背景下，常设秘书处以筹备部长级特别会议为工作重点，为疫情下论坛工作以及今后召开第六届部长级会议打下坚实基础。此外，积极稳妥开展各项工作，继续协助完善澳门中葡商贸合作服务平台功能，助力澳门参与粤港澳大湾区协同发展、横琴粤澳深度合作区建设，在贸易投资促进、平台建设、人力资源合作和文化交流等方面开展工作。

（一）认真筹备部长级特别会议

一是召开第十七次例会，为部长级特别会议做好准备。拟于澳门适时举行常设秘书处第十七次例会，总结 2021 年工作，讨论 2022 年工作计划。如届时条件允许，经各方充分沟通后，可在会上正式通报部长级特别会议会期，确认相关议程以及成果性文件文稿。

二是做好配套活动的相关保障。就中国—葡语国家防疫交流中心揭牌仪式与澳门社会文化司及卫生局保持密切沟通；就"葡语国家大使与中国企业家对话会"的筹备工作与中国贸促会及澳门贸促局保持沟通。

三是配合澳门特别行政区政府就会议场地、后勤保障等开展协调工作。密切关注各方疫情发展态势，为部长级会议的召开提供决策依据。

（二）举办贸易投资促进活动

在第二十七届澳门国际贸易投资展览会期间，常设秘书处积极配合澳门贸促局举办葡语国家产品及服务展（PLPEX），继续设立葡语国家馆，推介葡语国家投资营商环境；与 IPIM 保持沟通，视情况推动续办中国—葡语国家青年企业家论坛；在澳门国际基础设施建设与投资高峰论坛期间继续举办平行论坛。积极以线上、线下方式参加广交会、京交会、投洽会、中国国际进口博览会等内地重要会展活动，拓展电子商务、服务贸易方面的合作潜力，推介葡语国家投资环境和澳门平台。

（三）巩固人力资源与教育领域合作

中葡论坛（澳门）培训中心继续举办研修班。鉴于疫情影响，2022 年度中葡论坛（澳门）培训中心拟举办 3 期研修班，主题包括但不限于数字经济、中小企业利用澳门平台开展合作、海洋经济以及国际贸易的检验检疫合作等内容。

做好江苏省奖学金项目的招生工作。根据常设秘书处与江苏省教育厅签署的《奖学金项目备忘录》内容，在派驻代表的协助下，争取完成 8 个全

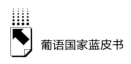

额奖学金研究生名额的招生工作。常设秘书处还和江苏省港澳办、教育厅保持紧密联系，做好对以往奖学金项目实施情况的总结回顾。

与澳门旅游局、卫生局和澳广视保持沟通，在防疫条件允许的情况下，研究重启相关实习项目或研究在线培训的可能性。

（四）促进省份间交流

在防疫政策允许的情况下，常设秘书处视情况结合澳门周推广活动，组团赴中国两个内地省份，举办经贸对接活动，预先制定参访当地企业的计划并充分征求派驻代表意见，旨在开展有效沟通。配合内地省份来澳举办的各类经贸对接活动，组织派驻代表参与交流和互动。在第二十七届澳门国际贸易投资展览会期间，常设秘书处协助江苏省政府举办"第十二届江苏—澳门·葡语国家工商峰会"系列活动，就有关行动计划的执行情况进行沟通交流。

积极助力澳门参与大湾区协同发展以及横琴粤澳深度合作研究，组织派驻代表赴大湾区城市进行交流，与横琴粤澳深度合作区管理委员会进行座谈，探索在粤港澳大湾区建设及横琴粤澳深度合作中，加入中国与葡语国家合作元素的可行性。在条件成熟的情况下，推动葡语国家省市与大湾区城市开展结对交流，以加强旅游、投资领域的合作。

（五）加强中葡文化交流

继续以线上和线下相结合的形式办好第十四届中葡文化周。推动文化周有关视频内容在大湾区城市与葡语国家通过电视节目落地。

视情支持葡语国家驻华使馆在北京举办的葡语国家共同体语言及文化日活动。研究支持文学作品翻译或艺术作品展览的可行性。

专题报告
Topic Reports

B.3
中国与葡语国家贸易投资便利化新发展

李春顶　谢慧敏　何浣月*

摘　要： 2021 年中国与葡语国家的贸易和投资在疫情冲击下依然实现逆势增长，体现了双边经贸投资合作的巨大发展潜力以及互补性，而双边贸易投资便利化也是重要的推动力量。近年来，中国与葡语国家的贸易投资便利化取得了突出成绩，包括法律保障、制度建设、贸易和投资促进机构以及多双边贸易投资促进平台等各方面的发展。展望未来，数字经济和数字基础设施建设合作、多边和区域贸易投资自由化发展都将推动中葡贸易投资便利化。中国和葡语国家应从长期和短期两个方面积极推动经贸合作自由化和便利化，促进中葡贸易和投资合作的高质量发展。

关键词： 葡语国家　中葡论坛　贸易投资便利化

---

* 李春顶，中国农业大学经济管理学院教授、博士生导师，经济贸易系主任；谢慧敏，中国农业大学经济管理学院博士研究生；何浣月，澳门科技大学国际学院外国语硕士研究生。

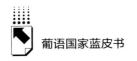

一　中国与葡语国家贸易投资便利化现状

2021年，中国与葡语国家间的贸易和投资呈现逆势增长，在疫情的影响下依然实现了较快的增长。在贸易进出口方面，从市场结构来看，中国对巴西和安哥拉的贸易逆差进一步扩大，对其余多个葡语国家贸易顺差继续扩大。从产品结构来看，部分葡语国家对中国医疗防疫物资产品进口需求降低。中国与葡语国家进出口产品互补性强，受新冠肺炎疫情扰乱物流供应链、提高贸易成本的影响，中国从葡语国家部分产品的进口出现了量降价升现象。在相互直接投资方面，虽然受到疫情的一定影响，但仍然实现了快速回升和增长，然而2020年中国对葡语国家的投资受到了不同程度的负面冲击。

中国与葡语国家的贸易和投资实现逆势增长，体现了中国与葡语国家市场的刚性需求以及相互贸易与投资的潜力。疫情冲击之下，中葡双边贸易和投资实现逆势上扬的原因除了相互经贸结构互补以及中葡论坛的推动外，一个重要的促进因素是中国与葡语国家贸易投资便利化的发展。

贸易投资便利化，是指使用新技术和其他措施，简化和协调贸易投资的程序和行政障碍，进而降低成本，推动货物和服务更好地流通。贸易投资便利化是多边、区域和双边经贸合作的重要内容，也是我国自贸试验区建设和"一带一路"建设的共同任务。近年来，通过构建全面开放新格局的经贸朋友圈网络，以及进一步扩大对外开放，中国在贸易投资便利化上取得了突出成绩，营商环境不断优化，对葡语国家的贸易投资便利化水平不断提升，有力地推动了贸易投资的发展。

中国与葡语国家之间的贸易投资便利化水平在过去的十多年取得了很大的发展和进步，尤其是随着中国对外开放的步伐不断加大，营商环境的不断优化，中国—葡语国家经贸合作论坛（澳门）的不断推动，中非和中拉合作的逐步深化，以及跨境电商和通关程序的数字化和电子化，极大地推动了中国与葡语国家之间的贸易和投资自由化和便利化。

许多国际机构对贸易投资便利化进行测度，例如世界银行发布的《营商环境报告》在跨境贸易部分的《物流绩效指数》、世界经济论坛发布的《全球贸易促进报告》和《全球竞争力报告》中的"海关手续负担"指标，以及 OECD 的贸易便利化指标。OECD 的贸易便利化测度[①]参考 WTO《贸易便利化协定》框架，设定了一系列一级指标和二级指标。

其中，贸易成本是贸易投资便利化最直观的变量，也是目前文献中使用最广泛的衡量贸易投资开放和便利化的指标。在测度贸易成本方面，很多文献侧重于计算贸易成本的各项组成部分，例如国际运输成本（使用集装箱运往不同目的地的实际运输成本以及 CIF/FOB 等）或货物从海港运出的成本（例如清关成本以及装卸成本等）。

基于双边贸易和产出数据，Novy 2013 年使用贸易引力模型提出了一套易于计算的贸易成本度量方法。该方法计算一国与贸易伙伴进行双边贸易所包含的相对于国内贸易的所有成本，不仅包括国际运输成本和关税，还包括其他常见贸易成本组成部分，如语言、货币差异以及与进出口程序相关的直接和间接成本等。根据该方法，双边综合贸易成本计算公式如下。

$$\tau_{ij} \equiv \left(\frac{t_{ij}\, t_{ji}}{t_{ii}\, t_{jj}}\right)^{\frac{1}{2}} - 1 = \left(\frac{x_{ii}\, x_{jj}}{x_{ij}\, x_{ji}}\right)^{\frac{1}{2(\sigma-1)}} - 1 \qquad (1)$$

式中，τ_{ij} 表示 i 国和 j 国之间的几何平均贸易成本，t_{ij} 表示从 i 国到 j 国的贸易成本，t_{ji} 表示从 j 国到 i 国的贸易成本，t_{ii} 表示 i 国国内贸易成本，t_{jj} 表示 j 国国内贸易成本，x_{ij} 表示 i 国到 j 国的国际贸易流量，x_{ji} 表示 j 国到 i 国的国际贸易流量，x_{ii} 表示 i 国国内贸易流量，x_{jj} 示 j 国国内贸易流量，σ 表示行业替代弹性。[②]

具体计算中国与葡语国家之间的贸易成本时，双边贸易数据来自 UN Comtrade 数据库。由于没有考虑部门间的投入产出关系，笔者以总产值与总出口差值作为国内贸易的代理变量，各国 ISIC 部门总产值数据来自联合国

---

① OECD 贸易便利化指数，https：//www. compareyourcountry. org/trade-facilitation？cr=oecd&lg=en。
② 数据中所有部门（制造业和农业）的替代弹性均设为 8。

国民账户数据库。由于数据的可获得性，仅能计算截至 2019 年的贸易成本，表 1 呈现了 2017~2019 年中国与葡语国家之间的综合贸易成本和非关税贸易成本。

表 1 2017~2019 年中国与葡语国家双边贸易成本

单位：%

贸易伙伴	2017 年		2018 年		2019 年	
	综合贸易成本	非关税贸易成本	综合贸易成本	非关税贸易成本	综合贸易成本	非关税贸易成本
中国—安哥拉	174.54	153.06	153.70	139.09	—	—
中国—巴西	92.07	71.40	84.35	66.09	84.27	66.02
中国—佛得角	322.05	284.88	288.07	255.66	350.58	312.94
中国—几内亚比绍	—	—				
中国—莫桑比克	160.91	140.71	167.61	149.13		
中国—葡萄牙	134.17	117.08	134.36	120.87	136.79	122.44
中国—圣多美和普林西比	361.16	337.05	—			
中国—东帝汶	233.33	229.24				

注：综合贸易成本采用等同关税率的指数形式，单位为%；非关税贸易成本使用综合贸易成本减去关税率计算。

资料来源：笔者计算整理。

从综合贸易成本来看，贸易成本最小的贸易伙伴为中国—巴西。2017年综合贸易成本由高到低依次为中国—圣多美和普林西比、中国—佛得角、中国—东帝汶、中国—安哥拉、中国—莫桑比克、中国—葡萄牙、中国—巴西。2019 年，中国—佛得角、中国—葡萄牙以及中国—巴西的双边综合贸易成本分别为 350.58%、136.79%以及 84.27%。

从非关税贸易成本来看，2017 年由高到低依次为中国—圣多美和普林西比、中国—佛得角、中国—东帝汶、中国—安哥拉、中国—莫桑比克、中国—葡萄牙、中国—巴西。2019 年，中国—佛得角、中国—葡萄牙以及中国—巴西的双边非关税贸易成本分别为 312.94%、122.44%以及 66.02%。

从时间维度来看，中国与各个葡语国家之间的综合贸易成本和非关税贸易成本大体呈不断下降的趋势，说明中国与葡语国家之间的贸易便利化程度不断提高。

二　促进中国与葡语国家贸易投资便利化的举措

中国与葡语国家贸易投资便利化的发展是推动双边经贸投资增长的重要动力，近年来中国与葡语国家的贸易投资便利化取得了突出的发展成绩。贸易投资便利化的措施主要包括：法律保障、制度建设、贸易和投资促进机构以及多双边贸易投资促进平台。

（一）法律保障

近年来，中国与葡语国家法律法规以及外商投资法等措施不断完善，这些法律保障措施确保贸易和投资的发展，提升了便利化的水平。

安哥拉现行投资制度的框架是 2018 年通过的新《私人投资法》以及《私人投资法规章》。其中，便利外国投资的措施包括：消除强制合资的行业，所有行业都是外国投资的自由选择对象；重组开发区，引入新的优先行业。[①]

巴西于 1962 年出台的《外国资本法》对本国的投资制度作出了规定，该法律于 1964 年进行修订，并于 1965 年对其内容进行了相应的规范。基于外国投资监管制度，《外国资本法》规定所有外资必须在巴西中央银行登记，将此作为保证外汇交易和批准投资者撤资和投资利润汇出的条件。除须在巴西中央银行登记之外，《外国资本法》还为外国投资者制定了第二大保障，即同等待遇保障：在巴西投资的外国资本享有与本国资本同等的法律待遇，不得区别对待。[②]

[①]　安哥拉投资指南，https：//www.forumchinaplp.org.mo/wp－content/uploads/2021/09/Angola_Investment－Guide.pdf。

[②]　巴西投资指南，https：//www.forumchinaplp.org.mo/wp－content/uploads/2021/09/Brazil_Investment－Guide.pdf。

佛得角 2013 年颁布的《投资法》适用于本国或外国投资者在佛得角境内或从佛得角向境外进行的所有经济性质的投资，投资者可享受法律规定的保证及鼓励措施。①

几内亚比绍 2011 年颁布的《投资法典》于 2015 年进行了更新，适用于任何活动部门，与投资者的国籍、公司法定形式等方面无关，除非《投资法典》另有明确规定。几内亚比绍政府保证对外国和本国投资者给予同等待遇，不采取任何国有化、征收或征用措施，除非出于公共利益或公用事业的理由；如发生这种情况，国家支付合理的金钱赔偿。此外，国内投资的奖励措施由《投资法典》规定，该法指出可于投资实施阶段、员工培训阶段以及针对基础设施的投资给予投资者相应的奖励。吸引外国投资、促进国家经济社会发展已被写入《几内亚比绍共和国宪法》，因此吸引外资是几内亚比绍发展的重中之重。

在莫桑比克投资须遵循 1993 年颁布的《投资法》以及 2009 年颁布并于 2013 年更新的《投资法规章》。《投资法》适用于在莫桑比克境内进行的经济性投资，投资者可受惠于该法所提供的担保和鼓励措施；也适用于在两个执行特殊关税制度的地理界定区域内的投资，即自由工业区（ZFI）和经济特区（ZEE）。②

在葡萄牙进行投资须受 2014 年出台的《大型投资项目支持、鼓励特别合同制度》规范，该制度适用于葡萄牙对外投资贸易局职权范围内的投资项目。葡萄牙不限制外国资本进入，亦不限制将资产转移至海外。葡萄牙监管体系的指导原则是无差别对待各国投资。不要求企业必须有本国股东参与，亦未对利润和股息的海外分配做出限制。③

在东帝汶进行私人投资的法律框架是 2018 年 1 月生效的《私有投资

① 佛得角投资指南，https：//www.forumchinaplp.org.mo/wp-content/uploads/2021/09/Cabo-Verde_ Investment-Guide.pdf。

② 莫桑比克投资指南，https：//www.forumchinaplp.org.mo/wp-content/uploads/2021/09/Mocambique_ Investment-Guide.pdf。

③ 葡萄牙投资指南，https：//www.forumchinaplp.org.mo/wp-content/uploads/2021/10/Portugal_ Investment-Guide.pdf。

法》。这一法律制度为东帝汶的投资环境带来了重要的变化，特别是私人投资可受惠于一系列国家财税鼓励措施。所有的投资者，不论国籍，均拥有同等权利及机会，享受《私有投资法》所规定的优惠条件、保障私有财产权以及用于发展投资或再投资项目的土地使用权（唯一例外是只有本国公民才能拥有土地私有权），并且承担同样的义务和责任。[①]

（二）制度建设

中国与葡语国家在贸易和投资便利化的制度保障上采取了一系列措施，包括中国零关税政策、中国快速通关政策、巴西贸易便利化措施以及佛得角贸易便利化措施。

多年来，中国对葡语国家的贸易一直存在较大逆差。从根源上来说，一方面，中国在政策制定方面倾向于葡语国家，中国不追求对葡语国家的贸易顺差，在2016年就积极落实给予部分葡语国家97%的税目零关税优惠政策，[②] 从而促进了葡语国家对中国出口的积极性；另一方面，葡语国家矿产资源和农产品资源丰富，中国对这些产品的进口需求大。

中国向东帝汶对华出口货物给予便利的通关条件。2020年，中国海关总署宣布将对五个最不发达国家出口到中国的货物在线签发原产地证书，其中便包括东帝汶。2014年之前，巴西是世界采取贸易保护措施最多的国家，也是对中国发起贸易保护措施较多的国家之一。2017年，随着WTO《贸易便利化协定》生效，巴西贸易便利化措施数量开始逐渐上升。WTO数据显示，2017年10月至2018年10月，巴西是采取贸易便利化措施数量最多的国家，全球每10项贸易便利化措施中就有1项来自巴西政府。2021年，巴西采取快速通关通道以及外贸统一窗口计划等多项便利化措施，助力中巴贸易。

佛得角2020年4月28日实施了一项政策，即免除对所有国家的外科口

[①] 东帝汶投资指南，https://www.forumchinaplp.org.mo/wp-content/uploads/2021/09/Timor-Leste_Investment-Guide.pdf。

[②] 2015年1月1日起，莫桑比克97%的输华商品享受零关税待遇。

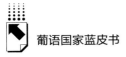

罩等医疗防疫物资产品的进口关税和增值税。① 这也是 2021 年八个葡语国家中，佛得角对中国的医疗防疫物资产品进口需求同比增长的一个重要原因。

基础设施建设合作方面，2021 年中国与葡语国家分别在能源以及数字经济等领域开展合作，推动了创新领域的贸易投资便利化（见表2）。

表 2 2021 年中国与部分葡语国家基础设施和数字经济合作情况

国家	经贸合作领域及合作内容
中国与巴西	2021 年 7 月，中国国家电网进一步拓展在巴西业务，通过旗下的电力公司 CPFL Energia 以 26.7 亿雷亚尔(约合 4.89 亿美元)成功中标巴西南大河州 CEEE 输电公司股权私有化项目
中国与佛得角	2021 年是中国与佛得角建交 45 周年。中佛两国于 1 月末签署的两份经济和技术领域的合作协议拉开了周年纪念的序幕，协议涉及的金额预计为 14 亿佛得角埃斯库多(约合 1300 万欧元)
中国与莫桑比克	近年来，数字经济成为中非互利合作的重点领域之一。2021 年，莫桑比克电视数字化改造项目获得了中国政府 1.56 亿美元优惠贷款。同年 5 月，华为与莫桑比克教育和人力发展部就莫中小学智慧教育国家项目签署谅解备忘录

资料来源：笔者整理。

此外，中国在 2021 年出台了多项投资便利化措施，旨在缓解疫情对中葡双边投资的不利影响（参见表3）。

表 3 新冠肺炎疫情期间中国颁布的投资便利化措施

措施名称	措施内容	发布时间/实施日期
外商投资鼓励类产业免税政策	自 2021 年 1 月 27 日起，对《鼓励外商投资产业目录》规定的外商投资项目，在项目投资总额内进口的自用设备，以及按照合同规定与设备一起进口的技术、配套件、备件，可以免征关税。	2021 年 1 月 26 日

---

① https：//www.macmap.org/en/covid19.

措施名称	措施内容	发布时间/实施日期
多地开展服务业对外直接投资综合试点	中国批准在天津、上海、重庆和海南开展服务业对外直接投资综合试点。天津、上海、重庆、海南等12个服务业进一步开放，分为充分竞争、有限竞争、自然垄断竞争服务和特定领域服务。它们包括科技服务、金融服务、商业服务、物流、医疗保健、教育、电信、电力服务、电子商务服务、旅游以及文化、体育和娱乐。	2021年4月20日
《"十四五"利用外资发展规划》	该方案表明，中国将进一步扩大对外开放，减少部分领域的负面清单，减轻外商投资企业准入的监管负担。	2021年10月12日

资料来源：笔者根据联合国贸发会议网站资料整理。

（三）贸易和投资促进机构

贸易和投资促进机构，例如贸促会和外商投资促进会，在推动中国与葡语国家贸易投资便利化上同样起到了积极的作用。中国国际贸易促进委员会、中国外商投资促进会以及中国国际投资促进会是专门服务于对外贸易和投资的机构，在疫情期间积极举办各类贸易投资促进活动，推动了贸易投资便利化。其他部分葡语国家的贸易投资促进机构情况如下。

葡萄牙对外投资贸易局是葡萄牙国有企业，其专门负责吸引、落实和跟进国内外投资项目，利用投资者的投资资本和经营规模在国内建立企业或帮助本国企业扩张，促进葡萄牙经济发展，提升葡萄牙经济的活力与竞争力。

巴西出口投资促进局是巴西的国家级投资促进机构。该机构重点关注能够实现技术创新、提供新型商业模式、完善工业供应链、直接影响国家就业岗位且能扩大巴西出口和出口产品多样性的企业和项目。这一机构可为投资者在决策过程中的各个阶段提供帮助，同时致力于寻找各个细分领域的潜在投资者并与其建立联系，甚至帮助潜在投资者了解巴西。

安哥拉私人投资与出口促进署（AIPEX）负责促进出口，吸引私人投资，办理投资提案登记手续，为投资者提供机构支持及协助，跟进投资项

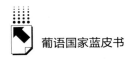

目的实施以及助力安哥拉企业实现国际化发展。安哥拉私人投资与出口促进署是负责在投资各阶段与投资者接洽的唯一机构，通过协调投资相关机构，为投资者提供支持，跟进投资方案，并为投资项目的成功落地创造条件。

佛得角贸易投资局是该国投资及出口促进机构，致力于促进、宣传、协调、便利化及发掘在佛投资机会及佛产品和服务出口。该机构是负责与投资者接洽的首个且唯一官方机构。佛得角贸易投资局推出了一站式服务和后续服务，以支持外国投资者。

几内亚比绍投资促进局成立于 2012 年，职责是代表所有相关的行政机构，担任投资者的唯一对接者。该机构是一个集中式服务机构，与其他各相关部门合作，为投资者提供支持，跟进和评估获批投资项目及其他类似活动的实施情况。

（四）多双边贸易投资促进平台

多双边贸易投资促进平台在推动贸易投资便利化上起到了非常重要的作用，推动中国与葡语国家贸易投资便利化的多双边平台主要是中国—葡语国家经贸合作论坛（澳门），中国国际进口博览会以及中非经贸博览会也起到了积极的作用。

1. 中葡论坛推动了贸易投资便利化

近年来，中国与葡语国家互施援手、共克时艰，积极开展抗疫合作。中葡论坛（澳门）常设秘书处在其中发挥了重要作用。一是联合内地和澳门相关商（协）会、企业，多方筹集善款，募集各类抗疫物资和民生物资支持葡语国家。

二是与各方合作举办多场在线抗疫研讨会，支持各国分享疫情防控经验。2021 年 11 月 24 日，中葡论坛主办的"传统医药应对疫情网络研修班"开班，会议为期 5 天。研修班邀请医学专家和临床医生聚焦传统医药应对新冠肺炎后遗症的临床经验和治疗方案，并就传统医药日常保健和预防方法进行分享。此次研修班上，各方参加人员就防控疫情进行了深入交流、互动探讨，学员在了解中国内地和澳门疫情趋势及防疫抗疫经验的同时，更借鉴传统医药辅助抗疫以应对本国疫情，共同推动经济复苏。[①]

三是推动设立中国—葡语国家防疫交流中心，以多种形式的交流和培训为载体，着眼长远，加强中国与葡语国家在医疗卫生领域的合作，共同提升应对疫情的能力，携手促进全球公共卫生事业发展，共建人类卫生健康共同体。

此外，中葡论坛（澳门）常设秘书处在 2020 年疫情肆虐的背景下积极参与中国内地及澳门重要贸易投资促进活动。其中包括：第二十五届澳门国际贸易投资展览会、活力澳门推广周——青岛站、第三届中国国际进口博览会，积极推介葡语国家产品及贸易投资机会。在 2020 年 12 月第十一届国际基础设施建设与投资高峰论坛期间，举办葡语国家投资专场推介会。

另外，澳门贸易投资促进局围绕"一个中心，一个平台"，加强了中国与葡语国家经贸联系。依托"中葡中小企业商贸服务中心"，贸促局为葡语国家企业开拓中国内地市场，亦为中国内地、澳门及其他地区有意开拓葡语国家相关业务的企业，提供一系列对外服务，包括葡语国家经贸考察活动、葡语国家市场经贸推广、中葡商贸导航等。截至 2021 年 2 月，贸促局一共向 370 多家企业提供"中葡商贸导航"服务超过 720 次，业务涉及冻肉、咖啡豆、医疗防疫用品、白糖、大豆及黄金贸易等不同领域。[②]

依托"中葡经贸合作会展中心"，贸促局持续举办"葡语国家产品及服务展（澳门）"。2021 年，澳门贸易投资促进局还分别举办"把握澳门，把握葡语国家机遇"的线上及线下投资推介会，发布葡语国家商机系列宣传片等，推广澳门的中葡平台优势，以及中国内地、澳门和葡语国家的最新市场机遇，进一步吸引中国内地企业落户澳门开拓葡语国家业务，或吸引葡语国家企业落户澳门开拓中国内地业务。其中，粤澳合作中医药科技产业园

---

① 见《中国—葡语国家经贸合作论坛（澳门）常设秘书处年报 2021》。

② https：//www.ccpit.org/mo/a/20220331/202203316zk7.html.

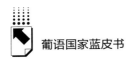

与澳邦药厂有限公司提供扶持服务，从注册法规、产品质量、市场前景等方面，协助澳邦药厂有限公司的"马交牌垃圾草油"和"莲花万应膏"进行产品标准升级，从而成功获得莫桑比克注册批文，同时积极为其嫁接当地的药品销售渠道资源，推动其产品在当地销售。①

2. 其他相关贸易投资博览会推动便利化

中国国际进口博览会推动了中国从葡语国家的商品进口。2021 年 11 月 5~10 日，第四届中国国际进口博览会在上海举办。进口博览会为中葡双边经贸合作搭建了平台。例如，东帝汶已经是第四次参加博览会。此外，进口博览会还带来了积极的外溢效应。2021 年 10 月，东帝汶国家馆（浙江馆）在中国浙江省省会杭州成立，这是东帝汶在中国内地开设的第二个国家馆。

中非经贸博览会推动了中国与非洲葡语国家的经贸合作。2021 年 9 月 26 日，第二届中国—非洲经贸博览会暨中非经贸合作论坛开幕。此次博览会共计举办 22 场配套活动。在中国—非洲葡语国家渔业暨水产品推介会上，安哥拉、佛得角、几内亚比绍、莫桑比克、圣多美和普林西比依次以视频方式进行渔业产业和相关政策推介，探讨中国和葡语国家在渔业领域的可持续发展合作模式。

2021 年 8 月 18 日，中非经贸合作示范园与安哥拉国家工商会举行"合作备忘录"签订仪式，安哥拉国家工商会正式入驻中非经贸合作示范园。备忘录的签订将有利于吸引中资企业在安哥拉投资，将具有竞争力的中国产品销售到安哥拉，并将木薯和香蕉等安哥拉产品出口到中国。

三 中国与葡语国家贸易投资便利化发展机遇与挑战

中国和葡语国家经济互补优势明显，增长潜力大，贸易和投资有助于实现合作共赢。在中葡论坛的推动下，贸易投资自由化和便利化将不断发展，

---

① https://www.ccpit.org/mo/a/20220331/202203316zk7.html.

同时随着多边贸易自由化的发展、数字经济合作的推进以及各类型区域贸易协定的构建，必将促进中葡贸易投资便利化发展再上新台阶。

（一）机遇和挑战

第一，依托中葡论坛平台和中葡经贸投资合作将推动贸易投资便利化。2021年9月，《横琴粤澳深度合作区建设总体方案》（以下简称《总体方案》）正式发布。《总体方案》提出，要在合作区"建设中葡国际贸易中心和数字贸易国际枢纽港，推动传统贸易数字化转型"。当前中国与葡语国家跨境电商贸易存在形式及业态单一问题，随着中葡国际贸易中心和数字贸易国际枢纽港的建设，未来横琴可以更好地利用澳门与葡语国家联系的窗口优势，还有澳门国际贸易自由港、单独关税区等政策优势，将中国与葡语国家贸易和投资往来推上新台阶。[①]

2022年4月13日，中国—葡语国家防疫交流中心在澳门成立。该中心的成立，将充分发挥澳门密切联系葡语国家的优势，以交流和培训为载体，加强中国与葡语国家在医疗卫生领域的合作，共同提升应对疫情的能力。通过提供疫病防控技术支援、培训及推广等服务，该中心未来将为中葡经贸合作的平稳发展打造良好外部环境。

2022年4月，全国首个葡语国家及地区税收合作办公室落地珠海横琴。该办公室的成立将充分发挥澳门对接葡语国家及地区的窗口作用，未来将进一步深化与葡语国家及地区的税收合作，助力打造合作共赢的国际税收体系。

2022年4月10日，中国—葡语国家经贸合作论坛（澳门）部长级特别会议在澳门成功举办。会议期间，论坛各方一致通过了中葡论坛吸纳赤道几内亚为与会国的声明。赤道几内亚加入之后，论坛覆盖了世界上所有以葡语为官方语言的国家。可以预见，未来中国和葡语国家贸易和投资合作将迈上新台阶。

第二，数字经济和数字化基础设施建设合作推动贸易投资便利化。随着

---

① http://fgj.zhuhai.gov.cn/zwgk/ztzl/gclsygadwqfzghgyzl/content/post_ 3142778.html.

数字技术深度融入经济活动，数字经济、数字贸易等新发展已经成为未来趋势，数字化将极大提升贸易投资的效率和便利化水平。近年来，葡语国家的数字基础设施建设也迈入了新的发展阶段。可以预见，未来中葡间的数字经济和贸易合作将不断发展，推动贸易和投资便利化。

第三，多边和区域贸易投资自由化发展将推动中葡贸易投资便利化。2022 年 6 月举办的世界贸易组织（WTO）第十二届部长级会议取得了一系列重要成果，包括新冠肺炎疫情应对、防疫相关知识产权豁免、粮食安全、人道主义粮食采购、渔业补贴、电子传输暂免关税和世贸组织改革等全球广泛关注的议题。同时，WTO 的《贸易便利化协定》（TFA）于 2017 年 2 月正式生效，也将在推动中国与葡语国家贸易投资便利化上发挥作用。

区域贸易协定近年来发展得如火如荼，全面与进步跨太平洋伙伴关系协定（CPTPP）、区域全面经济伙伴关系协定（RCEP）以及非洲大陆自由贸易区（AfCFTA）的建设实施，都将在一定程度上有助于推动中国与相关葡语国家的贸易投资自由化以及便利化。

第四，全球经济复苏乏力，通货膨胀和贸易保护主义风险犹存，给中葡贸易投资便利化带来挑战。2022 年以来，疫情时期发达经济体普遍量化宽松货币政策的影响，以及疫情和地缘政治风险，导致通货膨胀全球蔓延；美联储的不断加息降低了全球需求和经济增长速度，导致世界经济低迷，贸易保护主义抬头。不利的世界经济、全球贸易和投资环境将影响中国与葡语国家的经贸合作，并且给贸易和投资便利化的发展带来挑战。

（二）对策建议

提升中国与葡语国家贸易投资便利化是促进经贸合作的基础，同时也是构建经贸合作关系的目标。长期来看，中国与葡语国家贸易投资便利化的发展需要从法律保障、制度建设、促进机构以及平台建设等多方面着手，并从数字经济发展以及全球贸易投资便利化的大形势和格局考量，推动长远的贸易投资自由化和便利化。

短期来看，仍然需要多措并举，以便利化促进中国与葡语国家的贸易投资发展。具体来说：一要继续依托包括中葡论坛在内的多边合作机制和各国贸易投资促进机构，进一步提高中国与葡语国家贸易投资便利化的程度，并借助中国与葡语国家投资法律法规，保障中国与葡语国家贸易投资便利化的落实力度；二要充分发挥中葡合作发展基金作用，以绿色低碳、服务贸易、数字经济等为突破口，培育中国与葡语国家贸易和投资新增长点；三要形成政府主导、企业为主体、市场导向、产学研相结合的中国与葡语国家贸易投资新格局；四要充分利用中国国际进口博览会等大型商贸平台以及电商服务平台，搭建中国与葡语国家优势产品和服务交易网络，助力更多特色优质名品进入彼此市场，形成以双边为主、多边为辅的中国与葡语国家贸易投资合作推介；五要联合制定有利于中国与葡语国家贸易投资便利化的举措，借鉴疫情时期亚太地区关于贸易投资便利化的做法，简化海关手续，加快清关速度。

B.4
欧盟碳中和战略及葡萄牙的
政策与行动目标

张　敏*

摘　要： 碳中和目标是欧盟向绿色低碳转型的重要分水岭。欧盟新一届执委会主席冯德莱恩上任后推出的《欧洲绿色新政》指出，欧盟将在2050年成为世界首个"碳中和"大洲，加快推动欧盟向绿色低碳转型。葡萄牙是欧盟一体化进程中的积极推动力量，对此葡萄牙政府积极响应，从政策和行动上提出了具体方案，为实现欧盟碳中和目标贡献力量。

关键词： 《欧洲绿色新政》　"碳中和"大洲　葡萄牙碳中和战略

一　《欧洲绿色新政》与碳中和目标

碳中和目标是欧盟实现绿色低碳转型的重要分水岭。冯德莱恩担任欧盟执委会主席后，提出了欧盟未来十年发展战略，即《欧洲绿色新政》（European Green Deal）。新政中的宏大目标之一是：2050年欧盟力争成为世界首个"碳中和"地区，实现欧盟向绿色低碳发展的转型。在全球治理体系中，欧盟在气候治理领域中一直发挥领导力，因此，《欧洲绿色新政》及其碳中和目标不仅推动全球节能减排，也将有助于推进中欧气候领域的合

---

* 张敏，中国社会科学院欧洲研究所首席研究员，博士生导师，兼任中国社会科学院西班牙研究中心主任、中国社会科学院科英布拉大学中国研究中心中方执行主任。

作。以实现碳中和为目标，欧盟成员国将致力于欧洲各国向低碳化、绿色化、循环化方向全面转型，推动社会的可持续发展。在未来的 30 年内，为达到碳中和目标，欧洲各国在能源、工业、交通、粮食和农业、建筑、生产和消费、基础设施、税收和社会福利等领域广泛推行低碳发展政策，尤其是工业、能源、建筑业等高碳排放行业，是体现碳中和目标的关键领域。

（一）《欧洲绿色新政》的主要内容①

冯德莱恩上任后在不同场合多次强调指出，《欧洲绿色新政》是欧盟的一项长期发展战略，为实现"碳中和"目标，欧盟应在以下领域加快政策调整。② ①应提高 2030 年和 2050 年气候与能源框架中的减排目标，推进气候变化减缓进程。以 1990 年为基准年，2030 年的中期减排目标从之前的40% 调高至 50%～55%，2050 年的减排目标从原来的 80%～90% 调整为达到碳中和（即达到 100% 的减排目标）。②加快工业经济的清洁循环发展。在数字经济引领下，欧洲应充分挖掘数字转型的潜力，加快发展欧盟清洁循环产业经济。③为家庭和企业提供清洁的、可支付的、安全的能源供应，将提高能效目标置于优先地位，提高可再生能源的发电比重，加快对煤炭的淘汰进程，实现天然气的脱碳化处理和能源系统的深度脱碳化。④老旧建筑进行翻新改造，提高建筑能效和资源利用率，建筑翻新有助于扶持中小企业发展，创造就业岗位。⑤建立从农场到餐桌的均衡、健康、环保的食品加工体系。在现行食品加工过程中引入绿色化、低碳化措施，建立营养均衡、健康环保的食品生产与消费体系，保障生命健康与安全。⑥倡导可持续、智慧交通出行理念。按照预测数据，未来欧盟交通行业的碳排放总量呈上升趋势，自 2020 年起，欧盟制定可持续与智慧交通战略，控制所有排放源，应对交

---

① European Commission，"The European Green Deal，" Brussels，11. 12. 2019，COM（2019）640 final，https：//ec. europa. eu/info/strategy/priorities - 2019 - 2024/european - green - deal_ en；https：//eur - lex. europa. eu/resource. html？ uri = cellar：b828d165 - 1c22 - 11ea - 8c1f - 01aa75ed71a1. 0002. 02/DOC_ 1&format=PDF.

② 张敏：《欧洲绿色新政推动欧盟政策创新和发展》，《中国社会科学报》（域外版）2020 年 5 月 25 日。

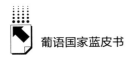
通行业持续高碳排放问题。⑦制定大气、水和土壤的零污染行动计划，从源头上防止污染，利用净化措施、综合治理环境等手段，净化生态环境。欧盟在 2021 年颁布了针对大气、水和土壤的零污染行动计划。⑧保护与修复生态系统和生物多样性，由于 2020 年欧盟无法达到《生物多样性公约》的"爱知目标"，为保持生物多样性环境做贡献，欧盟将尽快制定"生物多样性战略"。①

（二）出台《欧洲绿色新政》的背景及其原因

欧盟在各个领域推行绿色化、去碳化政策，需要在绿色低碳技术上进行大量的研发投入，当前欧洲各国社会经济复苏面临艰巨任务，欧盟为何仍要推进绿色新政，实现碳中和目标呢？从长远的发展角度看，欧盟认为实现碳中和目标，将有助于达到欧盟社会经济发展中的三大利益点。第一，秉持欧洲模式，即倡导社会、经济、环境三者之间的协调发展。在保持经济增长、社会公平发展的同时，不能以牺牲环境为代价。绿色 GDP、低碳社会、环境友好等都是欧洲社会价值观的重要组成部分，《欧洲绿色新政》恰好体现了这一价值观。第二，保持和提升欧盟在全球气候变化治理中的主导性和领导力。《欧洲绿色新政》将助推欧盟减排力度，帮助欧盟达到《巴黎协定》履约目标。美国退出《京都议定书》后，欧盟在全球气候治理上赢得了一定的话语权。欧盟推行《欧洲绿色新政》，通过调整减排目标、加大减排力度，力争在实现《巴黎协定》上发挥积极表率作用。第三，《欧洲绿色新政》将成为欧盟保持全球影响力和增强内部凝聚力的共同行动纲领。2020 年 1 月 31 日英国宣布正式"脱欧"，从短期看至少对欧盟产生三重不利影响：导致欧盟内部权力失衡、可能给欧盟带来分裂隐患、削弱欧盟的实力和国际影响力。为保持欧盟的全球影响力，欧盟需要制定一项长期发展战略，欧盟及其成员国将在实现共同目标的过程中，不断凝聚共识、增进互信。

---

① 2020 年 5 月 20 日，欧盟发布了《欧盟 2030 年生物多样性战略——自然恢复计划》（EU Biodiversity Strategy for 2030），旨在保护自然和扭转生态系统的退化。

(三)《欧洲绿色新政》将助推欧盟的低碳化进程

《欧洲绿色新政》明确提出，将从法规体系、资金投入及高碳排放行业政策等多个层面进行制度创新和政策改革。第一，在法规体系上，欧盟将颁布首部《欧盟气候变化法》，从法律上对各成员国实现碳中和目标进行约束。第二，建立"公平转型机制"（just transition mechanism），一些国家为了降低碳排放，将关闭或减少高能耗、高排放企业，考虑到各国经济发展的公平性，关闭高能耗企业造成的各国经济损失将从公平转型机制中得到一定的补偿。欧盟计划在2021~2027年财政框架内投入1000亿欧元，帮助部分欧洲国家加速放弃化石燃料。第三，能源、建筑、工业和交通等作为高碳排放行业中的重点，将加快政策调整和技术创新。欧盟能源生产和利用所排放的温室气体量占欧盟总量的75%，能源行业的去碳化进程将会大大提速；交通运输业的碳排放量占欧盟总量的25%，推动私人和公共交通方式向更清洁、更低价格、更健康转型，必将带来交通行业的技术革新和数字化发展。

继2019年11月《欧洲绿色新政》推出以来，目前欧盟正按照既定计划进行政策调整和机制创新。2020年1月14日欧盟发布了《绿色新政投资计划》和《公平转型机制》，2020年3月4日出台了《欧盟气候变化法草案》。紧接着在3月10日公布了一项新的欧洲工业战略（EU Industrial Strategy），翌日欧盟又颁布了《新循环经济行动计划》。2020年12月9日正式颁布《欧盟气候法规》。2021年5月12日和17日，先后提出了《零污染行动计划》和《可持续的蓝色经济》。2021年2月24日提出了《欧盟气候适应新战略》等。[①] 这些政策和行动计划旨在帮助欧洲经济向气候中立和数字化转型，提高其全球竞争力。

为配合《欧洲绿色新政》的实施，未来欧盟将出台更多的政策和行动

---

① 《欧洲绿色新政》出台后颁布的一系列政策可参考如下网站，https：//ec. europa. eu/info/
strategy/priorities-2019-2024/european-green-deal_ en。

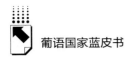
计划。从长远看，实现"新政"的碳中和目标，将极大地助推欧盟向低碳经济社会真正转型；从短期看，将倒逼高能耗、高排放产业进行重大调整，给严重依赖化石燃料的东欧国家带来巨大的调整成本，制约其经济增长。

二　通向碳中和目标——提高能效和开发利用可再生能源

提高能效和开发利用可再生能源是《欧洲绿色新政》中的核心政策之一。葡萄牙作为欧盟成员国，在《欧洲绿色新政》出台之前就十分重视可再生能源战略规划与制定。2005 年 10 月 24 日，葡萄牙内阁第 169 号决议（Cabinet Resolution 169/2005 of 24 October）批准了葡萄牙第一个能源发展战略（The Portuguese National Energy Strategy），其核心内容是大力开发和充分利用可再生能源。2009 年 4 月 23 日，欧洲议会和欧洲理事会批准的 2009 年欧盟第 28 号指令（Directive 2009/28/EC），从法律层面进一步重视欧盟国家对可再生能源的开发与利用，要求各成员国在 2010 年 6 月 30 日之前向欧盟提交《国家可再生能源行动计划》（a National Renewable Energy Action Plan，NREAP）。为配合欧盟的低碳转型，葡萄牙政府积极调整能源战略，2010 年 4 月 15 日葡萄牙内阁发布第 29 号决议（Resolution 29/2010 of 15 April），提出了《2020 国家能源战略》（The National Energy Strategy for 2020，NE2020）。[①]

葡萄牙《2020 国家能源战略》突出强调能源在葡萄牙社会经济中发挥的结构性、整体性和基础性作用。可再生能源（RES）具有清洁性、便捷性和普遍性等多种优势，在国家能源战略中具有重要价值。葡萄牙国内能源行业和企业均意识到，开发可再生能源将有助于葡萄牙调整传统产业结构、促进绿色经济增长。因此，可再生能源已经在葡萄牙交通运输、建筑、通信、工业等部门得到了广泛使用。可再生能源发电比例不断上升，加快了葡萄牙的低碳减排进程。

---

① 有关葡萄牙的国家能源政策、可再生能源政策等相关信息，参见 IEA，"Energy Policies of IEA Countries，Portugal，" https：//iea. blob. core. windows. net/assets/24fac789 - 3694 - 4c93 - ba66-b35f1d0add54/Energy_ Policies_ of_ IEA_ Countries_ Portugal_ 2016_ Review. pdf。

从能源禀赋看，葡萄牙缺乏化石燃料，能源储备严重不足。开发和利用可再生能源可以保障国家能源供应的安全性，实现能源供应的多元化，确保能源生产、运输和消费的可持续性。目前，葡萄牙40%的电力供应和20%的最终能源消费均来自可再生能源。近年来，葡萄牙大力推行可再生能源发电优先并入电网系统，通过提供一系列财政和金融配套措施，支持可再生能源的投资建设，这些补贴政策有助于推动葡萄牙可再生能源总体目标的实现。

葡萄牙《2020国家能源战略》的核心目标是加大可再生能源的投入和开发，助推葡萄牙社会经济转型发展，其中包括五大支柱目标：提高能源产业竞争力、对开发可再生能源和提高能效提供金融支持、保障能源安全供应、促进经济复苏与增长、推动环境可持续性发展。具体包括以下5个方面的内容：第一，确保葡萄牙履行欧盟能源政策框架下的各项目标承诺，积极应对气候变化，要实现《2020国家能源战略》目标，葡萄牙能源总消费中的31%来自可再生能源，60%的电力来自可再生能源，道路交通部门10%的能源消费来自可再生能源；第二，降低葡萄牙能源的对外依赖度，降低化石燃料的进口比例；第三，将进口能源比重下调25%，可节约成本20亿欧元，减少进口6000万桶原油；第四，开发与风能相关的产业集群，预计可实现创收38亿欧元和创造10万个新的工作岗位，为电力行业创造大约3.5万个就业岗位；第五，为实现社会经济的可持续性发展创造必要条件。

在此基础上，2010年葡萄牙向欧盟提交了第一个《国家可再生能源行动计划》，[①] 进一步明确了葡萄牙2020年能源战略目标以及实现这些目标的具体行动措施，该计划还提出了一系列可再生能源开发方案，如建立风能技术试点区、太阳能技术试点项目、开发葡萄牙南部地区的7个光伏发电站，以及在葡萄牙北部地区建立两大风能产业集群等。

第一个《国家可再生能源行动计划》明确提出，到2020年可再生能源

---

① "National Renewable Energy Action Plan, NREAP, PORTUGAL, First Progress Report"（submitted pursuant to Article 22 of Directive 2009/28/EC），http：//aei. pitt. edu/88720/1/article_ 22_ portugal_ report_ en. pdf.

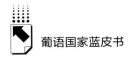

在葡萄牙最终能源消费中所占比例高达31%，这一目标远远超出了欧盟2020战略①中提出的20%的可再生能源目标。具体到各个行业，葡萄牙力争在交通部门能源消费中可再生能源比例达到10%，供热和制冷行业达到30.6%，电力行业达到60%。②

提高能源效率也是葡萄牙能源战略的重要目标之一。2007年葡萄牙提出了第一个《国家能源效率行动计划（2008~2015）》（National Energy Efficiency Action Plan，NEEAP，2008-2015）。为配合葡萄牙《2020国家能源战略》，2011年6月葡萄牙向欧盟提交了第二个《国家能源效率行动计划》。与第一个能效行动计划相比，提交第二个能效行动计划时，葡萄牙和欧洲发展经济的内外环境均发生了较大的变化。受经济衰退影响，葡萄牙大幅收缩公共开支，用于能源的公共开支锐减，在这种新形势下，葡萄牙能否按进度执行《国家能源效率行动计划》存在较大的不确定性。为此，葡萄牙参照欧盟能效指令中的总体目标要求，适时调整了《国家能源效率行动计划》和《国家可再生能源行动计划》，这两大战略的修订案，经2013年4月10日葡萄牙内阁第20号决议正式批准（Cabinet Resolution 20/2013 of 10 April）。修订后的能源发展战略包括两项计划：2013~2016年的葡萄牙《国家能源效率行动计划》和2013~2020年的葡萄牙《国家可再生能源行动计划》，替代葡萄牙《2020国家能源战略》。

推行这两项能源计划，推动葡萄牙和欧盟达到能源气候目标，通过降低能源开发投资成本，提升国家能源经济竞争能力。葡萄牙未来将达成的总体目标是：履行葡萄牙对欧盟节能减排目标承诺，实现基础能源供应的多元化，提高能源供应的安全保障，提高能源效率，特别是提高能源公共管理效率，减少公共管理成本，降低能源消费和进口成本，最终提高经济竞争力。

---

① "Europe 2020: A European Strategy for Smart, Sustainable and Inclusive Growth," March 3, 2010, Com (2010), https://ec. europa. eu/eu2020/pdf/COMPLET%20EN%20BARROSO%20%20% 20007%20-%20Europe%202020%20-%20EN%20version. pdf.

② "National Renewable Energy Action Plan, NREAP, PORTUGAL, First Progress Report" (submitted pursuant to Article 22 of Directive 2009/28/EC), http://aei. pitt. edu/88720/1/ article_ 22_ portugal_ report_ en. pdf.

2013~2016 年葡萄牙《国家能源效率行动计划》将提高能源效率作为政策优先目标，充分考虑到节约能源、保护环境和能源安全。同时，将继续落实第一个《国家能源效率行动计划》中的主要政策措施。

三　葡萄牙的碳中和政策与目标

欧盟的碳中和目标必将推动葡萄牙能源生产和消费结构的大调整。在欧盟正式提出在 2050 年实现碳中和目标之前，葡萄牙政府已经提出了应对气候变化、实现低碳减排的行动方案。2019 年 9 月 20 日，葡萄牙向联合国非政府间气候变化大会秘书处（UNFCCC）提交了葡萄牙的减排长期发展战略（Long-term Low Greenhouse Gas Emission Development Strategies，LTS）——《2050 年葡萄牙实现碳中和路径》（Roadmap for Carbon Neutrality 2050，RCN2050）。[1] 报告明确提出了 2050 年葡萄牙实现碳中和目标的路线图及其政策措施、指导方针。报告预测，无论是从经济上还是技术上，以 2005 年为基准年，如果能够确保农业和林业的碳汇能力达到 1300 万吨来抵消现有的碳排放量，那么葡萄牙将能够力争在 2050 年达到 85%~90% 的减排目标。从分阶段目标看，到 2030 年实现减排 45%~55%，到 2040 年实现减排 65%~75%。

碳中和是一项推动社会经济发展的系统工程，因此为达到 2050 年葡萄牙碳中和目标，必须配套进行一系列的社会经济变革，主要的政策导向是：①促进向具有竞争力、循环性、更有韧性、通向碳中和的经济模式转型；②建立能够适应全球气候变化的经济韧性和国家能力；③必须在各个领域促进研究、创新和知识发展；④保障融资条件，提高投资水平；⑤对能源、交通、贸易、服务、工业、废弃物、农业和林业等不同部门，通过有效手段监测各行业实现碳中和目标的进展；⑥通过教育、信息和提高认识，吸引全社会参与应对气候挑战，提高个人和集体行动能力。

---

[1]　"Roadmap for Carbon Neutrality 2050（RCN2050），Long-term Strategy for Carbon Neutrality of the Portuguese Economy by 2050"，https：//unfccc. int/sites/default/files/resource/RNC2050＿ EN＿PT%20Long%20Term%20Strategy. pdf.

具体的减排行动包括：葡萄牙到 2030 年将停止燃煤发电，到 2050 年实现发电系统的完全脱碳化；提高所有行业的能源效率；通过城市改造、提高建筑能效、逐步电气化和消除能源贫困，促进住宅部门的脱碳化；通过加强公共交通、交流车辆的脱碳化和降低海空运输的碳强度，降低流动性，保护和发展精细农业，减少与牲畜和使用化肥相关联的碳排放；减少废弃物量，提高废弃物回收率，进一步减少垃圾填埋场的废弃物处理总量；提高各个城市和地方政府的参与度，取消对环境有害产业或经营活动的各类补贴，征收碳税，并征收更高的资源使用税率，减轻劳动者税负；改变消费和生产模式，促进节能技术发展，创造新节能产业和新就业。

应对气候变化是世界性问题，仅在国内推行减排政策与措施还不够，葡萄牙政府特别强调应在气候领域加强国际合作，特别是加强葡萄牙与世界其他葡语国家之间的合作；捍卫欧洲在应对全球气候变化上的立场和领导权，并参与旨在促进和传播友好气候行动实践的倡议。

葡萄牙的能源和气候政策是实现碳中和目标的关键。第一，加快能源转型，推动能源的电气化发展和降低对化石能源的进口依赖。[1] 第二，提高可再生能源发电比例和能源效率，不断减少对进口能源的依赖，并保证可负担得起的能源供应。第三，从长远来看，葡萄牙能源和气候政策的核心是发挥氢能在实现碳中和目标中的重要作用。[2]

2020 年 10 月，欧盟对各国应对气候和能源计划的执行情况进行了评估。2019 年，葡萄牙经济的碳强度比欧盟平均水平高出 22%，2005~2019年的下降速度略慢于欧盟平均水平。2005~2019 年，运输部门的排放量减少了 10.3%，是排放量最高的部门，占 2019 年葡萄牙排放总量的 26%。能源部门的排放量占 2019 年排放总量的 19%，在 2005~2019 年下降了 50%，也

① Fatih Birol, "Portugal has Found a Good Balance of Ambitious Targets and Competitive Support Measures Needed to Drive a Cost-effective Energy Transition," July 2021, https://www.iea.org/reports/portugal-2021，最后访问日期：2022 年 3 月 7 日。

② IEA, "Portugal 2021 Energy Policy Review, Country Report," https://iea.blob.core.windows.net/assets/a58d6151-f75f-4cd7-891e-6b06540ce01f/Portugal2021EnergyPolicyReview.pdf.

是葡萄牙所有部门中减排幅度最大的行业。2019 年葡萄牙可再生能源比重为 30.6%，到 2030 年将实现 47% 的目标，这也是欧盟成员国中可再生能源比例较高的国家之一，2030 年可再生能源发电比例将达到 80%。[①]

从葡萄牙社会经济发展的总体情况来看，葡萄牙提出的 2050 年碳中和目标仍面临诸多挑战和困难。首先，经济长期低迷推迟了葡萄牙能源转型进程。近年来，葡萄牙经济遭受了两次严重冲击。在经历了 2008 年全球金融危机和欧洲主权债务危机的多重冲击后，葡萄牙遭遇了长达 10 年的经济低迷期。其次，葡萄牙刚刚呈现经济复苏迹象，但新冠肺炎疫情接踵而至并持续蔓延，造成经济大幅下滑，抑制了低碳化发展进程。2019 年葡萄牙经济出现复苏迹象，当年国内生产总值（GDP）达到 3400 亿美元，高于 2008 年全球金融危机前的 3250 亿美元。失业率从 2013 年的 16.2% 降至 2019 年的6.5%（2008 年为 7.6%）。[②] 这一复苏势头有望带动本国经济增长与高碳能源消费之间的逐渐脱钩。2014~2019 年，人均 GDP 最终能源消费总量下降了 8%。新冠肺炎疫情持续蔓延导致葡萄牙经济严重下滑，2020 年 GDP 下降了 8.4%，出现了自 1936 年以来最大的年度降幅。为此，葡萄牙和欧盟都已采取措施积极应对疫情，恢复经济增长。2020 年 3 月，葡萄牙政府推出了 92 亿欧元的刺激计划，其中包括一系列的财政刺激措施、国家支持的信用担保和增加社会保障支出。针对能源部门采取的具体行动包括加快220 个太阳能光伏项目的许可和并网进度，向公共交通运营商提供资金支持，引入财政支持方案推动建筑节能等，这些措施初见成效并有望持续推进。

欧盟已批准 7500 亿欧元的资金，支持和帮助每个欧盟成员国尽快实现经济复苏。葡萄牙已于 2021 年 4 月向欧盟提交了复苏计划，提出促进社会

---

① European Parliament, "Climate Action in Portugal: Latest State of Play," https://www.europarl. europa. eu/thinktank/en/document/EPRS_ BRI（2021）696196.

② Fatih Birol, "Portugal Has Found a Good Balance of Ambitious Targets and Competitive Support Measures Needed to Drive a Cost-effective Energy Transition," July 2021, https://www.iea. org/ reports/portugal-2021, 最后访问日期：2022 年 3 月 7 日。

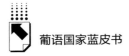

经济发展急需 139 亿欧元的赠款和 27 亿欧元的贷款。葡萄牙提出的能源行业资金支持计划,大部分资金主要投入实现能源供需的可持续性、提高能源效率、加大可再生能源研发、实现能源的脱碳化等诸多方面。根据能源行业资金支持计划,葡萄牙将投入 6.1 亿欧元用于建筑节能和可再生能源,1.85 亿欧元用于支持 264 兆瓦的可再生气体生产(氢气和生物甲烷气)。欧盟的复苏资金和葡萄牙本国的经济刺激计划均有助于刺激经济增长,据欧盟统计,2021 年葡萄牙实际 GDP 增长了 4.8%,[①] 2022 年实际 GDP 有望增长 4.3%。

从能源结构看,短期内葡萄牙仍将依赖进口化石燃料。2019 年,化石燃料占一次能源供应比重的 73%(石油为 43%、天然气为 24%、煤炭为 6%)。所有石油、天然气和煤炭都需要依赖进口。由于化石燃料在能源供应中所占比重较高,葡萄牙温室气体排放总量仍在持续增加,2014~2018 年,温室气体排放量增加了 13%。温室气体排放量的增加也与葡萄牙夏季持续高温所引发的森林大火有关。2017 年葡萄牙发生多起森林火灾,使得当年温室气体排放总量远高于正常年份的排放量。

为了改变上述结构性问题带来的温室气体排放,葡萄牙加大了对可再生能源和新能源的研发投入,推动能源结构的去碳化转型。2019 年,该国的能源研发支出占 GDP 的比例达到了 0.07%(2016 年为 0.06%)。2016~2019 年,能源研发投入占研发总额的比例从 4% 上升到 5%。

燃煤发电是导致温室气体排放增多的来源之一,葡萄牙加快推进关闭燃煤发电站。2017 年,葡萄牙在第 23 届联合国气候变化大会(COP23)上签署了到 2030 年停止使用煤炭的声明。2020 年初葡萄牙燃煤发电运营商承诺,将在 2021 年底永久关闭境内所有燃煤发电站。2020 年 7 月,葡萄牙电力公司(Electricidade de Portugal,EDP)宣布关闭西内斯(Sines)燃煤电厂,该电厂的温室气体排放量占葡萄牙温室气体排放总量的 13.5%,是葡萄牙国内最大的单一排放源。此后,位于葡萄牙里斯本东北约 150 公里处的

① 参见本书附录中《2017~2021 年葡萄牙主要经济指标》。

佩古燃煤电厂的两组燃煤机组也先后关闭，该电厂是葡萄牙第二大温室气体排放源。2021 年 1 月关闭了 1.3 吉瓦燃煤机组，2021 年 11 月 24 日关闭了628 兆瓦燃煤机组，这是葡萄牙境内的最后一个燃煤发电站，它的关闭标志着葡萄牙燃煤发电时代的结束，葡萄牙成为继奥地利、比利时和瑞典之后第四个关闭所有燃煤发电站的欧盟成员国。[①]

关闭燃煤发电站之后，Pego 运营商正在考虑将燃煤电厂改造成生物质能发电厂（即燃烧木屑颗粒发电）。葡萄牙非政府环境组织（ZERO）总裁弗朗西斯卡·佩雷拉（Francisco Ferreira）提出："停止燃煤发电对葡萄牙固然好，但转而采用能效较低的生物质能进行发电，这显然不是一个好办法，葡萄牙应该大力开发风电和太阳能。"[②]

当前葡萄牙 60%～70% 的电力来自可再生能源，但仍然严重依赖进口化石燃料来满足国内的能源需求。葡萄牙若要在 2050 年实现碳中和目标，应加大对氢能的开发与利用，持续降低对进口化石燃料的依赖，才能有效推动能源结构的去碳化转型。

---

① Aaron Larson, "Portugal's Last Coal Power Plant Shuts Down, Fourth Country in Europe to Stop Burning Coal," https：//www. powermag. com/portugals－last－coal－power－plant－shuts－down－fourth－country－in－europe－to－stop－burning－coal/.

② Aaron Larson, "Portugal's Last Coal Power Plant Shuts Down, Fourth Country in Europe to Stop Burning Coal," https：//www. powermag. com/portugals－last－coal－power－plant－shuts－down－fourth－country－in－europe－to－stop－burning－coal/.

B.5
中国与巴西经贸合作的
现状、动因与前景

张维琪　徐钰洁*

摘　要: 2021 年中巴双边贸易创下历史新高,两国经贸合作稳定发展且日趋紧密。究其原因,贸易转移并非中巴经贸进展的唯一解释,而中巴高层的重视、中国的市场规模与消费升级、巴西贸易政策符合市场规律,以及中巴合作机制的推动,成为新冠肺炎疫情冲击下驱动中巴双边贸易实现逆势增长的主要原因。展望未来,经贸合作仍将继续成为中巴双边关系的重点领域,同时,围绕中巴贸易合作,本报告对巴西学者关注的环境问题和去工业化问题进行评介。

关键词: 中国　巴西　经贸合作

　　根据中国海关总署的统计,2021 年中国与巴西贸易突破了历史纪录,总额达 1640.6 亿美元,比同期增加了 450.2 亿美元,同比增长 36.2%。在巴西经济总体下滑的背景下,中巴经贸领域却呈现不同发展前景。其中,中巴双边贸易的增长尤为引人注目,中巴贸易总额已连续四年超 1000 亿美元。在中巴经贸合作取得佳绩的背景下,本报告拟就以下四个方面的问题展开探讨:贸易转移效应与贸易创造效应是否足以解释中巴贸

---

* 张维琪,上海外国语大学西方语系副教授;徐钰洁,上海外国语大学欧洲语言文学专业硕士研究生。

易近年来的发展？新冠肺炎疫情影响下，哪些因素得以让中巴两国密切经贸合作关系？巴西学者如何看待中巴经贸合作？两国经贸合作未来的前景又会如何？

一　中国与巴西经贸合作的现状

近年来，中巴经贸合作展现充沛的活力，不断为双边关系创造新的亮点。两国经贸往来的日益密切不仅表现在双边贸易领域，而且在投资领域也有不俗的表现。

一方面，中巴双边贸易表现强劲，屡创佳绩。2018年，中巴贸易总额首次突破千亿美元大关。随后的两年里，即使面对新冠肺炎疫情的冲击，中巴贸易仍持续发力，成为双边关系的稳定器。2021年，中巴贸易再度实现了突破，中国继续保持巴西最大贸易伙伴地位，并为巴西提供了568.4亿美元顺差，在巴西经济复苏中发挥了重要作用。从产品结构上看，中国从巴西进口的产品集中于低附加值的农牧业、工业原材料等产品。如表1所示，2021年铁矿石、大豆、原油三种大宗商品为巴西对华出口的主要产品，约占巴西对华出口总额的80%。而巴西从中国进口产品的结构则截然不同，其所进口的商品大多集中在附加值较高的半制成品或制成品，如电话、船舶等。据巴西经济部数据，2021年，电话依旧为中国向巴西出口的第一大商品，巴西从中国进口的电话总额达到27.9亿美元，占巴西电话进口总额的63.3%，即巴西进口的每10台电话中，就有6台来自中国。

表1　2019~2021年巴西对华出口的五种主要商品

单位：亿美元

2019年			2020年			2021年		
排名	出口商品	出口额	排名	出口商品	出口额	排名	出口商品	出口额
1	大豆	204.52	1	大豆	209.03	1	铁矿石	288.41
2	原油	154.8	2	铁矿石	185.22	2	大豆	272.08
3	铁矿石	135.28	3	原油	113.46	3	原油	142.52

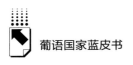
续表

2019 年			2020 年			2021 年		
排名	出口商品	出口额	排名	出口商品	出口额	排名	出口商品	出口额
4	纸浆	30.17	4	牛肉	40.37	4	牛肉	39.06
5	牛肉	26.85	5	纸浆	26.5	5	纸浆	25.49

资料来源：巴西经济部，http://comexstat.mdic.gov.br/pt/geral。

另一方面，随着中巴两国双边贸易额的不断攀升，双方在投资领域的合作也逐步恢复了活力。巴西既是中国在拉美最大的贸易伙伴，也是最大的投资目的地国。据中国商务部副部长王受文介绍，截至 2020 年底，中国在巴西的投资额已超过 600 亿美元。[①] 由巴西布拉德斯科银行（Bradesco）、中国—巴西企业家委员会（CEBC）发布的一份报告指出，2021 年中资企业在巴西投资 59 亿美元，主要集中在电力、石油开采、信息技术和制造业领域。[②] 中资企业在巴西的投资领域也向着多元化的趋势发展，从传统的电力、基建领域延伸到汽车、机械、化工等高价值的制造业领域，并在数字经济等新兴行业有所尝试。

二 中巴经贸合作日益密切的原因

中国与巴西加强经贸投资领域合作的动因源自多个方面，其中既有得益于贸易转移的因素，也有中巴在双边领域面向未来、彼此不断接近的原因。

（一）贸易转移并非中巴贸易增长的唯一解释

国际贸易理论在分析关税同盟时，会涉及贸易转移效应，通常是从关税同盟的静态经济后果来谈此问题，并指出贸易转移会造成"整个社会财富

---

① 《2021 年巴西吸收外国直接投资额增长超 100%》，中华人民共和国驻巴西共和国大使馆经济商务处，http://br.mofcom.gov.cn/article/jmxw/202201/20220103238645.shtml。

② Tulio Cariello，"Investimentos chineses no Brasil 2021-Um ano de retomada，"CEBC，https://www.cebc.org.br/2022/08/31/estudo-inedito-investimentos-chineses-no-brasil-2021/。

浪费和经济福利下降的效果"。① 与之相关联的，往往还包括贸易创造和贸易扩大效应。而中美贸易摩擦下，对贸易转移的认识不再囿于关税同盟内，有了新扩展，"指双边贸易份额转移至第三国的边际效应，通常情况下因贸易便利化或贸易保护措施使得贸易成本改变，造成部分贸易转向第三国市场"②。将这一概念应用到具体产品的贸易分析中，有文献以出口相似度来研究美国在华农产品市场上的竞争优势，认为中国一旦对美国的大豆进行制裁，大豆贸易将很有可能向阿根廷和巴西转移。③ 也有文献以中美贸易摩擦为背景，通过贸易转移与创造效应视角来分析中国大豆进口状况，并指出加征关税产生三重后果：一是减少了被征收对象国的贸易进口量，二是贸易进口会转移到具有竞争力的传统国家，三是推动具有潜力的非传统国积极出口。由此，发生中国的大豆进口向巴西、阿根廷、乌拉圭等国转移的情况。④

上述文献或有助于理解争端发生之初的中巴间大豆贸易情况，即中美贸易领域的摩擦为巴西创造了机会，巴西短期内获利颇丰。同时，也应该看到，巴西之所以能成为贸易转移的受益国，其国家体量和农业生产能力也在其中发挥着重要作用。巴西丰富的自然资源和先进的农业技术，使得其农牧业产品类等初级产品具有竞争力。而在近5年的贸易中，如表2所示，除了2018年以外，巴西对华出口的大豆在数量上并没有特别大的增长。特别是2021年的巴西大豆对华出口量，受中美签署了第一阶段经贸协议以及产量减少等因素的影响，既没有达到2018年的近5年最大出口量，也没有超过2020年的出口量。而2021年的贸易量却比2020年提高了约30%。倘若再计算下平均单价，则可以发现，2017~2020年，对华出口的大豆每吨平均价

---

① 李汉君、顾晓燕主编《国际贸易——理论与政策》，经济科学出版社，2012，第275~276页。
② 杨玉成：《中美贸易摩擦下中欧贸易转移与承接研究》，《国际经贸探索》2020年第4期，第22页。
③ 樊倩：《美国在中国农产品市场的竞争优势及贸易转移的可能性分析》，《对外经贸》2018年第7期，第37页。
④ 余洁、韩啸、任金政：《中美经贸摩擦如何影响了大豆进口——基于贸易转移与创造效应视角》，《国际经贸探索》2021年第1期，第28~30页。

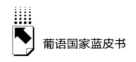

格在 400 美元以下。其中，2018 年最高，达到每吨 397 美元；2020 年最低，为每吨 344 美元。而到了 2021 年，均价却攀升到了每吨 449 美元。

表 2　2017~2021 年巴西对华出口大豆情况

	2017 年	2018 年	2019 年	2020 年	2021 年
FOB 价（美元）	20310207678	27233070721	20452339452	20903176750	27208101300
净重（公斤）	53796980317	68556622506	57963479623	60595850757	60476115551

资料来源：巴西经济部，http：//comexstat. mdic. gov. br/pt/geral。

如表 3 所示，中巴贸易的另一种大宗商品铁矿砂也出现了类似情况。其 2021 年对华出口量并未达到 2020 年的水平，贸易额却提高了 55.7%。与此同时，从铁矿砂每吨的平均价格来看，2017~2020 年，每吨的平均价格并未超过 100 美元，而 2021 年却达到了每吨 118 美元。

表 3　2017~2021 年巴西对华出口铁矿砂情况

	2017 年	2018 年	2019 年	2020 年	2021 年
FOB 价（美元）	10392716818	10931536598	13528011376	18522070352	28841240921
净重（公斤）	217940171590	225879104696	217149891190	247919575269	242952426787

资料来源：巴西经济部，http：//comexstat. mdic. gov. br/pt/geral。

由此，虽然不能把大豆、铁矿砂两种产品的贸易情况用来解释 2021 年中巴贸易增长的全部情况，但至少可以说明两点：一是大宗商品涨价对 2021 年中巴贸易总额的提升起到了一部分作用，除此以外，或有美元贬值等多种外界因素牵涉其中；二是从双边角度来看，中巴经贸合作日益密切，是中巴双方共同努力的结果。

（二）中巴经贸合作日益密切的双边因素

从双边关系看，中巴在经贸领域能保持总体稳定态势并不断发展，与两国领导人相向而行、中国的市场规模与消费升级、巴西贸易政策符合市场规律、中巴协调合作机制的推动等因素有着密切关系。以下，就上述四个方面对中国与巴西在经贸合作领域日益密切的现状进行探讨。

第一，中巴领导人的互访推动了两国政治外交合作加强，促进了双边经贸关系发展。以中巴双边交流机制、包括金砖国家领导人峰会为代表的多边交流机制为保障，两国经贸关系不断向前迈进。2019 年底，两国领导人实现了互访。习近平表示要"开辟中巴全面战略伙伴关系新愿景"，进一步提升中巴合作关系。博索纳罗则表示愿意与中方一同努力，"密切和深化巴中全面战略伙伴关系，实现巴中关系质和量的提升，携手实现共同发展，更好造福两国人民"，并希望扩大贸易、投资等多个领域的交流。[1] 2020 年，谈及对外贸易之时，博索纳罗更是向巴西新闻界明确表示，贸易并不涉及意识形态问题。[2] 这表明，巴西现政府在对华关系上以务实合作为基础，发展对华合作关系。由此，两国高层间达成的共识为中巴经贸合作注入了动力。

第二，中国市场规模和消费升级为巴西产品提供了机会。一方面，中国正在经历的消费升级形成了大市场，而这对于巴西来说是一个巨大的机遇。2020 年，即使遭受新冠肺炎疫情，中国经济依旧保持发展，成为世界上唯一实现经济正增长的主要国家。巴西副总统莫朗表示，巴西视中国为"主要和最具战略意义的贸易伙伴"，巴西与中国的关系"非常好且拥有非凡的未来"。[3] 与中国保持稳定合作对扩大巴西贸易出口、提振巴西经济大有裨益。另一方面，中巴两国同类产品贸易减少，进出口产品结构得到优化，呈现更强的互补性，并在国际贸易中形成正向循环。同时，两国原本集中在低

---

① 习近平：《战略引领开辟中巴全面战略伙伴关系新愿景 打造合作新高地》，中国社会科学网，http：//ex. cssn. cn/jjx/jjx_ xjpxsdzgtsshzyjjsx/201910/t20191025_ 5021075. html。

② "Comércio com mundo todo sem viés ideológico é essencial, diz Bolsonaro," *Exame*，https：// exame. com/economia/comercio - com - mundo - todo - sem - vies - ideologico - e - essencial - diz - bolsonaro/。

③ "Mourão：'Relação Brasil-China sempre foi de alto nível'," *CNN Brasil*，May 23, 2022, https：//www. cnnbrasil. com. br/politica/mourao - relacao - brasil - china - sempre - foi - de - alto - nivel/。

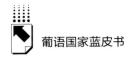

附加值产品领域的竞争减少，贸易摩擦随之减少，形成了双赢的局面。

第三，巴西采取符合市场规律的贸易政策，以积极态度主张开放合作，为贸易发展打下了基础。巴西政府自 20 世纪 90 年代以来就采取了自由贸易政策。现政府则通过降低关税与贸易壁垒，推动巴西的对外贸易，并致力于开辟贸易合作市场，寻找新的合作机遇。2020 年，博索纳罗在巴西全国对外贸易会议（ENAEX）上的发言中讲道，没有意识形态偏见的世界贸易将是巴西融入世界经济的关键因素。① 深得博索纳罗信任的巴西经济部部长保罗·盖德斯公开表示，巴西有必要通过税收改革并制定新的投资法案来提升本国产品竞争力，以打造更加有利于实现自由贸易的市场环境。②

第四，中巴之间的协调合作机制推动包括经贸在内的双边关系务实前行。除了前文提及的双边交流机制、包括金砖领导人峰会在内的多边机制以外，需要强调中巴高层协调与合作委员会（COSBAN，以下简称"中巴高委会"）的重要作用。一方面，中巴高委会属于两国副总理级的高层沟通协调机制，是两国政府间现有的最高级别对话与合作机制。另一方面，中巴高委会合作领域覆盖全面，根据两国交流合作的不同领域，设置分委会，涉及政治、经贸、科技、空间技术、文化、农业等方面。中巴高委会通过定期举行会议，全面统筹、系统协调两国的合作，并制定两国政府共同行动计划，务实推进中巴合作。其中，凸显中巴两国对经贸、科技和农业发展合作的重视程度。

三　中巴经贸合作的前景

中巴经贸合作日益紧密，两国在贸易领域合作成果斐然，2021 年中巴贸易逆势增长，展现了强劲韧性与巨大潜力。

---

① "Comércio com mundo todo sem viés ideológico é essencial, diz Bolsonaro," *Exame*，https：//exame. com/economia/comercio-com-mundo-todo-sem-vies-ideologico-e-essencial-diz-bolsonaro/.

② "Guedes diz que falhou na abertura comercial e que vai ao 'ataque' para privatizar e aprovar reformas," *O Globo*，https：//g1. globo. com/economia/noticia/2020/11/23/guedes-diz-que-o-governo-vai-ao-ataque-para-aprovar-reformas-e-privatizar. ghtml.

（一）新形势下的中巴经贸合作

展望中巴经贸领域的未来发展，有理由认为，短期内中巴贸易结构相对稳定，或应巴西方面的要求进行微调，而从长期来看，巴西期待对华出口高附加值产品的愿望保持不变。

第一，巴西对于对华出口产品过于集中的现状尤为在意，中方需回应其出口产品多元化需求。巴西对华出口的产品主要是大豆、铁矿砂和原油，属于农业、矿业、能源类的初级产品。巴西期待改变这种对华出口现状。通过中巴高委会的协调和落实，巴西的牛肉和玉米已实现了对华出口，而巴西花生、禽肉等产品对华出口也将迎来可喜的变化，满足巴西出口产品多样化的需求。

第二，巴西虽然一直致力于寻求对华出口其高附加值产品，但迄今尚未实现重大突破。巴西期待改变其对华出口产品的结构，更多地出口其工业制成品，而不是局限于原材料和初级产品。不过，在竞争激烈的中国市场中，巴西的工业制成品缺乏竞争力，需要巴西在中国的细分市场方面下一番功夫，或有可能达成贸易合作。由此，在提供对中国市场的深入认识的信息、推介巴西产品的特点等方面，包括中葡论坛在内的、中巴之间现有的多双边经贸合作交流机制可以发挥更积极的作用。例如，组织提供与中国市场相关知识的培训，在线上、线下平台安排巴西产品的展示。此外，有必要充分发挥中巴高委会机制对推动双边关系稳健发展的作用，为中巴未来关系把舵引航，加强多层次、多领域的交流，推动两国开展更加密切的经贸投资合作。

第三，在科技创新合作领域，中巴携手合作、共创美好未来的趋势显现。中巴之间有着高科技合作的传统。两国均拥有各自的高科技优势，如中国的航天技术优势和巴西的航空技术优势等，这既铸就了中巴高科技合作的基础，也成为实现开拓性创新的先决条件。中巴科技创新领域的前景广阔，一是中巴高科技合作业已逐步向绿色经济、人工智能、电子商务等民用领域拓展，二是中巴或有机会通过多边平台达成金融创新合作，实现国际收支、数字支付等数字经济领域合作。

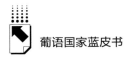

第四，有必要从国家与政府关系来理解巴西这个国家。生存与发展始终是巴西国家利益的根本，四年一度的大选是巴西民主制度的安排，而当选政府所制定的经贸政策和工业政策仅是国家发展进步的不同政策选择而已。因此，无论未来巴西政治局势和政策如何变动，都有充分的理由认为，中巴双方合作共赢的大局不会改变，而中巴经贸合作则成为两国关系的"压舱石"。

（二）巴西学者眼中的中巴经贸合作前景

在巴西学者眼中，中巴经贸合作展现了不同前景，既有做出正面评价，积极看待中巴经贸发展的，也有对此表示忧虑的。与后者相关的研究，主要集中在两个话题上：中巴贸易对环境产生的影响，以及中巴贸易对巴西工业的影响。对此，有必要进行评介，或有助于从不同的视角来观察中巴经贸合作，以便了解巴西学界的关切。

一是中巴贸易对环境产生的影响。斯黛拉等从产品生命周期理论出发，对生产材料使用、生产过程和最终消费这三个环节进行考察，甄别出每个环节污染最为严重的产业，并以此为基础来考察中巴贸易情况。[1] 有文献指出，在中巴贸易日益密切的背景下，一方面，巴西向中国出口的产品属于自然资源密集型，集中在生命周期的材料使用环节。巴西的初级产品、基于自然资源的制造业和环境敏感型企业的产品出口量增加，二氧化碳的排放量也有所增加，加剧了巴西环境的脆弱性。另一方面，巴西从中国进口的产品在生产过程环节有污染，这些产品虽在中国生产，但在最终消费环节废弃的电气和电子设备等会对环境产生负面影响。研究最终的落脚点是呼吁巴西真正落实固体废弃物处理的公共政策，同时反思消费主义的生活习惯，试图从循环经济上寻找解决办法。

二是中巴贸易对巴西工业的影响。具体来说，指的是巴西去工业化的问

---

① Stela Ansanelli, Raquel Moraes, et al., "Impactos ambientais do comércio entre o Brasil e a China ótica do ciclo de vida do produto," *Relações Internacionais*, Junho 2021, pp. 109-125.

题。在这个问题上，巴西学者意见各有不同。在一些学者看来，中巴间的贸易结构是不对称的，且中国销往巴西的制成品在竞争力方面要优于巴西本国制造的产品。在大选年中，中国与巴西的去工业化问题受到了一定的关注。事实上，去工业化是一个自 20 世纪 80 年代以来就萦绕在巴西工业领域的老问题。而蒂亚戈等的研究指出，2000 年以后巴西与中国贸易关系深化，加重了巴西经济领域出现的回归专一化（especialização regressiva）和去工业化两个特征。[1] 去工业化不难理解，而回归专一化指的是产品的单一，在此指的是巴西对华产品出口仅限于几种产品。与这种观点相对的是，有巴西学者直言不讳地指出，"中国的竞争力是巴西去工业化的症状，而不是它的原因"[2]。事实上，能够洞悉巴西去工业化症结所在的当地学者并非少数。

就这两方面的问题来看，巴西学者多是站在本国利益基础上，考察中巴贸易合作对本国产生的不利影响。应该看到，一方面，提出贸易中的环境保护问题代表着巴西环保主义者的想法。环境保护理念属于中巴的共识，不仅巴西重视，中国也同样重视，并在实践中持续采取积极措施来保护环境。另一方面，中巴贸易合作寻求的是双赢，而无论是贸易产品多样化，还是重新实现工业化，均需要巴西方面先行确定明确的规划。在此基础上，相信中巴贸易合作能够找到更广阔的合作空间。

结　语

综合来看，面对艰难的国际形势，中国与巴西在双边领域的积极推动使得两国经贸合作关系取得了可喜的进展。在中巴经贸关系发展日益密切的同时，有必要了解巴西方面的关切，探讨、分析其合理性，并通过进一步

---

[1] Thiago Noronha Sugimoto, et al., "A China e a desindustrialização brasileira: um olhar para além da especialização regressiva," *Nova Economia*, Vol. 32, No. 2, pp. 477-504.

[2] Maurício Santoro, "Lula, China e a indústria brasileira," *Folha de São Paulo*, 22 de agosto de 2022, https://www1.folha.uol.com.br/opiniao/2022/08/lula - china - e - a - industria - brasileira. shtml.

合作来弥合分歧，进而达成共同发展的目的。中巴经贸关系的前景广阔，相信无论巴西国内政局如何变化，人们都会意识到，中巴关系，尤其是经贸关系对于两国的重要意义。同时，两国在政治、经贸领域的往来不断深化，也会助力科技、人文等多个领域的交流与合作，推动双边关系更加稳健地前行。

B.6
中国与莫桑比克的基础设施建设合作

——马普托跨海大桥典型案例

曹长伟　白鹏宇*

摘　要： 莫桑比克马普托跨海大桥及连接线项目是中莫共建高质量"一带一路"的典型案例，系非洲第一大悬索桥。中国交建下属的中国路桥工程有限责任公司承建该项目，采用整合优势资源抱团出海、严控施工质量和安全、开展科技创新驱动、坚持文化沟通、积极履行企业社会责任等做法，推动项目顺利进行，并取得了良好的经济效益、技术效益和社会效益。该项目作为马普托及以北地区通往南非边境的重要干线通道，为当地经济发展和人民工作生活提供了极大的便利，将显著提高南部地区的公路网络化水平和连通性，并迅速带动项目沿线经济走廊的建设。与此同时，借助该项目，"中国制造"和"中国标准"走出国门，具有示范意义。项目实施过程中，中方实行人员属地化经营，注重技术转移，有利于莫桑比克的长期发展。

关键词： "一带一路"　基础设施建设　莫桑比克　马普托跨海大桥及连接线项目

基础设施建设和互联互通是中非高质量共建"一带一路"的优化领域，

---

* 曹长伟，中国路桥工程有限责任公司项目经理，博士研究生，正高级工程师，研究方向为道路与铁道工程；白鹏宇，中国路桥工程有限责任公司办事处经理，工程硕士，正高级工程师，研究方向为公路与桥梁工程。

也是非洲国家提高贸易便利化水平的迫切所需。由中国交建下属中国路桥工程有限责任公司承建的莫桑比克马普托跨海大桥及连接线项目系非洲第一大悬索桥，现已成为中非高质量共建"一带一路"典范项目。

一 项目背景

马普托市为莫桑比克共和国首都，位于马普托湾北岸，经济比较发达，而隔湾相望的卡滕贝及向南地区经济欠发达。马普托跨海大桥建成前，当地人来往马普托湾两岸只能依靠耗时、低效的轮渡，由马普托市经贝拉维斯塔市至南非的交通只能沿着马普托湾绕行，需耗费大量的通行时间和成本；去往旅游胜地黄金角的道路路况差，严重阻碍了旅客的交通出行。由此，马普托跨海大桥及连接线建成后，可以使马普托湾南北两岸天堑变通途，成为连接莫桑比克南部地区和南非的交通要道，对卡滕贝和沿线地区的土地开发、经济与旅游业发展十分有利。

马普托跨海大桥及连接线项目采用设计施工总承包（EPC）模式建设。2011 年 6 月，中国路桥工程有限公司与大桥业主方签署商务合同。业主于 2014 年 5 月 9 日下达开工令，2014 年 6 月 6 日开工，合同工期 48 个月，主体完工时间为 2018 年 6 月 25 日。项目业主为马普托南部发展公司，监理为德国 GAUFF 公司。项目合同总金额为 7.858 亿美元，资金来源为 10% 的中国进出口银行优惠出口买方信贷和 85% 的中国进出口银行买方信贷以及 5% 的当地政府配套资金。项目采用中国标准设计，欧洲标准及南非规范审核，中国标准施工。

二 项目实施

马普托跨海大桥项目是目前非洲最大跨径的悬索桥，也是中国交建承建的海外最大跨径悬索桥。自开工伊始，便将"成为中国海外企业品牌工程非洲第一悬索桥"作为项目实施的目标导向，而做"所在国政府与经济社会发展的责任分担者，区域经济发展的深度参与者以及优质服务的提供者"也一直是该项目的自我定位。为推进项目的顺利实施，中国路桥采用以下做法。

（一）整合优势资源抱团出海

中国路桥作为集团的平台公司，主要任务为整合优势资源，带动集团兄弟单位形成整体，发挥各自专长，强强联手，利益共享。对于短板部分，要整合全球优势资源，通过"国际化"分包寻求解决途径。

马普托跨海大桥项目集合了中国交建内部 8 家参建单位，分别为中国路桥、中交路建、二公局、二勘院、公规院、中咨、四航局及振华重工，并整合集团内部施工、设计、监控等各种资源"同舟共济，抱团出海"，充分发挥了中国路桥的平台作用。

同时，马普托跨海大桥项目技术要求较高，项目设计团队曾面临两方面的现实难题：一是业主对中国规范设计标准不熟悉、不信任；二是项目设计单位对欧洲标准掌握得不够系统、深入。项目部经慎重考虑后决定聘用国际知名的质量监控、GAUFF 德国咨询公司和津巴布韦咨询公司 CPG 作为项目的质量监控和设计咨询方，切实形成国际化 EPC 工程设计、施工、采购、监控、咨询全产业链，充分发挥监理方的语言和欧标技术优势，搭建我方与业主方间的技术沟通桥梁，将中国规范及时全面地与业主沟通，为项目的稳步推进节省了大量的人力成本、时间成本。GAUFF 及 CPG 两家咨询公司从项目的质量、进度和安全方面以独立第三方参与项目进展，大桥项目也摆脱了传统观念上"中国企业管控中国企业"的项目管控模式，不仅切实保证了项目的质量，实现了项目责任共担、利益共享，使公司向打造"全球知名的工程承包商"和整合全球优势资源平台的目标迈出了坚实的一步。

（二）严控施工质量和安全

马普托跨海大桥作为中国交建第一个海外悬索桥项目，亦是马普托万众瞩目并期待多年的项目，安全管理是大桥日常管理的重中之重，项目始终把

安全生产作为第一件大事狠抓狠查。项目部设有中方的安全总监和专职安全员，监理方也设有职业安全工程师。安全监理根据欧洲安全标准以及当地劳动法律，对施工环境的安全程度、施工前的安全准备工作等进行评估，要求极为严格。项目对于安全事务，如现场安全检查、安全会议纪要、安全整改追踪、受伤事故调查报告、安全风险源措施等均有规范的程序格式，能够保证安全工作的闭合性和可追溯性，提升了工作质量，也便于归档整理。严格规范的管理使得全体员工及各协作队伍时刻牢记和树立"安全第一"的理念，也提升了中国施工企业在海外安全施工的整体风貌。截至目前，马普托跨海大桥项目重大安全生产责任事故发生率为零。

参建大桥的近 500 名中方职工及近 2000 名当地员工时刻谨记"质量就是企业生命"的理念。大桥施工过程中引进多家第三方检测单位以严控质量。在工程施工过程中，项目部不定期对施工现场进行质量安全抽查，排查安全隐患，并以正式文件及通知单的形式逐级传达，整改复查后留存影像资料，闭合文件。项目初期邀请西南交通大学风工程研究中心对大桥钢箱梁进行严格的风洞试验以确保其优良的抗风能力。设计团队收集南部非洲多个国家的地震资料，结合中国相关规范，经过反复计算论证，为大桥确立安全的地震烈度等级。混凝土材料与配比经过多次实验调整，适当增加粉煤灰用量，并送至南非开普敦大学混凝土实验室进行耐久性试验，结果得到大学教授、业主、监理的一致认可，真正以优秀的质量奠定"非洲第一悬索桥"的品牌基础。

（三）开展科技创新驱动

马普托跨海大桥在施工过程中使用的大部分技术在国内已经十分成熟，如水下桩基、大体积混凝土、水中钢套箱、地下连续墙、挂篮连续钢构、T梁预制架设、钢箱梁架设焊接等，项目承建方都有成熟的施工技术方案以及熟练的技术施工人员作为项目进展的保证。但针对马普托跨海大桥项目的具体情况，则需要通过技术创新破解难题。

马普托跨海大桥锚碇地连墙是施工重难点之一，锚碇基础采用圆形地连墙形式，直径 50 米，壁厚 1.2 米，深度 54 米。地连墙共划分 22 个槽段。成槽的质量直接影响地连墙质量甚至后续锚碇开挖质量。项目团队综合考虑施工因素，分别对施工中易出现的偏斜、缩颈、扩孔塌方等问题进行有针对性的分析创新，调整泥浆质量，减少过程间歇，孔位及时纠偏，开创性地添加绕流管以保证水下混凝土浇筑效果，大大提升了地下连续墙的施工质量。

大桥钢箱梁的吊装是全桥施工中的难点，由于大桥地处港区且航道狭窄，施工作业面小，不可长期封航，传统的跨缆吊机和缆索吊具并不适合实际施工，这对项目的施工组织、监测和技术创新提出了很大的挑战。项目团队根据施工现场的实际情况提出了整船运输、定点吊装、旋转吊具的新型吊装方案，即钢箱梁做好海绑固定后由国内整船发运，于马普托港北岸 5# 码头定点停靠后，利用新型旋转缆索吊具，采用"缆索吊机旋转架设法"架设钢箱梁，这样的创新施工方法使得 57 片钢箱梁吊装时间由原计划的 45 天缩短至 20 天，极大地保证了项目的施工质量与施工进度。

（四）坚持文化沟通

该项目不仅有大量中国工程人员，项目部还有德国咨询公司 GAUFF 和津巴布韦咨询公司 CPG，业主咨询公司美国 BECHTEL 及丹麦 COWI，使项目会聚了大量来自美国、德国、波兰、丹麦、希腊和南非等国家的技术人员，各方能否和谐共事，这时刻考验着项目的包容能力。所以马普托跨海大桥项目的特点之一就是多国人员交流频繁，不同地域、不同种族、不同宗教和不同文化信仰相互交叉影响。项目采取一系列措施以便更好地建立各方之间的互信关系，促进人员交流和文化融合。

中国路桥努力做好"'一带一路'的文化使者"，搭建多元文化的专业教育平台，以力推中国设计施工标准"走出去"。不但为中国年轻工程师提供学习技术的平台，而且以"互尊互信、文明互鉴"的态度多次邀请莫桑比克、南非、纳米比亚、津巴布韦等南部非洲国家以及德国、希腊、波兰等欧洲国家的土木工程专业大学生来施工现场进行实习考察交流，打造和谐友好

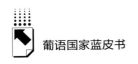

的文化氛围。马普托跨海大桥项目成为不同国家、不同文化、不同施工理念与模式下培养出的多元化工程技术人才进行项目交流学习的专业教育平台。

项目技术团队多次赴南非、德国等国家参加全球性大型土木工程技术交流会议，以项目为载体向全世界介绍推广中国设计施工标准与技术。此外，项目经常组织文体活动，如篮球赛、足球赛、拔河，由中方人员、业主、监理和当地员工参与，通过平等友善的比赛增强团队凝聚力，促进项目中西文化交流。在重要节日如中国春节、西方圣诞节时，项目各国人员都会彼此邀请，欢聚一堂，其乐融融。对于不同文化信仰的尊重和理解一直是大桥项目每一位员工秉持的态度，正是由于这种平等友善的沟通交流，使参与大桥建设的各方都建立了良好的互信关系以及深厚的友谊。这种良好的环境使得各方都会开诚布公、群策群力地解决项目问题。

（五）积极履行企业社会责任

中国路桥在项目实施过程中，以诚信、务实、负责任、发展共赢理念造福当地社区。项目注重建设优质移民社区，致力于改善拆迁群众的生活方式，增进居民福祉。在北接线所经过的城市贫民区 Malanga 山上，居民一直被用水用电、卫生条件、疾病防治等问题所困扰。项目与业主携手为拆迁居民修建优质移民社区，通水通电，生活垃圾集中处理，建设医院、学校、足球场等公共设施，帮助群众再建美好生活环境。

马普托跨海大桥项目南接线部分路段穿越 Maputo Reserve 野生动物保护区，项目从路线设计、交安工程和施工过程等方面减少对其造成的影响：降低路面高程，采用低填浅挖和放缓路面的方式确保野生动物能够自由横穿道路。项目与野生动物保护区管理部门共同协商，保护区进出口设置警示性标志牌、动物格栅，设置限速标志与驼峰减速带，施工期间及时进行路基边坡处理以保证野生动物安全，这条线路终将成为一道亮丽的风景线。

马普托跨海大桥项目施工方多次向莫桑比克当地学校捐赠校舍，向学生们捐赠书本文具，并为莫桑比克受灾地区捐赠生活物资，为枪伤同胞募捐，协助政府拆除危楼墙体，积极参与灭火救援，参与营救 2016 年 6 月 10 日翻船事故落水人员等，得到莫桑比克政府及人民的高度评价。

由于履行社会责任的特殊贡献，公司及项目先后获得当地政府的各类奖章，包括卡滕贝市政府与区议会联合颁发的社会责任荣誉证、马普托市教育部颁发的荣誉证和当地警察局向项目保安团队颁发的治安维护突出贡献奖等。

三　项目成效

2018 年 11 月 10 日，由中国路桥承建的莫桑比克马普托跨海大桥正式竣工通车，该项目在经济、技术、社会层面具有重要意义。

（一）经济意义

该项目将在未来成为马普托及以北地区通往南非边境的重要干线通道，大桥的建设缩短了马普托湾两岸道路交通出行路程约 45 公里，为经济发展和人民工作生活提供了极大的便利，将原来两三个小时的渡海时间缩短到 10 分钟左右，将显著提高南部地区的公路网络化水平和连通性，大大缩短了莫桑比克与南非的通行距离，成为重要国际交通通道，促进莫桑比克客货运交通、生态旅游业等多种行业的发展，并迅速带动项目沿线经济走廊的建设。同时，680 米主跨悬索桥将成为非洲第一桥，南北岸天堑变通途，积极带动南岸地区经济发展，使繁华的马普托市区和相对落后的卡滕贝地区间的连接沟通变得更为便捷与通畅，并为其发展提供良好契机。

项目的建设同时也是集团公司主动把握了国家共建"一带一路"及"走出去"战略的海外机遇，特别是充分利用了中非互联互通的"三网一化"与"中非产能合作"战略，集团公司以主动出击的姿态把握国家在非洲区域战略空间和基础设施市场的机会，以此来巩固和深化在非洲传统市场的领先地位。中国路桥秉承团结互信、平等互利、包容互鉴、合作共赢的"丝路精神"，紧紧围绕"五通"合作，充分发挥平台作用，广泛吸纳各方参与，整合优势资源，带动集团兄弟单位、国际工程公司形成发展共同体，并进一步与当地政府及业主构建合作新格局。

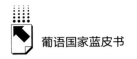
（二）技术意义

马普托跨海大桥项目积极做好科技创新工作，项目组织专家和技术人员进行技术难题攻关，确立了包括结构抗风性能研究、大吸水率粗骨料高性能混凝土研究、热带滨海半成岩高承压水区域锚碇深基坑关键技术研究等 8 项课题，积极组织进行项目所处马普托湾气象条件复杂、海洋工作环境情况下的技术攻关。针对重大课题研究及时跟进、监督、主持参与，保证项目在科研方面的成果，对莫桑比克乃至南部非洲的基础设施建设水平及经验有着重要的技术意义和参考价值。对于施工中遇到的问题，积极钻研、解决，撰写论文、申请专利。混凝土质量获得了南部非洲地区的高度认可，先后获得了2017 年度南部非洲混凝土质量最高奖 "Fulton" 奖和 2019 年度南部非洲混凝土协会超大型混凝土项目组冠军；此外，由于项目突出的国际合作和优良的 QSHE 管理情况，于不久前获得了 2019 年度 ENR 全球最佳工程项目桥梁类优秀项目奖。

马普托跨海大桥项目还通过 BIM 技术的应用来提高项目管理水平。马普托跨海大桥项目是中国 BIM 技术首次应用于海外桥梁建设，在项目施工管理中的应用及创新同样具有重大意义。项目将积极创新、推进 BIM 技术在海外桥梁项目中的运用，积累先进经验，总结宝贵成果。坚持公司信息化发展战略，以 "产信融合" 助力公司产品升级。

同时，中国路桥力推 "中国制造" "中国标准" 走出国门，项目施工现场使用的大型特种机械、临时设施、钢箱梁、主缆、索鞍索夹锚固梁等全部来自国内多个生产厂家，有效带动了我国国内设备、材料出口，并为国内技术人员创造了大量就业岗位。其中，从国内出口到莫桑比克的钢材累计约 70000 吨，价值约 5142 万美元，带动国内设备出口约 4519 万美元。项目技术团队多次赴南非、德国等国家参加全球性大型土木工程技术交流会议，以 "开放包容、互学互鉴" 的 "丝路精神"，把项目作为载体向全世界介绍推广中国设计施工标准与技术，有效彰显了中国强大的经济和技术实力。

（三）社会意义

该项目为莫桑比克创造了逾 2500 个就业岗位，累计输出焊工、车工、钢筋工、司机、机械操作手等各类技术工人 5000 余名，成为培养本土产业工人的大学校。马普托跨海大桥项目当地工人与中方工人比例达到 5∶1，操作层属地化目标基本实现。中国路桥深知管理层属地化，甚至决策层属地化是一个真正的国际化企业的必修课，为全面响应集团属地化管理号召和中国路桥"十三五"属地化人才培养规划，该项目各分部通过完善薪酬考核制度、丰富当地员工业余文体生活、积极探索当地高层次人才进入项目管理层等多种方式，进一步深化属地化内涵，完善属地化制度体系，提炼属地化管理经验。

在人员属地化方面，经过筛选、培训，项目人力资源主管、中文翻译、外账主管、技术助理、安全工程师、试验室高级助理、物资库管等管理岗位均由当地员工任职，项目管理层中当地员工占比达 14%。项目部定期开展专项业务技能培训，以提高当地员工的就业能力。同时，大桥项目建设中使用的水泥、砂石料、粉煤灰、添加剂、小型器具、机械零配件、个人防护劳保用品以及项目临边防护材料都是在当地进行采购，以带动莫桑比克以及南部非洲上游产业的发展。

2018 年 11 月 10 日，莫桑比克总统纽西出席马普托跨海大桥通车仪式，称该项目为莫桑比克打造了足以载入史册的精品工程，并强调马普托跨海大桥及连接线项目的正式贯通实现了莫桑比克人民的愿望，有助于推动旅游、物流等行业发展，促进国民经济增长，对区域一体化做出贡献。①

余　论

马普托跨海大桥项目以大国工匠精神架桥筑梦，努力实现"让世界更

---

① 《中企承建马普托大桥及连接线项目通车助推莫桑比克经济发展》，中国交建，https://www.ccccltd.cn/news/mtjj/201811/t20181129_95004.html。

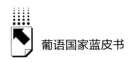

畅通，让城市更宜居，让生活更美好"的企业愿景，成为国家"一带一路"倡议、"三网一化"与中国和葡语国家产能合作一张闪亮的名片。

与此同时，中国路桥在项目实施中遇到的挑战需引起其他中企关注。其一是技术问题。中国在过去几十年的快速发展中，形成了适合中国发展国情的行业规范体系，但当这些规范走向国际，用于海外工程时，便遇到了诸多现实的问题。例如，规范的翻译问题。在境外实施采用中国规范的工程，尤其是像马普托跨海大桥这类技术含量高、涉及面广的工程时，往往在设计、施工、材料设备制造等方面涉及十几个甚至上百个来自不同行业、领域的标准、规范翻译版本、规程等，虽然一些规范已经有了外文的翻译版，但多数规范无外文版可参照；虽然部分规范已经有了翻译版本，但存在部分翻译版本的文字表述不精确，易造成理解偏差的问题。因此，在国家"走出去"战略和共建"一带一路"的大环境下，需要相关部门出具权威、准确的标准、规范，以助力中资企业更好地开拓海外市场。与国际上其他标准相比，中国工程标准不仅严格，而且能适应各类复杂工程的要求，在项目后期的运营维护上拥有较大的成本优势。为此，将中国工程标准与"中国制造"紧密衔接，相互支持，形成合力，可以具备较强的国际竞争力。但由于中国工程标准进入国际市场较晚，且推进力度不够，相比于欧洲标准、美国规范等影响力较小，认可度较低，与中国在国际市场上承包的工程规模和建立的声誉不相匹配。为此，借助国家"走出去"战略和共建"一带一路"的实施，中国对外工程承包业应积极推动中国标准在沿线的推广。这不仅有利于掌握话语权，而且对中国工程承包业降低项目实施成本、加快进度、保证质量、获得更大的竞争优势有积极的推动作用，对提升中国工程承包业的整体形象也有裨益。

其二是国际工程人才缺乏问题，需要探索国际合作。国际工程需要具备集技术、管理、经验、语言、文化交融能力于一体的综合型人才，这对企业和个人都提出了更高的要求。中国工程承包行业进入国际市场时间较晚，因而中国对外工程承包企业大量缺乏这类人才。

对于在国内工程建设领域具有丰富经验而初入国际工程领域的人员而

言，其在项目实施过程中往往也会面临较大的挑战。首先是语言交流问题。长期在国内工程项目工作的人员由于缺乏外语使用环境，其外语语言能力不高，因此较难应对国际工程的交流环境。其次，国外业主、监理和我国承包商在文化背景、语言体系、价值标准等方面存在差异，导致各方工作方式、思维方式存在较大差异，项目实施过程中许多问题常常受到该因素影响。因此，有效地进行信息沟通是科学组织、指挥、协调和控制工程项目实施过程的前提和基础。只有不断总结和反思，不断体会沟通对项目顺利实施的潜移默化的影响，才能认识到沟通不畅的严重性，中国工程企业在海外实践中应该积极整合全球优势资源，探索国际合作，在合作中学习，努力实现中外优势互补，以保证工程项目工作得以顺利实施。

国别报告
Country Reports

B.7
安哥拉共和国

安春英　文卓君*

摘　要： 2020~2021年，洛伦索政府继续推进国内政治治理，虽面临腐败现象较为严重、新冠肺炎疫情冲击经济与社会生活、反对党展开激烈的政治角力等挑战，但安哥拉政局总体稳定。在经济领域，国民经济增长持续低迷，政府财政困境难解，外债压力巨大。在对外关系方面，安哥拉重视国际合作，推进经济外交，积极参与地区事务，努力提高本国在国际和地区事务中的影响力。在新冠肺炎疫情持续蔓延的背景下，中国与安哥拉努力推进双方在政治、经济等领域的合作，携手抗疫，进一步深化了双边友好关系。

关键词： 安哥拉　政治治理　经济多元化　经济外交　中安合作

---

* 安春英，中国社会科学院西亚非洲研究所编审，研究方向为非洲经济、减贫与可持续发展问题；文卓君，对外经济贸易大学外语学院葡语系主任、讲师，对外经济贸易大学区域国别研究院中国葡语国家研究中心秘书长。

自 2017 年 9 月就任安哥拉独立后第三任总统以来，若昂·洛伦索（João Manuel Gonçalves Lourenço）对内积极推进改革与发展，努力提振经济、改善民生；对外，实施务实且稳健的外交政策，尤其注重经济外交。新冠肺炎疫情对安哥拉政治、经济、社会发展带来诸多挑战。

一　政治局势总体稳定　安全形势稳中有忧

2020 年和 2021 年，洛伦索政府继续加大政治治理，大刀阔斧地持续推进政治改革和反腐败斗争。在司法领域，政府相关部门着力对《刑法》《反腐败法》《公平竞争法》等诸多法律条文进行修订，为检察院和法院打击腐败提供制度支撑。在机构改革方面，安哥拉于 2019 年 1 月成立了最高检察院（PGR）领导的国有资产追回办公室，以期追回被私人侵占的国有投资项目和资产。2020 年 7 月 24 日，安哥拉最高检察院以该国卫生部前部长何塞·维埃拉·迪亚斯·范-杜尼姆（José Vieira Dias Van-Dúnem）与卫生部前规划和统计研究主任丹尼尔·安东尼奥（Daniel António）业务违规为由，没收并接管了包括本格拉总医院大楼在内的血液透析中心、罗安达某私营卫生研究所两处医疗机构。8 月 28 日，安哥拉最高检察院查封了帕兰卡电视台（TV Palanca）、拉迪奥全球电视台（Rádio Global）和音视频制作公司（Agência de Produção de Programas de Áudio e Visual）三家媒体公司，并将其资产充公，移交给安哥拉国家电信和社会传播部所有。9 月 8 日，安哥拉最高检察院冻结、扣押了安哥拉商人卡洛斯·圣维森特（Carlos Manuel de São Vicente）在安哥拉的众多不法资产，包括多家酒店。2021 年 5 月，总统安全办公室佩德罗·卢萨蒂少校等数名官员因涉嫌贪污、截留现金等犯罪行为被捕，大量现金、公寓和豪华汽车等被没收。上述行动在一定程度上打击了安哥拉国内相关人员的职务犯罪和金融犯罪行为，但该国腐败现象仍较为严重。

与此同时，新冠肺炎疫情持续蔓延，尤其对国民经济运行带来诸多负面影响，政府在加大财政支出、维系经济活力与民众健康等治理领域面临多重压力。面对医疗卫生基础设施薄弱、医疗资源紧缺、公共卫生水平低下、专

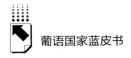
业医护人员匮乏等困境，安哥拉国务部多次调整防疫举措，根据动态情况采取放松或及时收紧抗疫措施，努力平衡抗击疫情与保持经济发展二者的关系。自2020年3月在安哥拉境内发现首例新冠肺炎确诊病例以来，截至2022年3月22日，安哥拉累计新冠肺炎确诊病例99058例，其中死亡1900例，治愈97019例。① 新冠病毒的不断变异增加了该国疫情传播的风险。2021年12月24日至2022年1月15日，安哥拉宣布执行新一轮国家公共灾难状态下的防疫措施，以遏制疫情蔓延。其主要内容包括：公共和私营服务部门的现场办公人员数量从占总员工的75%减少到30%，商业机构的场地人员容量控制在50%以内，进入旅游景点、婚礼大厅、体育场馆、餐厅、赌场等公共或私人场所的人员须出示新冠肺炎疫苗接种证明或48小时内的新冠检测阴性报告，对入境安哥拉的国外旅客执行14天的强制性居家隔离，暂停体育联赛，等等。随着新冠肺炎疫苗研发及其接种的推广，安哥拉政府努力推进新冠肺炎疫苗接种的普及率。但囿于国内几乎无生产能力，主要依靠国际社会的捐赠与国外进口，该国的新冠肺炎疫苗接种情况并不乐观。截至2022年1月14日，安哥拉完成全程疫苗接种（830万人）和一剂疫苗接种（430万人）的人数比例仅为成年人口数量的24.8%和13.1%，这一比例距离政府制定的到2022年底达到70%的疫苗接种覆盖率的目标还有很大的差距。② 安哥拉面临的公共卫生安全风险仍偏高。

当2022年8月总统大选逐渐临近之时，安哥拉国内政坛选举之争日趋激烈，社会安全形势更加严峻。2021年9月，安哥拉正式启动了2022年总统大选选民登记工作。2021年9月15日至2022年3月，符合条件的公民均可到全国各地行政部门的服务处注册登记更新自己的选民资格。在此期间，安哥拉国家选举委员会（CNE）联合社会各界开展选举教育和宣传活动，以便符合条件的公民登记为选民并如期参加大选投票。为保证选举活动的公

---

① "Nenhum óbito por Covid - 19 nas últimas 24 horas," Governo de Angola, https://governo. gov. ao/ao/noticias/nenhum-obito-por-Covid-19-nas-ultimas-24-horas-2，最后访问日期：2022年3月25日。

② EIU, *Country Report: Angola*, February 7, 2022, p. 27.

平、公正、公开，安哥拉政府颁布了一项法案，禁止大选候选人在投票前30天内通过公共或私人项目向选民提供捐助。并且，安哥拉从选民登记阶段就引入监督机制，同时欢迎国际社会和社会各界在宪法和法律法规框架内以各种形式监督大选。选民登记工作启动标志着2022年总统大选正式拉开帷幕。事实上，对于执政党安哥拉人民解放运动（以下简称"安人运"）来说，其面临的挑战除了以往政治、经济、社会治理成效以外，亦存在反对党的激烈竞争。2021年10月初，安哥拉最大反对党——争取安哥拉彻底独立全国联盟（以下简称"安盟"）联合其他反对党，组成了政党联盟——爱国统一阵线（FPU），由安盟主席阿达尔贝托·达科斯塔·儒尼奥尔（Adalberto da Costa Júnior）任反对党联盟领导人，与若昂·洛伦索展开竞争。

由于2016年以来安哥拉经济持续衰退，加之新冠肺炎疫情大流行，国内失业率高企，15～24岁青年失业率高达55.2%，民众对政府腐败现象以及一系列改革进展缓慢不满，遂滋生失望情绪，由此抗议示威活动频发。据武装冲突研究数据库（ACLED）的统计数据，2021年1月1日至2022年3月31日，安哥拉共发生200次各类暴力事件，包括抗议示威事件、骚乱、武装战斗事件、针对平民的暴力袭击事件等。[①] 抗议示威、骚乱两类事件共178次（见图1），约占各类暴力事件总量的89%。由此可见，安哥拉虽存在一些社会动荡风险，但洛伦索当局仍能在总体上保持政局稳定。进入2022年以来，安哥拉各政党宣传造势活动越来越频繁，群体性活动引发的骚乱事件也时有发生。其中，安人运与安盟的竞争逐渐白热化，其支持者之间的骚乱甚至演变成导致多人受伤的群体性事件。2022年3月19日，两个政党在桑扎庞博（Sanza Pombo）市同时举行群体性活动。双方支持者因政见不和而发生冲突，造成7人受伤。骚乱事件发生后，安盟支持者还破坏了安人运在该市的市政委员会。

---

① 武装冲突研究数据库网站，https://acleddata.com/dashboard/#/dashboard，最后访问日期：2022年10月2日。

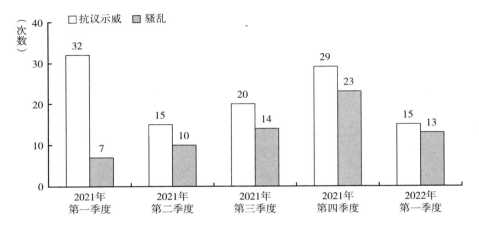

图1　2021年1月1日至2022年3月31日安哥拉抗议示威和骚乱事件情况

资料来源：笔者根据武装冲突研究数据库网站（https://acleddata.com/dashboard/#/dashboard）数据制作。

二　经济增长持续低迷　政府财政困境难解

作为非洲第八大经济体和撒哈拉以南非洲第五大经济体，安哥拉经过多年的战后经济恢复和经济结构调整，依然未能摆脱对石油作为支柱产业的依赖，石油收入约占其国内生产总值的一半和出口收入的90%。有鉴于此，洛伦索政府希望通过推进"私有化计划"更大程度地吸引外资，积极促进工农业生产，发展进口替代，以期实现国民经济多元化，降低对石油产业的依赖。但自2020年以来，受新冠肺炎疫情和国际油价处于低位的双重影响，安哥拉经济发展受到严重冲击，本国企业由于资金不足，且无法获得银行信贷，面对该计划已力不从心。没有宽松的财政支持、没有银行信贷资金的支持，一些已签署的私有化项目也面临被迫取消或重新谈判的风险。例如，在2019~2020年已出售的39项国有资产中，有些资产的竞标方已经违约，相关责任实体并未按照各自的时间表按时付款。

安哥拉属资源型外向经济国家，其经济增长情况深受国际市场需求的影响。然而，新冠肺炎疫情重创了世界经济，抑制了国际市场商品需求，并进一步降低了全球贸易增速，且使全球石油价格持续低迷和安哥拉油气产能下降，国民经济连续 5 年（2017~2021）萎缩。据英国经济学人智库（EIU）估计，2020 年，叠加新冠肺炎疫情带来的巨大冲击，安哥拉经济发展雪上加霜，国内生产总值大幅缩水，为近年来最低点，甚至仅为 2017 年名义国内生产总值总量（1221.24 亿美元）的一半，经济增速下滑至-4.0%。尽管 2021 年安哥拉国民经济有所复苏，经济增长率为-1.5%，① 但其经济要完全恢复甚至超过疫情前水平，仍存在不小差距（见图 2）。由此，如何扭转近年来经济不断下滑的态势，依然是安哥拉政府面临的巨大挑战。

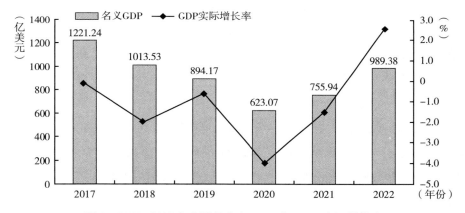

图 2　2017~2022 年安哥拉名义 GDP 与 GDP 实际增长率

注：2017~2020 年为实际数据，2021 年为估计数据，2022 年为预测数据。

资料来源：EIU, *Country Report: Angola*, February 7, 2022, p. 11。

从农业、工业和服务业三大产业状况看，安哥拉农、牧、渔业资源较丰富，木薯、红薯、香蕉、菠萝、鸡蛋和山羊肉 6 种农产品生产可以满足本国市场需求，实现自给自足，但主要粮食作物玉米、小米、高粱、水稻和小麦存在供需缺口，粮食自给率仅为 30%。以玉米和水稻为例，2021/2022 年度，安哥拉玉米产量和消费量分别为 250 万吨和 290 万吨，水稻产量和消费

---

① EIU, *Country Report: Angola*, February 7, 2022, p. 11.

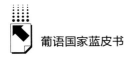

量则为7000吨和4.7万吨。[①] 为解决粮食供需矛盾，安哥拉不得不从国外进口粮食，以满足国内居民消费需求。2021年，安哥拉农业增长率由上年的微弱低增长0.7%降至-2.0%。安哥拉工业化水平低，工业品和消费品过于依赖进口，工业产值主要靠石油产出拉动。据安哥拉石油天然气生物燃料管理局（ANPG）的数据，安哥拉石油产量近年逐年下降，2019～2021年（截至11月底）分别为5.02亿桶、4.65亿桶和3.75亿桶。[②] 但由于2021年国际油价有所反弹，该国工业产值增长率在2020年和2021年分别为-6.8%和-1.8%。与此同时，由于旅游业等服务业业务量受挫，2021年安哥拉第三产业增速为-0.8%。此外，近年来安哥拉人均国内生产总值也在持续下行，与洛伦索执政之初的2017年相比，2021年该国人均国内生产总值（按购买力平价计算）由7311美元降至6447美元。[③] 加之，其国内通货膨胀率一直保持两位数增长（2021年为23%），民众生活质量下降，民生问题突出。

在政府财政方面，石油出口收入是影响安哥拉财政收支平衡的主要因素，约占政府财政收入的80%。2021年国际原油价格全年累计涨幅超过50%，使当年政府财政收入有所增加，财政收入占国内生产总值的比重由上年的-1.8%升至1.1%，经常账户盈余由上年的8.72亿美元扩大到30.63亿美元。[④] 虽然政府实行稳健的财政政策，但由于新冠肺炎疫情，用于抗击疫情、恢复经济方面的支出必不可少；而在经济活力总体下降的形势下，政府偿还外债能力受到挑战。安哥拉总体外债规模体量大且逐年上升，2021年该国外债总额由上年的632.07亿美元升至702.92亿美元，政府公共债务占国内生产总值的比重由2020年的89.1%下降至2021年的72.7%，但仍位于

---

① 参见美国农业部海外统计局（USDA Foreign Agricultural Service）网站，https://apps.fas.usda.gov/psdonline/app/index.html#/app/advQuery，最后访问日期：2022年10月5日。

② 参见中国驻安哥拉大使馆经商参处网站，http://ao.mofcom.gov.cn/article/ddgk/202112/20211203233468.shtml，最后访问日期：2022年10月5日。

③ EIU, *Country Report: Angola*, February 7, 2022, p. 11.

④ EIU, *Country Report: Angola*, February 7, 2022, p. 11.

60%的警戒线以上。① 总体来看，安哥拉债务风险较高，且由于该国外汇收入多寡与国际经济环境息息相关，新冠肺炎疫情则增加了该国财政状况改善的难度。

2022 年，在全球商品需求渐增的背景下，预计国际油价将迎来上涨之势，但安哥拉由于投资有限，国内油田产量仍处于下降态势，对经济增长的贡献不会太大。值得注意的是，政府将加大对液化天然气项目的支持力度，该项目总装机容量为 3114.8 万立方米，由美国雪佛龙公司（Chevron Corporation）、安哥拉国家石油公司（Sonangol）等各方共同合作开发，推动安哥拉经济转型。2022 年是安哥拉大选年，政府用于选举的相关支出、防控新冠肺炎疫情的医疗费用、落实新冠肺炎疫苗接种计划的疫苗购买费用等，将加大政府财政负担。预计到 2022 年，安哥拉经济增长率将扭转此前负增长态势，增速达到 2.6%。②

三 重视国际合作 推进经济外交

近年来，安哥拉继续实行务实外交政策。一方面，洛伦索政府把经济外交作为外交工作的重中之重，注重与发达国家和新兴大国保持友好关系，不断争取更多的外援和投资，以期服务于国内经济建设；另一方面，安哥拉积极参与非洲地区事务，尤其是经济一体化建设和地区安全事务，努力提高安哥拉在国际和地区事务中的影响力。

在政治交往方面，洛伦索总统努力推进与域内外国家的友好关系，优化国家发展的外部环境。2021 年 1 月和 4 月，洛伦索总统以大湖地区国际会议组织轮值主席身份两次举办关于中非形势的小型峰会。4 月，西班牙首相佩德罗·桑切斯、欧洲理事会主席夏尔·米歇尔分别对安哥拉进行访问。5 月，洛伦索总统出席在法国召开的非洲经济体融资峰会。7 月，安哥拉以东道国身份

---

① *Statistics Pocketbook*，Vol. 22，AfDB，2022，p. 25.

② EIU，*Country Report: Angola*，February 7，2022，p. 11.

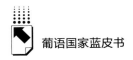

主办了葡语国家共同体第 13 次元首和政府首脑会议。5 月和 7 月，中非共和国总统图瓦德拉两次访问安哥拉。6 月，洛伦索总统赴美国出席联合国安理会中非形势特别会议；同月，乍得军事过渡委员会主席穆罕默德到访安哥拉。7 月，洛伦索总统出访几内亚。8 月，洛伦索总统赴加纳进行国事访问。

在经济关系方面，安哥拉商品主要出口目的地国是中国（2020 年占该国商品出口总额的 57%）、印度（占 14.6%）、葡萄牙（占 6.6%）、意大利（占 4.9%）等；主要进口来源国是中国（占 14.7%）、葡萄牙（占 13.1%）、韩国（占 8.6%）、比利时（占 7.5%）等。对于投资而言，安哥拉期待以外部投资拉动国内经济的包容性增长，不断改善投资环境。安哥拉修订了《私人投资法》，包括若干投资便利措施。例如，该法规定已取得私人投资登记证书的投资者不再需要获得临时许可证和其他授权。安哥拉政府还出台了《自由区法》（Free Zones Act），重点发展农业和工业部门、劳动密集型产业和高科技产业。该法案对在自由区运营的公司给予一系列税收优惠，此举有助于吸引外资在安哥拉创建各类产业园区。尽管如此，由于近年安哥拉经济增长动能匮乏，2017~2021 年外国直接投资流量均为负值，分别为-73.97 亿美元、-64.56 亿美元、-40.98 亿美元、-18.06 亿美元和-41.50 亿美元。[1] 目前，中国、葡萄牙、美国、法国、意大利、比利时等是该国的主要外资来源国家，外资除了流向石油工业、钻石开采、液化天然气等资源型产业以外，公共工程、建筑、电信等基础设施也吸引了一些跨国公司投资。

在外援方面，安哥拉的国际援助既包括来自世界银行、国际货币基金组织、欧盟、全球基金、联合国难民署、联合国开发计划署、非洲开发银行等组织的多边援助，也包括来自美国、日本、荷兰、挪威、瑞典、葡萄牙等国家的双边援助。2021 年 1 月，国际货币基金组织批准向安哥拉支付 4.875 亿美元贷款，用于支持安哥拉抗击新冠肺炎疫情与恢复经济。

---

[1] *World Investment Report 2022*, UNCTAD, p. 211, https：//unctad.org/system/files/official - document/wir2022_ en. pdf，最后访问日期：2022 年 10 月 5 日。

在安全合作方面，鉴于莫桑比克北部德尔加杜角省恐怖活动给该国及周边地区带来的安全威胁，南部非洲发展共同体（以下简称"南共体"）拟对莫桑比克给予安全援助，并于 2021 年 6 月举办了南共体特别峰会，会议决定在莫桑比克部署南共体待命部队。7 月 27 日，安哥拉国民议会批准了该国派遣军人参与打击莫桑比克境内恐怖活动的事宜。8 月 6 日，20 名安哥拉军人加入"南共体援助莫桑比克使命团"（the Southern African Development Community Mission in Mozambique，SAMIM），帮助莫桑比克控制当地局势。[①]

四 中安携手抗疫 深化双边友好关系

新冠肺炎疫情对中国和安哥拉两国经济与发展合作造成了不少困扰，但在双方政府的不懈努力下，两国持续深化各领域合作，团结抗疫，共克时艰，深化了双方友好关系。

在贸易领域，中国是安哥拉第一大商品贸易伙伴国、第一大出口目的地国、第一大进口来源国；安哥拉则是中国在非洲仅次于南非、尼日利亚的第三大贸易伙伴。据中国海关总署统计，2021 年中国与安哥拉双边贸易总额为 233.4 亿美元，同比增长 41.4%。其中，中方商品出口额和进口额分别为 24.9 亿美元和 208.5 亿美元，同比分别增长 42.6% 和 41.3%。[②] 中国对安哥拉主要出口汽车及零配件、家具及家具产品、机电产品等，进口产品以石油为主，常年保持贸易顺差，2021 年贸易顺差为 183.6 亿美元。此外，针对安方加快国内疫苗接种进度的迫切需求，中方积极协助与落实安方向中企采购新冠疫苗计划，截至 2021 年底，安哥拉政府在华采购的 1000 万剂国药疫苗已分三批全部运抵安哥拉，体现了中方助力安方尽早战胜疫情、共同构建

---

① *Africa Research Bulletin: Political Social and Cultural Series*, July 1-31, 2021, p. 23241.

② 中国海关总署网站，http://www.customs.gov.cn/customs/302249/zfxxgk/2799825/302274/302277/302276/4127455/index.html，最后访问日期：2022 年 3 月 10 日。

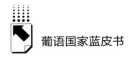

中安卫生健康共同体的务实性。

在投资领域，中资企业积极参与安哥拉的经济和社会发展建设，在石油、农业、渔业、工业加工、商贸、电信、房地产等领域开展广泛合作，致力于推进安哥拉经济和社会的可持续发展。总体来看，自 2020 年以来中资企业对安哥拉的投资兴趣并未因新冠肺炎疫情而出现大幅波动。据中国商务部统计，2020 年中国对安哥拉的直接投资流量约为 1.25 亿美元；截至 2020 年末，中国对安哥拉的直接投资存量约为 26.9 亿美元。① 目前，安方希望吸引更多的中资企业投资。2021 年 1 月，中国驻安哥拉使馆与安哥拉政府相关部门举办了中安农渔业投资合作线上论坛，推介安哥拉农业领域的投资商机及其私有化计划。8 月，中国驻安哥拉使馆与安哥拉财政部联合举办线上路演，50 家中资金融机构和企业代表近 120 人参加。安方着重介绍了该国在政治、经济、司法等领域采取的一系列优化投资环境的改革举措，包括简化企业注册流程、提供外汇便利等。中企也努力抓住安哥拉的投资机遇。例如，2021 年 10 月，安哥拉国家石油公司发布了在该国西部城市洛比托建设一家每天可生产 20 万桶石油的炼油厂投标公告，中企甘肃蓝科石化高新装备股份有限公司、中国航空技术北京有限公司、中国寰球工程有限公司联合其他跨国公司参加竞投。

在工程承包领域，根据中国商务部的数据，2020 年中资企业在安哥拉新签承包工程合同 59 份，新签合同额为 12.53 亿美元，完成营业额为 15.15 亿美元。② 2021 年 4 月，中国能源建设集团完成并向安方移交了位于罗安达的马萨尔水厂工程项目，该项目是安哥拉目前最大的自动化控制的配水中心，装备有容量为 3.5 万立方米的净水储水箱，每天可为超过 100 万个家庭

---

① 《2020 年度中国对外直接投资统计公报》，中国商务部网站，http：//images. mofcom. gov. cn/hzs/202111/20211112140104651. pdf，最后访问日期：2022 年 10 月 5 日。
② 《2020 年度中国对外承包工程统计公报》，中国商务部网站，http：//images. mofcom. gov. cn/hzs/202110/20211013103551781. pdf，最后访问日期：2022 年 10 月 5 日。

提供约 20 万立方米的洁净水。[①] 该水厂能在一定程度上缓解罗安达的净水供应问题，帮助当地居民改善生活。10 月，中国电力建设集团子公司电建市政建设集团负责建设、位于安哥拉东部莫西科省卢埃纳市的道路项目举行了开工奠基仪式，该道路全长 10.15 公里，系当地重要的民生工程。[②] 项目建成后，不仅能给附近居民出行提供便利的交通条件，也将大大提高莫西科省的石油运输能力，对促进莫西科省的城市经济发展将起到积极的推动作用。

在援助领域，中方除了继续执行相关援助项目以外，为有效防控新冠肺炎疫情，中方尽己所能，加大医疗卫生援助和新冠肺炎疫苗分享合作。新冠肺炎疫情发生后，中国是最早向安哥拉伸出援手的国家。2021 年 3 月，中方率先向安哥拉捐赠 20 万剂国药集团生产的新冠肺炎疫苗；12 月，中国国药集团向安方赠送了 243 万剂新冠肺炎疫苗。自 2021 年以来，中方通过双边援助和世界卫生组织的"新冠肺炎疫苗实施计划"（COVAX）等方式，已支持安方获取 200 多万剂国药疫苗。[③]

---

① 《中国建筑商建安哥拉水厂移交》，中国—葡语国家经贸合作论坛（澳门）常设秘书处网站，https：//www.forumchinaplp.org.mo/sc/中国建筑商建安哥拉水厂移交，最后访问日期：2022 年 10 月 5 日。

② 《中企在安哥拉东部建设道路项目》，中国—葡语国家经贸合作论坛（澳门）常设秘书处网站，https：//www.forumchinaplp.org.mo/sc/中企在安哥拉东部建设道路项目，最后访问日期：2022 年 10 月 5 日。

③ 《安哥拉在华采购的首批国药疫苗顺利运抵首都罗安达》，中国商务部网站，http：//ao.mofcom.gov.cn/article/sqfb/202110/20211003204833.shtml，最后访问日期：2022 年 10 月 5 日。

B.8
巴西联邦共和国

何露杨*

摘　要： 2022年巴西总统选举逐渐升温，各政党逐步开启联合，预备候选人陆续浮出水面。在经历2020年的经济衰退后，得益于国内疫苗推广和国际市场向好的积极效应，2021年巴西经济实现4.8%的恢复性增长。政府的救济举措令贫困问题有所改善，随着疫情逐步趋稳，就业形势出现好转，但通货膨胀亮起红灯，汇率波动较大。中巴在双边贸易、联合抗疫、绿色能源合作等方面取得丰硕成果，在金砖国家、环境治理等议题上加强协调与合作。

关键词： 巴西　疫苗接种　经济恢复　中巴关系

一　政治形势

为巩固执政基础，2021年博索纳罗总统对内阁进行了较大幅度的调整。3月23日，爱德华多·帕祖洛（Eduardo Pazuello）卸任巴西卫生部长一职，心脏病学专家马塞洛·奎罗加（Marcelo Queiroga）接任。3月29日，博索纳罗总统更换了外交部部长、国防部部长、总统府民办主任、总统府政府秘书长、司法部部长等6名部长人选。7月28日，博索纳罗总统又对总统府民办主任和政府秘书长人选进行了调整，同时成立劳动与社会

* 何露杨，中国社会科学院拉丁美洲研究所国际关系室助理研究员、拉丁美洲研究所巴西研究中心副秘书长。

保障部。

随着 2022 年巴西总统大选临近，寻求政党联盟、推出候选人逐渐成为各政治力量的优先事项。2021 年，巴西国会明确继续使用电子投票系统，还通过了政党结盟法案。该法案允许两个及以上意识形态、政治理念相近的政党在竞选中组建长期联盟（Federação）。不同于曾经实行的短期结盟（Coligação）在竞选结束后即解散，政党联盟必须维持至少 4 年，联盟成员不仅共享政党基金和电视宣传时间，还必须在国会中以单一政党形式运作，在全国事务中保持相同的立场。新的选举规定旨在推动巴西现有政治力量的整合，扩大意识形态相近政党的协同基础，其实际效果有待于 2022 年大选及接下来 4 年的检验。

在新的选举形势下，多个政党逐步开启联合，预备候选人陆续浮出水面。2021 年 10 月 6 日，巴西民主党和社会自由党正式合并，合并后政党更名为"巴西联盟"（União Brasil）。作为众议院第一大党，巴西联盟成立后致力于推出本党的总统候选人。11 月 10 日，巴西司法部前部长莫罗正式加入"我们能"党，成为该党的潜在总统候选人。11 月 27 日，巴西社会民主党完成 2022 年总统选举党内初选，圣保罗州州长若昂·多利亚（João Doria）击败另外两位竞争者，成为该党预备总统候选人。11 月 30 日，博索纳罗总统正式加入自由党，为竞选连任积极做准备。前总统卢拉代表劳工党参与 2022 年的大选角逐。为凝聚力量提高卢拉竞选胜率，劳工党拟同巴西社会党、巴西共产党、绿党等组建政党联盟。2018 年大选民主工党候选人西罗·戈麦斯（Ciro Gomes）仍代表该党参加 2022 年总统选举。

巴西民调机构 2021 年 12 月发布的 2022 年大选模拟民调显示，前总统卢拉在第一轮投票中得票率为 48%，超过博索纳罗（22%），随后排名依次为莫罗（9%）、戈麦斯（7%）、多利亚（4%）。[①]

① "Datafolha: Lula lidera disputa presidencial, e Bolsonaro é o mais rejeitado," https://datafolha.folha.uol.com.br/eleicoes/2021/12/1989357-lula-lidera-disputa-presidencial-e-tem-bolsonaro-como-adversario-mais-proximo.shtml.

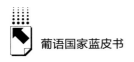

二 经济形势①

2020 年，巴西遭遇新冠肺炎疫情的冲击，经济出现衰退。2020 年，巴西名义 GDP 总量为 14478 亿美元，较 2019 年下滑 4.2%。2021 年，在疫苗接种普及和国际市场价格上涨的带动下，巴西经济实现 4.8% 的恢复性增长。工业和服务业表现亮眼，对外贸易再创佳绩。但通货膨胀亮起红灯，通胀率远超中央银行设定的目标上限。得益于政府的救济举措，失业率较 2020 年小幅下降。

鉴于经济复苏、税收增多、抗疫开支减少，2021 年巴西联邦政府初级财政赤字为 350.73 亿雷亚尔，为 2014 年以来最佳表现，占 GDP 比重为 0.4%，较 2020 年实际减少 95%。② 受益于国际货币基金组织向巴西分配的 150 亿美元特别提款权，2021 年巴西外汇储备达 3622 亿美元，系博索纳罗执政三年来的最高水平。③

在疫苗接种的积极效应下，2021 年巴西的农业、工业、服务业均呈增长态势。工业增长 3.9%，车辆、机械设备、冶金三个类别表现抢眼，分别增长 20.3%、24.1% 和 15.4%。④ 服务业增长 10.9%，家庭服务、交通运输邮政、信息通信同比分别增长 18.2%、15.1%、9.4%。⑤

对外贸易方面，巴西经济部外贸秘书处统计数据显示，2021 年巴西实

---

① 此部分数据若无说明，均来自 EIU，*Country Report: Brazil*，February 2022。

② "Folha：Déficit do governo diminui 95% em 2021, para R $ 35 bilhões," https：//www1.folha.uol.com.br/mercado/2022/01/deficit-do-governo-diminui-95-em-2021-para-r-35-bilhoes.shtml.

③ "Folha：Reservas internacionais do Brasil crescem com FMI e vendas menores de dólares em 2021," https：//www1.folha.uol.com.br/mercado/2022/01/reservas-internacionais-do-brasil-crescem-com-fmi-e-vendas-menores-de-dolares-em-2021.shtml.

④ "IBGE：Indústria avança 2.9% em dezembro frente a novembro e fecha 2021 com alta de 3.9%," https：//agenciadenoticias.ibge.gov.br/agencia-noticias/2012-agencia-de-noticias/noticias/32870-industria-avanca-2-9-em-dezembro-frente-a-novembro-e-fecha-2021-com-alta-de-3-9.

⑤ "IBGE：Setor de serviços cresce 10.9% em 2021 e supera perdas de 2020," https：//agenciadenoticias.ibge.gov.br/agencia-noticias/2012-agencia-de-noticias/noticias/32953-setor-de-servicos-cresce-10-9-em-2021-e-supera-perdas-de-2020.

现贸易顺差 610.08 亿美元，创 1997 年统计以来新高，同比增长 21.1%。贸易总额为 4997.80 亿美元，其中出口额为 2803.94 亿美元，进口额为 2193.86 亿美元，同比分别增长 35.8%、34% 和 38.2%。[①] 其中，农牧业表现依旧抢眼。2021 年，巴西农牧业贸易盈余高达 1051 亿美元，较 2020 年增长 19.8%。国际市场价格上涨是主要原因，其中大豆油、木材、皮革、大豆、鸡肉、豆麸等产品价格涨幅都超过 20%。[②]

在燃料、电力及燃气价格上涨的影响下，2021 年巴西官方通胀率为 10.06%，远高于央行设定的 5.25% 的目标上限，创 2015 年以来新高。[③] 受疫情和政局影响，美元兑雷亚尔汇率波动较大，2021 年平均汇率为 1∶5.58。为缓解通货膨胀和货币贬值压力，2021 年巴西央行货币政策委员会七次上调基准利率，由年初的 2% 至年终的 9.25%，创 2017 年 5 月以来新高。

2021 年的平均失业率为 13.2%，较 2020 年的 13.8% 有所下降，失业人口为 1390 万人。[④]

2021 年巴西吸引外国直接投资达 580 亿美元，较 2020 年涨幅超过 100%，恢复至 2016~2019 年的平均水平，重新跻身全球外国直接投资第七大目的地，仅次于美国、中国内地、中国香港、新加坡、英国和加拿大等经济体。[⑤]

---

① "Valor：Balança comercial brasileira termina 2021 com superávit de US＄61 bilhões，" https：// valor. globo. com/brasil/noticia/2022/01/03/balanca－comercial－brasileira－termina－2021com－ superavit－de－us－61－bilhoes. ghtml.

② "Valor：Balança comercial do agro tem superávit de US＄105 bi，confirma Ipea，" https：// valor. globo. com/agronegocios/noticia/2022/01/17/balanca－comercial－do－agro－tem－superavit－ de－us－105－bi－confirma－ipea. ghtml.

③ "IBGE：Inflação sobe 0.73% em dezembro e fecha 2021 com alta de 10.06%，" https：// agenciadenoticias. ibge. gov. br/agencia－noticias/2012－agencia－de－noticias/noticias/32725－ inflacao－sobe－0－73－em－dezembro－e－fecha－2021－com－alta－de－10－06.

④ "IBGE：Desemprego cai para 11.1% no quarto trimestre e taxa média anual é de 13.2%，" https：//agenciadenoticias. ibge. gov. br/agencia－noticias/2012－agencia－de－noticias/noticias/ 33041－desemprego－cai－para－11－1－no－quarto－trimestre－e－taxa－media－anual－e－de－13－2.

⑤ "Valor：Investimento Estrangeiro Direto para o Brasil sobe mais de 100% e país é o 7° em captação， diz Unctad，" https：//valor. globo. com/brasil/noticia/2022/01/19/investimento－estrangeiro－ para－o－brasil－sobe－mais－de－100percent－e－pais－e－o－7o－em－captacao－diz－unctad. ghtml.

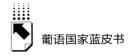
2022 年 1 月 25 日，经济合作与发展组织发布公告，正式启动阿根廷、巴西、保加利亚、克罗地亚、秘鲁及罗马尼亚六国的入会谈判。经合组织将为六国制定各自入会路线图，以确定后续评估程序。目前，巴西已加入经合组织 251 个下属机制中的 103 个，参与经合组织 30 多个委员会及工作组的活动，领域涵盖贸易投资、农业、教育、税收及数字经济等。①

三　社会形势

自 2020 年 2 月以来，巴西的社会经济发展受到新冠肺炎疫情的较大干扰，但随着疫苗的出现和推广，巴西的疫情出现好转并趋于稳定。2021 年初，巴西政府开启了疫苗接种进程，但疫苗与原液的供应短缺导致接种进程较为缓慢，全国多地医疗系统承受巨大压力。进入第三季度，随着疫苗供应的改善和接种的推广，疫苗的保护效力得以显现，巴西新增确诊病例和死亡病例的动态平均值均稳步下降，多个州病床占用率随之降低，地方开始放宽部分管控措施。在疫苗接种工作的持续推进下，2021 年下半年巴西疫情总体呈现稳步好转的态势。截至 2021 年底，巴西超 1.61 亿人口已接种至少一剂疫苗，约占总人口的 75.57%，其中超 1.43 亿人口已接种第二剂疫苗，占总人口的 67.19%。②

为降低疫情对社会民生的影响，巴西政府在 2020 年推出抗疫紧急救助金，于当年 4~12 月每月向每户家庭发放 300~600 雷亚尔的应急补助。在该项目到期后，2021 年博索纳罗政府制定了新一轮的紧急救助金发放方案，于 4~10 月每月向每户家庭发放 150~375 雷亚尔的应急补助。同时，政府通

①　"MRE: Nota conjunta do Ministério das Relações Exteriores, da Casa Civil e do Ministério da Economia-Brasil é convidado a iniciar processo de acessão à OCDE," https://www.gov.br/mre/pt-br/canais_atendimento/imprensa/notas-a-imprensa/nota-conjunta-do-ministerio-das-relacoes-exteriores-da-casa-civil-e-do-ministerio-da-economia-brasil-e-convidado-a-iniciar-processo-de-acessao-a-ocde.

②　"G1: Mapa da vacinação contra Covid-19 no Brasil," https://especiais.g1.globo.com/bemestar/vacina/2021/mapa-brasil-vacina-covid/.

过法案将家庭补助金、社会红利等合并为巴西救助金，预计于 2022 年向全国 1750 万户低收入家庭发放每户至少 400 雷亚尔的补助。[①] 受益于政府的抗疫补助，2020 年巴西贫困人口和赤贫人口分别为 5000 万人和 1200 万人，占总人口比重较 2019 年均出现下降，其中贫困人口比例由 25.9%降至 24.1%，赤贫人口比例由 6.8%降至 5.7%。[②]

在疫情有所缓解的情况下，全国就业形势出现好转。根据巴西国家地理统计局于 2022 年 1 月 28 日发布的数据，2021 年 9~11 月，巴西全国失业率为 11.6%，较 6~8 月降低 1.6 个百分点，同比下降 2.8 个百分点，失业人口减少至 1240 万人。[③]

2021 年，博索纳罗政府对环境议题的重视程度有所提升。一方面，国内外的压力是促使巴西政府做出调整的重要原因。2 月 4 日，美国多所高校学者和非政府组织共同起草文件，以博索纳罗政府环保不力为由建议拜登中止特朗普政府同巴西签署的经济协议。4 月 13 日，巴西 30 多位商界领袖和社会机构负责人联署信函，呼吁博索纳罗政府提高气候变化目标，缩短巴西实现碳中和的时间。此后，多家欧洲大型零售商因质疑巴西国会审议的法案将加剧亚马孙雨林的非法砍伐，进而发表联名信威胁抵制巴西农产品。另一方面，美国拜登政府上台后，气候变化和环境保护议题随之成为巴美关系的优先事项。因此，巴西政府在环境议题上采取了更加积极的外交表态。4 月 22 日，博索纳罗总统通过视频形式出席领导人气候峰会并发表讲话。博索纳罗指出，作为地球上最大的生物多样性家园和农业环境强国，巴西处于应

---

① "Valor: Caixa paga Auxílio Brasil e vale-gás a partir desta terça," https://valor.globo.com/brasil/noticia/2022/01/18/caixa-paga-auxlio-brasil-e-vale-gs-a-partir-desta-tera.ghtml.

② "IBGE: Mesmo com benefícios emergenciais, 1 em cada 4 brasileiros vivia em situação de pobreza em 2020," https://agenciadenoticias.ibge.gov.br/agencia-noticias/2012-agencia-de-noticias/noticias/32420-mesmo-com-beneficios-emergenciais-1-em-cada-4-brasileiros-vivia-em-situacao-de-pobreza-em-2020.

③ "IBGE: PNAD Contínua: taxa de desocupação é de 11.6% e taxa de subutilização, de 25.0% no trimestre encerrado em novembro," https://agenciadenoticias.ibge.gov.br/agencia-sala-de-imprensa/2013-agencia-de-noticias/releases/32823-pnad-continua-taxa-de-desocupacao-e-de-11-6-e-taxa-de-subutilizacao-de-25-0-no-trimestre-encerrado-em-novembro.

对全球变暖的最前沿，并承诺巴西将在 2030 年前杜绝非法砍伐森林的行为，到 2025 年减少 37% 的二氧化碳排放，到 2030 年减少 43% 的二氧化碳排放，在 2050 年实现碳中和。[①] 11 月 1 日，博索纳罗以录制视频方式出席第 26 届联合国气候变化大会（COP26），环境部部长雷特通过线上连线方式发表致辞。会上，巴西宣布提高气候变化目标，到 2030 年温室气体排放量在 2005 年基础上降低 50%，较此前承诺的 43% 的目标提高了 7 个百分点，正式宣布将提前 10 年至 2050 年实现碳中和。[②] 此外，巴西还宣布加入《关于森林和土地利用的格拉斯哥领导人宣言》和削减甲烷排放的全球协议。

2021 年，巴西遭遇干旱、洪涝等一系列自然灾害，部分地区的社会民生和经济发展面临挑战。6 月，受拉尼娜现象影响，巴西遭遇了史上最严重的干旱之一，全国多地连续数月水电资源短缺，电价及农产品价格上涨，加剧了通胀压力。极端天气还对巴西的玉米、甘蔗、橙子和咖啡作物生产造成了较大影响。在经历连日强降雨后，2021 年 12 月下旬，巴伊亚州遭遇严重洪涝灾害，截至 30 日已造成 25 人死亡、517 人受伤，超 9 万人无家可归，受灾情影响人数超 64.3 万人，约占该州总人口的 4.3%，该州 151 座城市处于紧急状态。[③]

四　中巴关系

2021 年，中巴两国在双边贸易、联合抗疫、绿色能源合作等方面取得较为丰硕的成果，在金砖国家、环境治理等议题上继续加强多边协调与合作。

---

① "Folha：Na Cúpula do Clima, Bolsonaro responde a ceticismo com promessas vagas," https：//www1. folha. uol. com. br/mundo/2021/04/em - cupula - de - biden - bolsonaro - promete - duplicar - recursos - para - fiscalizacao - ambiental. shtml.

② "Folha：Bolsonaro atualiza pedalada climática que começou com Dilma," https：//www1. folha. uol. com. br/ambiente/2021/11/bolsonaro - agrava - pedalada - climatica - que - comecou - com - dilma. shtml.

③ 《巴西巴伊亚州洪灾死亡人数上升至 25 人》，中国灾害防御信息网，https：//zaihaifangyu. cn/22359. html。

（一）双边贸易再创新高

根据巴西经济部统计，2021 年中巴贸易额达 1354 亿美元，巴西对华出口额为 877.5 亿美元，自华进口额为 476.5 亿美元，同比分别增长 32%、29.4% 和 37%，巴西对华贸易实现顺差 401 亿美元，占巴西对外贸易总顺差比重超 65%。[①] 无论是横向还是纵向比较，中巴贸易的重要性均有所凸显。2019~2021 年，巴西对华出口额占比从 28.7% 升至 31.3%，对美出口额占比从 13.4% 降至 11.1%，对欧盟（除英国）出口额占比从 13.6% 降至 13%，对南美出口额占比从 12.6% 降至 12.1%。同时，2021 年巴西对华出口量较 2008 年增长超 360%，而同期巴西对美国、阿根廷、欧盟出口量则分别减少 18.6%、30%、28%。[②] 中巴贸易的结构性互补，为双边贸易增长提供了强劲动力，且这种互补已扩展至韩国、马来西亚、新加坡和印度尼西亚等亚洲国家。此外，农牧业在双边贸易中占据重要地位。中国是巴西农牧产品的主要出口目的地国，2021 年巴西对华农牧业出口额为 410.2 亿美元，较 2020 年增长 20.6%，主要产品包括大豆、牛肉、纸浆、食用糖、猪肉、鸡肉和棉花。[③] 在新冠肺炎疫情对巴西乃至全球经济带来巨大冲击的背景下，中巴双边贸易展现出强大韧性，是巴西经济复苏和社会发展的重要动力之源，为中巴关系行稳致远打下了坚实基础。

此外，巴西企业还积极通过中国国际进口博览会的平台深耕中国市场。在 2021 年 11 月 5~10 日于上海举办的第四届中国国际进口博览会上，巴西出口投资促进局携手 16 家巴西企业和机构参展，向中国消费者展示了肉类、饮料、蜂蜜、坚果、乳制品等独具特色的巴西产品。

---

① "Ministério da Economia: Balança Comercial-Dados consolidados," https://balanca.economia.gov.br/balanca/mes/2021/BCP056A.xlsx.

② "Valor: China é maior responsável por exportação recorde," https://valor.globo.com/brasil/noticia/2022/01/14/china-e-maior-responsavel-por-exportacao-recorde.ghtml.

③ "Valor: Balança comercial do agro tem superávit de US \$ 105 bi, confirma Ipea," https://valor.globo.com/agronegocios/noticia/2022/01/17/balanca-comercial-do-agro-tem-superavit-de-us-105-bi-confirma-ipea.ghtml.

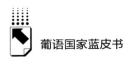

（二）疫苗合作成效显著

2021年中巴两国继续积极开展抗疫合作，成果丰硕。作为第一个同巴西开展疫苗合作的国家，中国在巴西的疫苗技术研发、生产及接种等方面发挥了重要作用。在中国的支持下，巴西成为拉美地区首个拥有新冠肺炎疫苗生产能力的国家。1月17日，巴西国家卫生监督局正式批准中国科兴疫苗的紧急使用，开启了巴西的首批新冠肺炎疫苗接种。4月16日和7月14日，巴西国家卫生监督局又分别批准了三叶草和科维福两款中国疫苗在巴西开展Ⅲ期临床试验。2~4月，科兴疫苗生产合作方巴西圣保罗州布坦坦研究所（Instituto Butantan）在东南部小镇塞拉纳（Serrana）开展了全镇规模的疫苗接种实验，对小镇98%的目标成年人进行了两针疫苗接种。结果显示，与3月疫情高峰期数据相比，接种疫苗后死亡人数下降了95%，住院率下降了85%，科兴疫苗成功帮助巴西小镇控制疫情，实验结果成为科兴疫苗有效性的最佳宣传。① 截至8月中旬，中方提供的疫苗和原液占巴方接收总量的近80%。② 在新冠肺炎疫苗合作国际论坛首次会议上，中国、巴西等23个与会国发表联合声明，呼吁国际社会团结协作，促进全球疫苗公平、可负担、及时、普遍、合理分配。

（三）绿色能源呈现亮点

为了应对气候变化的不利影响、推动世界经济复苏，2021年中巴在能源领域开展了绿色低碳合作，成为双边关系发展的亮点。11月25日，中国广核集团巴西能源控股有限公司首个自主工程建设和管理的绿地风电项目建成投产，该项目位于巴西皮奥伊州，装机容量达8.28万千瓦，每年可为巴

---

① "CNN：Covid-19：Serrana teve 95% de queda no número de mortes após vacinação em massa," https：//www.cnnbrasil.com.br/nacional/covid-19-serrana-teve-95-de-queda-no-numero-de-mortes-apos-vacinacao-em-massa/.

② 《驻巴西大使杨万明发表署名文章纪念中巴建交47周年》，中国驻巴西使馆，http：//br.china-embassy.org/dsxx/dshd/202108/t20210816_9120950.htm。

西提供电力 3.66 亿千瓦时。位于巴西东北部巴伊亚州的 TN 风电项目也于当天开工，总装机容量 18 万千瓦，计划于 2023 年 4 月建成投产，建成后预计年发电量达 7.2 亿千瓦时，有望极大缓解当地电力紧张局面。[①] 巴西的太阳能、水力、风能等可再生资源较为丰富，发展前景广阔。近年来，当地政府陆续推出一系列举措鼓励发展清洁能源，中国对巴西清洁能源、智慧农业等领域投资占比快速上升。同为发展中大国，中巴加强绿色低碳合作，不仅能够发挥各自的技术和资源优势，对全球应对气候变化、助力疫后经济复苏也有着积极意义。

（四）多边舞台协调合作

2021 年 9 月 9 日，中国国家主席习近平和巴西总统博索纳罗共同在线出席了金砖国家领导人第十三次会晤视频会议。会上，习近平主席发表了题为《携手金砖合作 应对共同挑战》的重要讲话，强调面对挑战，金砖国家要展现担当，为世界和平与发展做出积极贡献，推动构建人类命运共同体。博索纳罗总统在讲话中回顾了同习近平主席在金砖国家领导人第十一次会晤期间举行的双边会谈，表示当前巴中伙伴关系对巴方抗击疫情发挥了关键作用。五国领导人围绕"金砖 15 周年：开展金砖合作，促进延续、巩固与共识"主题进行深入交流，通过了《金砖国家领导人第十三次会晤新德里宣言》。10 月 19 日，巴西政府向联合国《生物多样性公约》第十五次缔约方大会（COP15）第一阶段会议在昆明闭幕表示祝贺，巴西环境部部长雷特以线上方式出席相关活动，重申巴西愿为推动"2020 年后全球生物多样性框架"做出贡献。

[①] 《中国巴西经贸合作新机迭现》，中国商务新闻网，https：//baijiahao. baidu. com/s？id＝1735031375641661473&wfr＝spider&for＝pc。

B.9

佛得角共和国

李诗悦*

摘　要： 2020~2021 年，佛得角国内政局稳定，先后举行议会选举和总统选举。受疫情影响，2020 年佛得角经济大幅萎缩，同比下降14.8%。随着疫情形势逐渐好转，各行业有序复产复工，2021年国家经济有望实现 4.5% 的恢复性增长；财政运行压力增加，公共债务高企；进出口贸易额下滑严重，贸易逆差明显。医疗卫生基础设施较完善，新冠肺炎疫苗接种大规模普及，切实保障民众生命安全。中佛两国互利合作在多领域不断深化，未来合作空间广阔。新冠肺炎疫情暴发后，中国先后向佛得角提供多批医疗物资援助，两国携手抗击新冠肺炎疫情，彰显人类命运共同体精神。

关键词： 佛得角　议会选举　总统选举　债务高企　中佛合作

一　政治形势

佛得角实行多党制，争取民主运动（简称“民运党”）和佛得角非洲独立党（简称“独立党”）是目前国内两大主要党派。自独立以来，政权在两党间和平轮替。2016 年 3 月，民运党击败独立党获胜，重返执政地位。2021 年 4 月，佛得角新一届议会选举结果公布，民运党以 50.04% 的得票率

---

* 李诗悦，北京外国语大学西班牙语葡萄牙语学院欧洲语言文学专业硕士研究生。

再次获得议会多数席位。来自民运党的奥斯泰利诺·科雷亚（Austelino Correia）出任国民议会议长，现任总理乌利塞斯·科雷亚·席尔瓦（Ulisses Correia e Silva）继续执政。新政府由 28 人组成，其中包括 9 名国务秘书。2021 年 10 月，该国举行总统选举，独立党候选人、前总理若泽·马里亚·内韦斯（José Maria Neves）获胜并于同年 11 月宣誓就职。

新一届政府施政计划强调，尽管受到严重干旱和新冠肺炎疫情影响，上届政府施政计划的主要内容基本完成。短期内，战疫情、保企业、稳就业，推进新冠肺炎疫苗大规模接种，着手重启经济活动，是新政府的当务之急。未来五年，政府将重点聚焦民生保障，消除极端贫困，提倡性别平等，减少地区差距，提升教育包容性，提高医疗卫生服务质量。在经济领域，要增强经济运行弹性，促进经济多元化建设。此外，施政计划还强调要加强国家安全建设，维护司法公正。

长期以来，得益于稳定的政治环境，佛得角被视为非洲地区的民主典范，享有较高的国际信誉。非政府组织"透明国际"每年发布全球清廉指数报告，主要反映各国公共部门的廉洁高效程度。近年来，佛得角在全球清廉指数的国家排名中稳步提升，2021 年居第 39 位，较 2020 年上升 2 个位次。在非洲葡语国家中排在首位，在撒哈拉以南非洲地区排在第二位，仅次于塞舌尔。此外，英国经济学人智库发布的 2021 年全球民主指数排名，主要基于选举多样性、政府执政水平、政治参与、政治文化和公民自由五项指标对世界各国进行打分，佛得角居第 32 位，在非洲国家中仅次于毛里求斯和塞舌尔，位列第三。

二　经济形势

在新冠肺炎疫情暴发之前，佛得角经济增长势头强劲。在 2016～2019 年，该国经济年均增长率为 4.7%，贫困率由 2015 年的 35% 降至 2019 年的 28%。然而，新冠肺炎疫情重创国家经济，占佛得角 GDP 比重近 1/4 的旅游业近乎瘫痪。据世界银行统计，2020 年佛得角 GDP 为 17.037 亿美

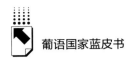

元，同比下降14.8%。随着旅游业逐步恢复，2021年该国经济将实现恢复性增长，增速预计达到4.5%。在公共债务方面，佛得角自2008年成为中等收入国家以来，一方面获得的国际援助资金逐步减少；另一方面公共债务占GDP比重呈现"失控式"增长，从2008年的68.2%增至2015年峰值时期的127.8%，2019年底略降至120%。然而，受新冠肺炎疫情影响，佛得角财政运行压力增加。一方面，佛政府财政收入骤降；另一方面，国家用于医疗卫生等领域投资的公共支出大幅增长。2020年政府公共债务存量创下新高，相当于GDP的155.6%。

在对外贸易方面，佛得角进出口额在疫情期间下降明显。根据世界银行公布的统计数据，2020年该国出口额为1.24亿美元，同比下降53.37%，进口额为7.89亿美元，同比下降15.26%。据统计，在商品贸易方面，佛得角主要进口来源地为葡萄牙、西班牙、中国和荷兰，占进口总额的比重分别为42.9%、11.2%、9.7%和8.2%，主要进口商品包括矿物燃料、汽车及其零部件和机械设备；主要出口目的地为西班牙、葡萄牙、意大利和美国，占出口总额的比重分别为68.4%、9.7%、8.4%和5.0%，主要出口商品包括鱼和甲壳类动物、服装鞋类和配饰。在服务贸易方面，旅游服务和运输服务是其主要进出口项目。

在吸引外资方面，佛得角需要优化营商环境，增强全球竞争力。根据世界银行发布的《2020年全球营商环境报告》，2020年佛得角营商环境在190个经济体中排第137位，连续两年下滑。此外，在世界经济论坛发布的《2019年全球竞争力报告》中，佛得角排第112位，同样较往年有所下滑。为进一步吸引外资，佛得角政府公布"Doing Business"行动计划，希望提升其营商环境排名，在2021年达到第95位，并在未来五年内跻身全球前50位。该计划投入约700万欧元，由佛得角政府和欧盟共同出资，与联合国合作实施，具体措施包括推进改革议程、推动数字化治理以及提高人力资源水平。然而，新冠肺炎疫情全球蔓延对吸引外资造成新的负面影响。根据佛得角银行公布的数据，受疫情冲击，2020年佛得角吸引外商直接投资总额为6360万欧元，相较2019年下滑32.5%。其中，葡萄牙和西班牙是主要外资来源国，前者的主要投资领域包括酒店业、餐饮业和建筑业，后者的主要投资领域为渔业和酒店业。

作为国民经济的支柱性产业，旅游业对佛得角 GDP 的贡献率达到 25%，创造了 23% 的正式工作岗位。根据佛得角国家统计局公布的数据，2019 年接待游客人数再创新高，超过 80 万人次，主要游客来源地包括英国、法国、德国和荷兰。然而，新冠肺炎疫情暴发后，佛得角政府不得不关闭边境以抗击疫情，当地旅游业受到巨大冲击，全年接待游客人数下滑了 70%，旅游业收入下降了 60%。随着新冠肺炎疫苗大规模接种，部分国际航班业务恢复，2021 年佛得角逐渐开放旅游业，国际游客人数有所回升，但与疫前水平相比仍有较大差距。

佛得角渔业资源丰富，是当地政府大力扶持的重点产业。近年来，产业规模稳步扩大。据统计，截至 2021 年底，佛得角有手工渔民 3125 人，鱼贩 1881 人，小型机动捕鱼船 1434 只，大型工业或半工业捕鱼船 127 只。与 2011 年统计数据相比，该领域从业人员数量增加了 1500 余人。此外，佛政府重视打击非法、未报告和无管制的捕捞活动，并于 2016 年签署了联合国粮农组织《港口国措施协定》，进一步规范海洋渔业船舶捕捞活动，推动海洋渔业资源可持续性发展。2020 年 6 月，为帮助渔民渡过疫情难关，佛政府出台多项措施，包括简化捕捞许可和船只登记办理手续、免除相关费用等，帮助更多渔民合法开展渔业活动，加强渔业部门海上监管。

近年来，佛得角政府大力发展数字经济，把信息化建设作为国家战略，以推动经济多元化发展。佛得角发展数字经济具备一定的比较优势，网络基础设施日趋完善，网络普及率约为 80%，在非洲地区处于领先地位。2022 年 1 月，佛得角数字经济部成立，部长由财政部部长科雷亚兼任。佛得角总理席尔瓦表示，佛得角发展数字经济具有比较优势。目前该领域对国家 GDP 的贡献率为 6%，希望这一数字可以扩大到 25%，将佛得角打造为非洲的数字平台，成为非洲 5G 移动网络领导者。佛得角各岛屿间的发展存在一定差距，数字化转型旨在为所有岛屿提供优质高效的服务，通过信息技术缩

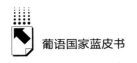

短岛屿间距离，创造更多就业机会，共享优质教育资源。

自 2019 年 6 月起，佛得角政府与国际货币基金组织合作开展国有企业私有化改革，旨在促进经济增长，减轻财政压力，提升佛得角企业的效率、生产力和竞争力。改革涉及 23 家企业，涵盖航空、港口、电力、制药等重要领域，预计收入可达 9000 万欧元。在航空领域，佛得角航空公司于 2019 年 12 月完成私有化改革，其中冰岛航空公司持有 51% 的股份；在制药领域，原计划于 2020 年 6 月完成国家制药厂私有化改革，后来受疫情影响而中断，2021 年 6 月重启，该项改革将有利于政府专注于药品管理与监督；在电力领域，佛得角政府原计划于 2020 年 12 月前完成对佛得角电力和水务公司的私有化改革，同样受新冠肺炎疫情的影响，该计划被推迟。

三　社会形势

近年来，佛得角人口数量有所下滑。2021 年最新人口普查结果显示，佛得角常住人口为 483628 人，相较 2010 年下降 1.6%。其中，男性人口为 243047 人，女性人口为 240581 人；常住人口主要分布在普拉亚市、圣维森特市、圣卡塔琳娜市和萨尔市，占比分别为 29.4%、15.3%、7.7% 和 6.9%；城镇人口占比有所上升，为 73.9%，相较 2010 年增长了 12.1 个百分点，农村人口占 26.1%。此外，有研究表明，由于人口出生率下降，佛得角人口呈现明显的老龄化趋势。20 世纪 80 年代，佛得角每名女性平均生育 7 个孩子，而到 2019 年每名女性平均生育 2.5 个孩子。

佛得角于 2020 年 3 月发现首例新冠肺炎确诊病例，随后疫情在国内快速蔓延，政府宣布国家进入紧急状态。截至 2021 年 7 月，累计确诊病例超 3 万例，死亡病例近 300 例。为遏制疫情发展，佛得角政府采取多项防疫措施，其中包括推行全国新冠肺炎疫苗引进和接种计划，旨在为所有佛得角居民提供新冠肺炎疫苗免费接种服务。自疫苗引进和接种计划开展以来，美国、荷兰、匈牙利、葡萄牙、中国等多个国家先后向其捐赠疫苗，累计超过 30 万剂次。据统计，佛得角全国 84% 的成年人口至少接种一剂疫苗，71%

的成年人口完成全程接种,① 是撒哈拉以南非洲地区新冠肺炎疫苗接种率最高的国家之一，仅次于塞舌尔和毛里求斯。佛政府将着手为 12~18 岁青少年接种，并为高风险人群接种加强针。佛得角被视作非洲抗疫模范，其成功之处主要在于：一是原有医疗系统运转良好，基本卫生保健体系较为完整；二是及早意识到控制疫情对于重启经济的重要性，筹备大量资金用于购置药品和物资。

新冠肺炎疫情期间，佛得角国内就业形势颇为严峻。根据佛得角国家统计局数据，2020 年佛得角损失 19718 个工作岗位，失业率由 2019 年的11.3% 上升至 14.5%，失业人口约为 31724 人。从行业分布看，佛得角的工作岗位主要集中在第三产业，占总就业岗位数的 65.6%，较 2019 年下降了1.9%，疫情影响主要体现在住宿、餐饮、贸易和交通等领域；第二产业同样遭受重创，其工作岗位占总就业岗位数的 20.2%，较 2019 年下降了1.3%，疫情影响主要体现在建筑业和制造业；第一产业工作岗位占总岗位数的比重有所上升，由 2019 年的 10.9% 增至 2020 年的 13.7%。此外，青年失业率高企尤为明显。据统计，2020 年佛得角 15~24 岁青年的失业率为32.5%，同比增长了 7.6 个百分点；25~34 岁青年的失业率为 18.6%，同比增长了 5.3 个百分点。

佛得角政府重视民生保障工作，将减贫列为未来五年的首要目标之一。目前，佛得角贫困人口有 18.6 万人，其中 11.5 万人处于极度贫困状态。佛得角家庭融合和社会发展部长弗莱雷表示，政府将重点关注教育、收入、健康、住房等基础领域，逐步消除贫富差距，促进社会平等发展。此外，佛得角着力推进妇女事业发展。2021 年 11 月，佛得角政府发布性别平等全国计划，旨在保障妇女权益，加快实现性别平等，并强调妇女应当拥有经济自主权、身体自主权、决策自主权。为缓和疫情对就业市场的影响，疫情伊始，佛得角政府宣布，为受疫情影响而终止合同的工人提供补贴，并减免社会保

---

① 《佛得角疫苗接种计划进展》，中国驻佛得角共和国大使馆经济商务处，2022 年 1 月 1 日，http://cv.mofcom.gov.cn/article/jmxw/202201/20220103233846.shtml。

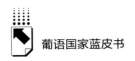

险费用。为巩固抗疫成果，加强卫生应对措施，佛政府决定追加 2022 年卫生健康领域预算，预计为 8800 万美元，占总预算的 11%。

四　中国与佛得角关系

中国与佛得角于 1976 年 4 月 25 日建立外交关系。建交四十多年来，两国关系发展顺利。两国合作成果显著，涉及基础设施建设、人员培训、文化教育、医疗卫生和农业生产等领域，且双方在经济、旅游、蓝色经济等领域仍有广阔合作空间。在双边贸易方面，由于地理位置相距甚远、佛得角市场容量有限等，两国贸易额较小，中国对佛贸易顺差明显，进出口商品种类较少。2020 年中佛双边贸易总额为 7899.9 万美元，同比增长 24.52%，其中出口额为 7778.9 万美元，进口额为 121 万美元。中国对佛得角出口商品主要包括机器、工具、电子材料及零件、普通金属及其制品等，进口商品主要包括钢铁制品、锅炉、机器等。在投资领域，据中国商务部统计，2020 年中国对佛直接投资流量为 48 万美元，截至当年底，中国对佛得角直接投资存量为 282 万美元。

当前中佛经贸合作以中国对佛得角援助为主。中国对佛得角主要援建项目包括人民议会堂、泡衣崂水坝、国家体育场、总统府改扩建、议会大厦维修、佛得角大学新校区和圣维森特医院产科大楼等。此外，中国还为佛得角首都地区公共住房项目提供资金 1400 万欧元。中国对佛得角医疗卫生援助由来已久，目前已向佛得角先后派遣了 19 批次援外医疗队，对其妇产、普外、麻醉、针灸、骨科等多学科提供支持，帮助提升当地医院及医务人员的业务水平。新冠肺炎疫情暴发以来，中佛两国人民患难与共，携手抗击疫情。中方为佛得角提供多批次医疗物资援助，包括医用外科口罩、一次性手套、防护服、快速检测试剂、护目镜等。2021 年 6 月，中国政府向佛得角提供首批新冠肺炎疫苗援助，助力佛得角加速推进全国疫苗接种计划。① 此

---

① 《佛卫生部长宣布国药疫苗将于本周抵佛》，中国驻佛得角共和国大使馆经济商务处，2021 年 6 月 10 日，http://cv.mofcom.gov.cn/article/jmxw/202106/20210603069995.shtml。

外，中国医疗团队还向位于首都普拉亚的阿戈斯蒂诺·内托大学医院捐赠一批医疗物资，与当地医生分享医疗经验，帮助医院开设针灸科。[①]

近年来，双方在文化教育领域合作交流不断深化。自 1996 年起，中国政府开始为赴华佛得角留学生提供奖学金资助。据统计，2019 年佛得角在华留学生人数为 343 人。2015 年 12 月，佛得角大学设立孔子学院，中方先后派出教师和志愿者 50 余名，为超过 5000 名学生提供中文教育。2021 年 4 月，佛中友好协会主席何塞·科雷亚（José Correia）表示，中国—佛得角交流中心即将开幕，并且设立文化学院，旨在打造佛中两国文化沟通桥梁，帮助发展佛得角传统音乐和舞蹈，为当地人提供学习中国武术的机会。[②] 2021 年 10 月，佛得角大学宣布开设全国首个中国语言学士学位课程，学制为五年。该项目受到许多当地学生的欢迎，授课地点设于该校孔子学院，位于由中国援建的普拉亚新校区内。[③]

农业同样是两国合作的重点领域。中国对佛得角开展多种形式的农业合作，支持其农业生产能力建设。2016 年 9 月，中国援佛得角农产品初加工中心项目交接。该中心距离首都普拉亚约 29 公里，主要用于农产品清洗、挑选、分拣和冷储藏等。2020 年 7 月，为应对当地农作物虫害问题，中方与联合国粮农组织一道，帮助佛得角研究防治虫害的方法。2021 年 2 月，在联合国粮农组织—中国南南合作计划框架下，中国向佛得角提供农业支持，派出 7 名专家，开展病虫害防治、畜牧业发展、海藻养殖等培训活动，惠及当地民众 4500 余人次。[④]

---

① 《中国捐赠物资助佛得角医院设针灸科》，中国—葡语国家经贸合作及人才信息网，2021 年 8 月 26 日，https：//www. platformchinaplp. mo/trade_ content. php？id＝9307&lang＝zhs。

② 《中国—佛得角交流中心即将开幕》，中国—葡语国家经贸合作及人才信息网，2021 年 4 月 27 日，https：platformchinaplp. mo/trade_ content. php？id＝9014&lang＝zhs。

③ 《佛得角大学开办佛得角首个中国语言学士学位课程》，中国—葡语国家经贸合作及人才信息网，2021 年 10 月 28 日，https：//m. platformchinaplp. mo/trade_ content. php？id＝9442&lang＝zhs。

④ 《中国专家带来丰收和希望》，人民网，2021 年 5 月 7 日，http：//world. people. com. cn/n1/2021/0507/c1002-32096191. html。

B.10
几内亚比绍共和国

宋 爽*

摘　要： 2020 年，几内亚比绍新一届政府成立，获得了西非国家经济共
同体和联合国支持，但是国内政党之间仍存在矛盾。受疫情影
响，几内亚比绍经济出现负增长；贸易赤字显著扩大，吸引外资
大幅下降；政府债务负担持续增加，国际债权人对其减免部分债
务。由于政府采取严格管控措施，几内亚比绍的新冠肺炎疫情控
制良好；为恢复国内社会经济发展，几内亚比绍政府做出一系列
努力，也获得了来自多个国家和国际组织的援助和捐赠。中国与
几内亚比绍继续在政治、经贸、发展援助等领域开展双边合作，
国内各界还向几内亚比绍援助了多批抗疫物资。

关键词： 几内亚比绍　政府换届　债务高企　新冠肺炎疫情　中几比合作

2020~2021 年，几内亚比绍遭遇新冠肺炎疫情冲击。在国内党派争议中
建立的新一届政府采取多项措施控制疫情，稳定国内经济，促进社会发展。
国际各界也通过债务减免、援助、捐赠等方式致力于帮助几内亚比绍渡过
难关。

一　政治形势

2020 年，几内亚比绍总统选举尘埃落定，新一届政府成立。2019 年 11

---

* 宋爽，博士，中国社会科学院世界经济与政治研究所助理研究员，研究方向为国际金融。

月、2020 年 1 月，几内亚比绍分别举行总统选举两轮投票，最终国家选举委员会宣布民主更替运动—15 人小组党（MADEM G-15）候选人乌马罗·西索科·恩巴洛（Umaro Sissoco Embaló）得票率为 53.55%，几佛独立党（PAIGC）候选人多明戈斯·西蒙斯·佩雷拉（Domingos Simões Pereira）得票率为 46.45%。随后，佩雷拉向国家最高法院提起诉讼，认为全国选举委员会有违规行为，要求彻查投票结果。2020 年 2 月 27 日，恩巴洛在未获得国家最高法院认可及全国人民议会议长缺席主持的情况下宣誓就职总统。2 月 28 日，恩巴洛颁布总统令，任命全国人民议会第一副议长诺诺·戈麦斯·纳比亚姆（Nono Gomes Nabiam）为新总理。2020 年 4 月 23 日，西非国家经济共同体（以下简称"西共体"）发表声明，承认恩巴洛为胜选总统，要求其于 5 月 22 日前根据宪法任命总理和政府。同日，联合国秘书长安东尼奥·古特雷斯（António Guterres）发表声明，鼓励几内亚比绍相关各方开展包容性和建设性的工作，落实西共体决定。2020 年 6 月 29 日，恩巴洛任命的纳比亚姆政府的施政纲领在议会获得通过。

然而，几内亚比绍政党之间仍然存在矛盾。2020 年 8 月，联合国发布关于几内亚比绍的最新报告，联合国秘书长古特雷斯要求几内亚比绍政治人物进行对话，以便实行包容性治理，并为国内稳定进行必要的改革。2020 年 10 月，几内亚比绍总统恩巴洛在接见几佛独立党代表团之后表示，除纳比亚姆担任总理以外，双方可以进行任何其他事项的谈判。2021 年 3 月，联合国负责西非和萨赫勒问题的秘书长代表穆罕默德·伊本·钱巴斯（Mohamed Ibn Chambas）与几内亚比绍总统恩巴洛举行会晤并表示，联合国将支持恩巴洛总统和新政府为建设和谐、民主、稳定的国家所建立的构想与政策。

2020 年，几内亚比绍的政治环境继续在全球居于后位。根据透明国际（Transparency International）发布的 2020 年清廉指数（Corruption Perception Index，CPI），几内亚比绍在 180 个国家中排第 165 位，较 2019 年上升了 3 个位次。该指数主要反映全球各国商人、学者及风险分析人员对世界各国腐败状况的观察和感受。根据世界银行的国家政策与制度评估（CPIA）数据

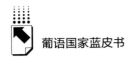

库，2020 年几内亚比绍总体得分为 2.5 分（满分为 6 分），在 79 个有分值的国家中排第 74 位。其中，在"公共部门的管理和机构"项下的 5 个子指标，几内亚比绍得分均介于 1.5~2.5 分，距离满分有很大差距。虽然几内亚比绍的政治制度和治理机制在不断进步，但是目前的政府机构仍难以为经济和社会发展提供持续有力的保障。

二　经济形势

受新冠肺炎疫情影响，几内亚比绍经济在 2020 年出现负增长，预计在 2021 年将有所恢复。根据经济学人智库的数据，2020 年几内亚比绍的名义国民生产总值（GDP）为 14.3 亿美元，较 2019 年下降了 770 万美元；GDP 实际增长率为 -2.4%，较 2019 年下降了 6.9 个百分点，在葡语国家中排第 4 位；按购买力平价计算的人均 GDP 为 1948.8 美元，较 2019 年下降了 72.5 美元，在葡语国家中排倒数第 2 位。2020 年，几内亚比绍的通货膨胀率为 1.5%，较 2019 年上升了 1.3 个百分点；预计 2021 年通货膨胀率将会进一步升至 3.2%。从产业结构来看，几内亚比绍仍是农业国家，工业所占比例很低。2020 年，农业产值约占 GDP 的 32.6%，农业人口约占全国劳动人口的 85%；工业产值约占 GDP 的 14.3%，工业人口占全国劳动人口的 1%；服务业产值约占 GDP 的 53.1%，服务业人口占全国劳动人口的 14%。

对外经济联系方面，2020 年几内亚比绍贸易赤字显著增加，吸引外资大幅下降。根据经济学人智库的数据，2020 年几内亚比绍商品贸易进出口总额为 5.12 亿美元，较 2019 年下降了 7150 万美元，其中，商品出口额约为 2 亿美元，较 2019 年下降了 4900 万美元；商品进口额为 3.13 亿美元，较 2019 年下降了 2250 万美元；商品贸易赤字为 1.13 亿美元，较 2019 年增加了 2650 万美元。出口方面，几内亚比绍大部分出口收入来自腰果，然而为防控疫情而实行的社会隔离使农民无法收割腰果，导致 2020 年收入下降；主要出口目的地为印度（69.8%）、科特迪瓦（10.6%）、尼日利亚

（10.1%）和加纳（2.2%）。进口方面，几内亚比绍主要进口产品为食品、石油制品和资本品，2020 年主要进口来源国为葡萄牙（37.8%）、塞内加尔（18.5%）、中国（9.9%）和巴基斯坦（9.2%）。根据联合国贸发会议（UNCTAD）的数据，几内亚比绍在 2020 年吸引外商直接投资流量约为 2000 万美元，较 2019 年下降了 72.22%；吸引外资存量约为 3.17 亿美元，较 2019 年增加了 17.41%。另外，几内亚比绍在 2020 年的外汇储备（不含黄金）为 4.86 亿美元，较 2019 年减少了 1150 亿美元；西非法郎（以下简称"西法"）兑美元汇率为 575.59∶1，较 2019 年升值了 1.77%。

疫情冲击下的经济衰退使几内亚比绍财政状况不断恶化，公共债务持续积累。根据国际货币基金组织（IMF）的数据，几内亚比绍政府在 2020 年的财政收入为 1347.48 亿西法，较 2019 年增加了 46.7 亿西法，预计 2021 年可进一步增至 1624.73 亿西法；财政收入占 GDP 的比重为 16.35%，较 2019 年增加了 0.93 个百分点。不过，2020 年财政支出增幅更大，达到 2129.07 亿西法，较 2019 年增加了 497.42 亿西法，预计 2021 年仍将保持在 2000 亿西法以上；财政支出占 GDP 的比重升至 25.84%，较 2019 年增加了 6.49 个百分点。2020 年财政赤字为 7815.9 亿西法，占 GDP 的比重为 9.48%，较 2019 年增加了 5.56 个百分点。与此同时，几内亚比绍的公共债务持续攀升。2021 年 6 月，几内亚比绍公共债务已超过 10 亿欧元，相当于国内生产总值的 79%。根据西非经济货币联盟的标准，公共债务不应超过国内生产总值的 70%。如果国家公共债务持续增加，直至超出财政收入，政府可能无力偿还，届时可能出现债务危机。

几内亚比绍还背负着高额外债，一些债权国和国际组织减免了几内亚比绍的债务以缓解其债务压力。截至 2020 年底，几内亚比绍的外债总额约为 8.05 亿美元。2020 年 4 月，国际货币基金组织宣布免除包括几内亚比绍在内的 25 个最贫穷国家的债务，以减轻这些国家的债务负担并促进它们对新冠肺炎疫情的应对。几内亚比绍此次获得减免的债务约合 450 万欧元。2021 年 5 月，受益于联合国世界粮食计划署的学校食堂项目，西班牙和几内亚比绍签署了一项价值 970 万欧元的债务免除协议。根据

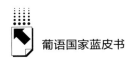

协议，西班牙免除几内亚比绍 400 万欧元的债务，其余部分则委托给联合国世界粮食计划署，由几内亚比绍政府在未来八年内向联合国世界粮食计划署支付。2021 年 7 月，几内亚比绍与安哥拉就前者 4900 万美元债务签署重组谅解备忘录。根据协议规定，重组的债务将分 35 年偿还，宽限期为 6 年，利率为 1%。双方承诺每六个月交换一次信息，并展示相关债务的情况。

三　社会形势

2020 年，几内亚比绍的人口稳步增长，但卫生、公共服务普及率仍然很低。根据世界银行数据，2020 年几内亚比绍总人口为 196.8 万人，其中，城市人口约 86.98 万人，占比 44.2%；农村人口约 109.82 万人，占比 55.8%。相比 2019 年，该国总人口、城市人口和农村人口分别增长了 2.42%、3.43% 和 1.69%。2020 年，几内亚比绍全国可享受基本卫生服务的人口比例仅为 18.23%，较 2019 年增加了 0.77 个百分点；可享受基本饮用水服务的人口比例为 59.17%，较 2019 年增加了 0.02 个百分点；可享受基本洗手设施的人口比例为 18.11%，较 2019 年增加了 1.53 个百分点；全国安全互联网服务器仅有 6 台，较 2019 年减少了 1 台。根据联合国儿童基金会（UNICEF）在 2021 年 8 月发布的报告，几内亚比绍的青少年是最容易受到气候变化影响的人群之一。几内亚比绍儿童高度暴露于沿海洪水的威胁及空气污染之下，而加大对社会服务，尤其是教育、用水、个人卫生和环境卫生方面的投资，可以保护他们在未来免受不断变化和恶化的气候影响。

几内亚比绍于 2020 年 3 月出现新冠肺炎疫情，至 2021 年 9 月累计确诊病例约 6000 人，属于非洲葡语国家中疫情控制较好的国家。在发现确诊病例后，几内亚比绍政府成立跨部门防疫协调机制，果断采取断航、关闭边境、宵禁等紧急措施。此后，几内亚比绍先后经历了三轮感染人数的快速增长。2020 年 5 月初至 6 月底，全国累计确诊病例从 300 多例迅速上升至

2000 多例。2021 年 2~3 月，几内亚比绍新增确诊病例 1000 多例，达到 3647 例。2021 年 7 月中旬至 9 月中旬，疫情再次大规模暴发，新增确诊病例超过 2000 例，累计确诊病例突破 6000 例。几内亚比绍从 2021 年 3 月开始启动疫苗接种，至 8 月底已为 43225 人接种疫苗。其中，15389 人接种了单剂杨森新冠肺炎疫苗，20710 人接种了阿斯利康新冠肺炎疫苗的第一剂，4126 人接种了第二剂。

为应对疫情、恢复国内社会经济发展，几内亚比绍政府做出了一系列努力。2020 年 7 月，几内亚比绍全国人民议会组织捐赠，议员将工资的 25% 捐赠出来，共计 2796.45 万西法（约合 4.26 万欧元）。2020 年 8 月，教育部部长阿森尼奥·鲍德（Arsénio Baldé）表示，需要 2.8 亿美元执行一项为期 18 个月的应急计划。国内教育领域的一些合作伙伴已表示愿意为该计划提供支持，同时鲍德承诺会向政府争取将当年的教育部门预算拨款从 11% 增加到至少 20%。2020 年 9 月，几内亚比绍政府提出《2020~2023 年发展纲要》，将国家资源重点向教育、卫生领域倾斜，兼顾基础设施建设，改善民生。2021 年 1 月，几内亚比绍总统恩巴洛会见记者时表示，政府将于 2021 年启动几项工程，包括修建 300 公里的柏油路。2021 年 8 月，几内亚比绍政府启动了西门·门德斯国家医院的翻修工作，投入费用约 73 万欧元。该医院将被改造为全国最大的医疗卫生机构并作为国家参考单位，翻修工作预计在 4 个月内完成，包括翻修产科病房、急诊科和骨科病房及实验室等。

多个国家和国际组织向几内亚比绍提供了援助和捐赠，以支持该国社会发展和应对新冠肺炎疫情。2021 年 1 月，IMF 批准向几内亚比绍提供了 2047 万美元的迅速无息贷款（RCF），支持该国应对新冠肺炎疫情产生的紧急国际收支需求。IMF 此次贷款及之前批准的减债协议将有助于几内亚比绍迅速应对疫情，有效推进防疫措施，满足卫生领域重点支出需求。[①] 2021 年

---

① 《国际货币基金组织向几内亚比绍提供应急财政支持》，中国驻几内亚比绍共和国大使馆经济商务处，2021 年 1 月 27 日，http：//gw.mofcom.gov.cn/article/jmxw/202101/20210103034326.shtml。

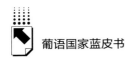
2月，欧盟和世界银行向几内亚比绍交付9辆救护车，以支持几内亚比绍抗击新冠肺炎疫情。2021年4月，几内亚比绍接收了世界卫生组织"新冠肺炎疫苗实施计划"（COVAX）下的2.8万剂阿斯利康疫苗。尽管此次接收的疫苗剂量还不到预期剂量的一半，但是几内亚比绍当局在进行了快速评估之后，表示在该国该剂量已经可以继续进行疫苗接种。2021年7月，世界银行驻几内亚比绍代表表示，将向几内亚比绍提供500万美元融资，用于购买新冠肺炎疫苗。除此之外，世界银行还为几内亚比绍发放了260万美元的教育贷款。2021年8月，几内亚比绍收到美国通过COVAX捐赠的30.24万剂杨森疫苗，这些疫苗是开展全国大规模接种的保证，立即在全国各地的社区和医疗场所投入使用。同月，IMF向几内亚比绍提供3340万欧元的资金，用于"解决有关民生的紧迫问题"。2021年9月，葡萄牙政府称将向几内亚比绍运送新一批7.6万剂新冠肺炎疫苗及相关注射用具。2020年7月，葡萄牙交付了2.4万剂疫苗。该疫苗捐赠计划是葡萄牙与非洲葡语国家和东帝汶之间应对新冠肺炎疫情行动计划的一部分，葡萄牙在计划中承诺向其他国家捐赠其购买疫苗的至少5%。

四　中国与几内亚比绍的关系

中国与几内亚比绍继续在政治、经贸、发展援助等领域开展双边合作。在政治外交方面，2021年6月28日，几内亚比绍总统恩巴洛向中共中央总书记、国家主席习近平致贺函，热烈祝贺中国共产党成立100周年，表示中国共产党近几十年来坚定支持和帮助受压迫人民获得解放，为捍卫独立自主、尊重国家主权、大小国家一律平等的原则以及维护世界和平与安全做出了极其宝贵的贡献。6月29日，几内亚比绍执政联盟各政党联合举行仪式，庆祝中国共产党成立100周年。几内亚比绍总理纳比亚姆、中国驻几内亚比绍大使郭策、民主更替运动—15人小组党主席卡马拉、社革党副主席多斯桑托斯以及国防部部长法蒂等政府成员出席。纳比亚姆总理表示几内亚比绍与中国是好朋友、好伙伴，感谢中国政府长期以来无私支持几内亚比绍的经济社会发展。几内亚比绍愿同中方深化各领域友好合作，推动两国关系不断迈上新台阶，为两国人民带来更多福祉。

在经贸关系方面，2020 年中国对几内亚比绍出口大幅增长，直接投资有所下降，承包工程显著增加。中国海关总署资料显示，2020 年 1~12 月，中国与几内亚比绍进出口商品总额为 5144.82 万美元，同比增长 27.58%，其中，中国自几内亚比绍进口仅为 0.54 万美元，同比下降 99.94%；对几内亚比绍出口为 5144.28 万美元，同比增长 61.14%。根据《2020 年度中国对外直接投资统计公报》的数据，2020 年中国对几内亚比绍的直接投资流量为 -244 万美元；对几内亚比绍的投资存量为 2427 万美元，较 2019 年减少了 244 万美元，下降幅度为 9.14%。根据《2020 年度中国对外承包工程统计公报》的数据，2020 年中国对几内亚比绍承包工程新签合同额为 2728 万美元，较 2019 年增加了 1497 万美元，增幅高达 121.61%；2020 年中国对几内亚比绍承包工程完成营业额为 1374 万美元，较 2019 年增加了 386 万美元，增长了 39.07%。

发展援助仍是中国与几内亚比绍合作的重要方面。2020 年 9 月 29 日，中国驻几内亚比绍使馆临时代办李锋与几内亚比绍公共工程、住房与城市化部部长福布斯共同签署议会大厦维修项目实施协议。几内亚比绍议会大厦自 2005 年中国政府援建并移交使用至今，中方一直帮助几方进行维护修缮，确保其良好运转。2021 年 1 月 22 日，中国政府援几内亚比绍政府西非沿海公路比绍至萨芬路段项目举行奠基仪式，这是两国间首个"一带一路"项目。该援建路段全长 8.2 公里，为双向六车道沥青混凝土路面，将在 24 个月内进行施工，建成后将使几内亚比绍交通成本和出行时间缩减近一半。[①] 2021 年 3 月 16 日，几内亚比绍政府和中国政府签署了一项价值 630 万欧元的经济和技术融资协议。中国政府将向几内亚比绍政府提供捐款，资助后

---

① 《驻几内亚比绍大使郭策出席援几比西非沿海公路比绍至萨芬路段项目奠基仪式》，中国驻几内亚比绍共和国大使馆经济商务处，2021 年 1 月 25 日，http：//gw. mofcom. gov. cn/article/jmxw/202101/20210103033760. shtml。

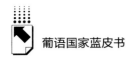

者的多个项目，如为海关购买扫描仪设备。① 2021 年 4 月，中国援几内亚比绍第 18 批医疗队队员到达几内亚比绍。此前，中国已经连续向几内亚比绍派遣了 17 批医疗队，共 247 名医疗专家；每年向几内亚比绍政府捐助一批医疗物资，为支持该国改善诊疗条件、提升医疗卫生技术水平做出了巨大努力。② 2021 年 6 月，中国向几内亚比绍外交部交付所捐赠的礼宾和公务用车，用于改善该国政府机构的运作。

在疫情背景下，中国政府、中国驻几内亚比绍使馆和中资企业多次向几内亚比绍各方援助抗疫物资。2020 年 4 月、6 月和 11 月，中国政府分别向几内亚比绍政府援助了三批抗疫医疗物资，包括检测试剂盒、N95 口罩、医用外科口罩、护目镜、医用手套等防护用品。2020 年 6 月，江都建设、中铁广州工程局、中渔环球海洋食品和世海比绍四家驻几内亚比绍中资机构和企业采购的 2 台医用呼吸机运抵并及时捐赠给几内亚比绍政府。马云—阿里基金会等中资企业向几内亚比绍捐赠 6 台呼吸机、22500 只试剂盒、近 13 万只口罩、约 6000 套防护服等各类抗疫物资，覆盖自检测、隔离、医护人员防护至重症患者治疗的全医疗流程。2020 年 8 月 27 日，中国驻几内亚比绍使馆向几内亚比绍外交部捐赠抗疫和办公物资。2020 年 11 月 24 日，中国援几内亚比绍药械交接仪式在中几比友谊医院举行。中国驻几内亚比绍大使郭策表示，中方多次向几内亚比绍无偿援助各类抗疫物资，分享疫情防控和救治经验，不断深化两国医疗卫生合作，推动构建人类卫生健康共同体。2020 年 12 月，中国驻几内亚比绍使馆先后向卢索福纳大学、恩克鲁玛中学捐赠抗疫物资。同月，郭策大使宣布中国将向几内亚比绍提供 2600 吨大米，以及未来将投入使用的新冠肺炎疫苗。2021 年 8 月 30 日，中国政府援助几内亚比绍政府新冠肺炎疫苗交接仪式举行。

---

① 《驻几内亚比绍大使郭策出席中几比两国政府经济技术合作协定签字仪式》，中国驻几内亚比绍共和国大使馆经济商务处，2021 年 3 月 17 日，http：//gw.mofcom.gov.cn/article/jmxw/202103/20210303044714.shtml。

② 《驻几内亚比绍大使郭策为我国援几比医疗队送老迎新》，驻几内亚比绍共和国大使馆经济商务处，2020 年 4 月 21 日，http：//gw.mofcom.gov.cn/article/jmxw/202104/20210403053864.shtml。

郭策大使表示，中国政府此次向几内亚比绍政府援助新冠肺炎疫苗是中几比双边友好和两国合作抗疫的又一次见证。几内亚比绍外交部官员表示，中国政府援助的新冠肺炎疫苗将进一步帮助几内亚比绍提升疫情防控能力，筑牢抗疫防线。①

---

① 《驻几内亚比绍大使郭策出席援几比政府新冠病毒疫苗交接仪式》，中国驻几内亚比绍共和国大使馆经济商务处，2021 年 8 月 31 日，http：//gw. mofcom. gov. cn/article/jmxw/202108/2021 0803193192. shtml。

B.11
莫桑比克共和国

安春英[*]

摘　要： 2020~2021年，莫桑比克政治形势保持稳定，执政党解阵党继续推进国家政治治理以及经济、社会发展政策。在新冠肺炎疫情的冲击下，该国极端组织的暴力活动在莫桑比克北部地区十分活跃，但在外部力量尤其是南共体国家和卢旺达军队的援助下，莫桑比克安全形势逐渐得到改善。莫桑比克经济缓慢复苏，经济增长率由2020年的-1.2%提高到2021年的2.1%。在伙伴外交理念下，莫桑比克继续深化与域内外国家政治、经济、安全、卫生健康等方面的合作。中莫贸易、投资、援助领域合作取得新成果。

关键词： 莫桑比克　新冠肺炎疫情　安全形势　经济复苏　中莫合作

自2020年3月莫桑比克政府宣布该国发现首例新冠肺炎确诊病例以来，直至2022年初，莫桑比克仍处于新冠肺炎疫情的持续演化期，给该国政治、经济和社会发展带来诸多挑战，纽西政府积极应对，以维护国家稳定与可持续发展。

一　政治与安全形势

莫桑比克于2019年10月15日举行了立法和总统选举，莫桑比克解放

---

[*] 安春英，中国社会科学院西亚非洲研究所编审，研究方向为非洲经济、减贫与可持续发展问题。

阵线（Partido Frelimo，简称"解阵党"）主席菲利佩·雅辛托·纽西获连任。新一届内阁于 2020 年 1 月组建，卡洛斯·多罗萨里奥任总理。莫桑比克实行多党制，全国有 20 多个合法政党。执政党系解阵党，在议会中占144 个席位。莫桑比克全国抵抗运动（Renamo，简称"抵运"）系该国第二大党、主要反对党，在议会中占 89 个席位。其他有一定影响力的反对党还有莫桑比克民主运动党（MDM）和莫桑比克人道主义党（Pahumo），两者均是从抵运中分离而形成的新政党，前者在此届议会中占 17 个席位。

莫桑比克政局稳定。2019 年 8 月，政府与抵运签署和平协议，宣布正式停止军事敌对行动，开启解除武装、复员和重返社会进程（DDR）。在 5200 名抵运战斗人员中，大约 3500 名军人完成此进程。之后，由于原抵运部分人员对遣散条件（尤其是养老金支付）存在不满情绪，遂通过小规模冲突或其他抗议行动来体现，以期重新谈判解甲归乡条款，但无果。截至 2021 年 12 月，原抵运人员引发的冲突共造成至少 30 人死亡。[①] 总体来看，莫桑比克纽西政府实施了稳妥务实的内外政策，政治治理有序，国家总体稳定。目前，非传统安全威胁是困扰该国安全形势的主要因素。

如何应对持续演化的新冠肺炎疫情，既是考验莫桑比克执政党政治治理能力的难题，也是政府维系民众生命安全的重大议题。自新冠肺炎疫情出现以来，2020 年莫桑比克疫情比较平稳，仅是在 9 月，日增病例数达到100 例左右。2021 年莫桑比克继续实行宵禁、限制公众集会规模及零售商店营业时间等举措，防控疫情的扩散。据世界卫生组织官网数据，总体来看，2021 年 1 月至 2022 年 2 月，该国新冠肺炎疫情出现三波高发期，分别为 2021 年 1~3 月、6~8 月、12 月至 2022 年 1 月，日增病例数在千例以上，其中 2021 年 12 月 27 日病例增加数达峰值，为 6640 例。截至 2022 年 2 月18 日欧洲中部时间上午 10 时，莫桑比克累计报告新冠肺炎病例 224791 人，

---

① EIU, *Country Report：Mozambique*, January 25, 2022, p. 5.

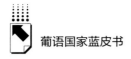

累计死亡病例 2189 人。① 接种新冠肺炎疫苗是降低病患死亡率的有效手段。莫桑比克从 2021 年 3 月 8 日开始启动全国新冠肺炎疫苗接种工作，截至 2022 年 1 月 31 日，莫桑比克已接种 19788759 剂疫苗，其中有 10759191 人至少接受了一剂疫苗接种，9022 人完成全程接种，接种率为 28.87%，② 离纽西政府提出的到 2021 年底 40% 的目标人群（15 岁及以上人口）接种率有相当差距，疫苗供应量不足（特别是发达国家存在囤积疫苗的行为）是主因。目前，莫桑比克正在通过世界卫生组织的"新冠肺炎疫苗实施计划"（COVAX），以及双边疫苗捐赠（主要是同中国），加大疫苗接种的覆盖率。

在新冠肺炎疫情的冲击下，莫桑比克极端组织的暴力活动十分活跃。武装冲突研究数据库（ACLED）的统计数据显示，2020~2021 年，莫桑比克共发生 960 起暴力事件，其中武装战斗事件 321 起，针对平民的暴力袭击事件 558 起；爆炸或遥控暴力事件 46 起，暴力示威事件 35 起（见图 1）；武装战斗和针对平民的暴力袭击两类活动占各类暴力活动事件总量的 91.6%。来自莫桑比克北部德尔加杜角省（Cabo Delgado）的极端组织"先知的信徒"（al Sunna wa Jummah，ASWJ）分支"圣训捍卫者"（Ansar Al-Sunna）和"伊斯兰国"中非分支（ISCAP）是造成上述两类暴力冲突的主因。宗教极端分子自 2017 年以来袭击跨国公司在莫桑比克当地的油气田设施、劫掠村庄、杀害无辜民众，引发人道主义危机，已造成 3100 多人死亡（平民约占一半），80 多万难民流离失所。③ 莫桑比克北部地区愈演愈烈的恐袭事件，已给周边国家带来负面溢出效应。

纽西政府在应对策略上，除了依靠自身军事力量给予持续打击以外，希望得到周边国家尤其是南部非洲国家共同体（简称"南共体"）的大力支

---

① 参见世界卫生组织网站，https：//COVID19. who. int/region/afro/country/mz，最后访问日期：2022 年 2 月 21 日。

② 参见世界卫生组织网站，https：//COVID19. who. int/region/afro/country/mz，最后访问日期：2022 年 2 月 21 日。

③ *Africa Research Bulletin: Political Social and Cultural Series*，July 1-31, 2021, p. 23241.

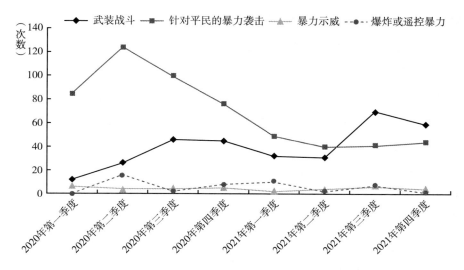

图1　2020~2021年莫桑比克暴力事件类型与烈度

资料来源：笔者根据武装冲突研究数据库网站（https：//acleddata.com/dashboard/#/dashboard）数据制作。

持。2020年3月31日，非盟发布声明，强烈谴责3月24日发生在德尔加杜角省帕尔马镇的暴力恐袭事件。5月19日，南共体政治、防务和安全机构特别会议在津巴布韦首都哈拉雷举行。鉴于莫桑比克境内极端组织活动造成的跨国安全威胁给南部非洲地区相关国家经济和社会发展带来持续性负面影响，南共体号召其成员国采取联合行动，给予莫桑比克务实支持。2021年4月8日，南共体国家首脑在莫桑比克召开了特别聚焦该国恐袭事件的安全会议，讨论了近期莫桑比克北部的安全形势，纽西总统表达了该国需要与国际社会尤其是南共体国家一同合作，共同打击恐怖主义活动的愿望。2021年6月，南共体特别峰会在莫桑比克举行。会议决定在莫桑比克部署南共体待命部队，遏制莫桑比克北部德尔加杜角省恐怖活动。7月16日，南共体执行秘书塔克斯向派驻莫桑比克待命部队颁发授权书，南非军方将担任南共体部队指挥官。7月22日，南共体16个国家决定派遣3000名军人，给予莫桑比克军事援助，行动为期3个月（2021年7月15日至10月15日）。7月28日，南非总统发布授权令，南非派遣一支由1495名军人组成的部队前往德

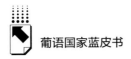

尔加杜角省，帮助莫桑比克控制当地局势。① 8 月 9 日，由 738 名士兵和 19 名专家组成的南共体国家先遣队抵达莫桑比克，组建"南共体援助莫桑比克使命团"（the Southern African Development Community Mission in Mozambique, SAMIM），打击莫桑比克境内的恐怖活动。此外，卢旺达也派遣 2000 名士兵与警察参与相关行动，共同消除地区安全威胁因素。在各方共同努力下，联军收复了被极端组织占领的区域，如 8 月 9 日，卢旺达派遣军与莫桑比克军人一道取得打击盘踞在莫辛布瓦-达普拉亚（Mocimboa da Praia）港口极端组织的胜利。② 极端组织溃败后，从德尔加杜角省逃至尼亚萨（Niassa）省等周边地区，对城镇和村庄的小规模袭击仍在继续。2021 年 11 月，纽西总统宣布增设国防与内务部部长一职，以期解决该国打击反叛组织协调不利问题。与此同时，来自美国、欧盟的军事援助专家，加大对莫桑比克国内安全部队的培训，以提升莫桑比克的安全能力建设。12 月 13 日，莫桑比克国防和安全部队宣称，在德尔加杜角省击毙了一名极端组织领导人。由此，莫桑比克北部地区的安全形势逐渐好转。

二　经济形势

2020 年，如何减轻新冠肺炎疫情对经济发展的冲击是莫桑比克政府面临的难题。而 2021 年，新冠肺炎疫情引发的产业链安全与产业升级转型问题，则进入执政者的关注视野。加之，应对气候变化全球性议题趋热，莫桑比克政府拟通过政策导向推动国内产业转型。

在农业领域，玉米和大米是该国主要粮食作物，但该国长期存在粮食供不应求的情况，导致营养不良问题较为严重。据联合国粮农组织统计，2018~2020 年，莫桑比克营养不良人口占总人口的比例为 31.2%，远高于

---

① *Africa Research Bulletin: Political Social and Cultural Series*，July 1-31, 2021, p. 23241.

② *Africa Research Bulletin: Political Social and Cultural Series*，August 1-31, 2021, p. 23278.

非洲的平均值（19%）。① 大米消费量年均增长率约为 8.5%。为满足国内消费需求，莫桑比克政府不得不每年花费 2 亿多美元用于进口大米，填补供需缺口。近年来，该国注重发展农业。一方面，加大科技农业投入和田间管理，如在加扎省，水稻种植户除了加强农田建设、扩增耕地面积约 5000 公顷以外，还选用优质稻种和施用肥料，使水稻产量达到 6 吨/公顷，由此带动莫桑比克 2021 年水稻产量增长了 15%。② 不容忽视的是，德尔加杜角地区的动荡形势，使该地区粮食短缺问题尤为突出。据世界粮食计划署统计，该地区需要粮食救助的人口由 2021 年 3 月的 22.8 万人增至 10 月的 36.3 万人。③ 另一方面，针对莫桑比克水产养殖潜力大的特点，纽西政府于 2021 年宣布将斥资 4900 万美元，实施"小型水产养殖项目"（PRODAPE），其产业布局重点是位于太特省、索法拉省、马尼卡省、楠普拉省、赞比西亚省、尼亚萨省和德尔加杜角省的 23 个地区，延长水产养殖价值链，以期使全国水产养殖产量在五年内由 2020 年的 3000 吨增加到 24000 吨。④

在工业领域，莫桑比克欲抓住新冠肺炎疫情带来的全球产业链转型升级的机遇。2021 年 5 月，莫桑比克工业和贸易部部长卡洛斯·梅斯基塔（Carlos Mesquita）表示，为促进"引资补链"以及推进国内制造业生产的现代化和专业化，政府启动"莫桑比克工业化"（PRONAIMO）计划。⑤ 为此，政府拟通过建立当地工业价值链，促进基础设施投资，以此为国民经济

---

① FAO, ECA and AUC, *Africa-Regional Overview of Food Security and Nutrition 2021: Statistics and Trends*, Accra, 2021, pp. 35 - 36.

② 《2021 年莫桑比克水稻产量将增加 15%》，中国驻莫桑比克大使馆经济商务处，http://mz. mofcom. gov. cn/article/jmxw/202109/20210903194420. shtml，最后访问日期：2022 年 2 月 19 日。

③ "Food Insecurity," *Africa Research Bulletin: Economic Financial and Technical Series*, July 1 - 15, 2021, p. 23474.

④ 《莫桑比克计划五年内水产养殖年产量达到 24000 吨》，中国驻莫桑比克大使馆经济商务处，http://mz. mofcom. gov. cn/article/jmxw/202109/20210903200497. shtml，最后访问日期：2022 年 2 月 19 日。

⑤ 《"莫桑比克工业化"计划即将开展》，中国驻莫桑比克大使馆经济商务处，http://mz. mofcom. gov. cn/article/jmxw/202105/20210503064870. shtml，最后访问日期：2022 年 2 月 19 日。

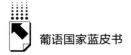
快速增长增加活力。此外，在全球气候治理的语境下，莫桑比克亦加快能源开发利用的脱碳步伐，向绿色工业化努力。莫桑比克是非洲的煤炭和天然气资源大国，但能源转型需要有资金、技术支撑，才能逐渐摆脱路径依赖，实现产业转型。此举并非一蹴而就，且不能采用"一刀切"的方式以牺牲经济发展为代价。正如莫桑比克总理卡洛斯·多罗萨里奥在 2021 年 11 月召开的联合国气候变化峰会（COP26）上所言的："莫桑比克北部有亿万液化天然气项目投资，这是经济社会发展的主要希望之一。莫桑比克不会以牺牲国家发展为代价直接过渡到清洁能源，只要莫桑比克没有足够的资金和技术来扩大风电、水电和光伏项目的规模，莫桑比克仍可以将天然气作为过渡能源。"[①] 在此次会议上，莫桑比克没有签署《全球煤电到清洁电力转型宣言》（Global Coal to Clean Power Statement）和《全球退出海外化石能源投资倡议》（Statement on International Public Support for the Clean Energy Transition）。但与此同时，莫桑比克也加大对清洁能源的开发利用力度。2020 年 9 月，莫桑比克招标建设装机容量为 40 兆瓦的太阳能和风能电厂，太阳能电厂位于索法拉省的唐多（Dondo）、尼亚萨省的利欣加（Lichinga）和太特省的曼吉（Manje），风力发电厂位于伊扬巴内省。目前，莫桑比克正在北部库安巴建设第二座太阳能发电厂，预计 2023 年竣工，届时发电产能为 19 兆瓦。[②]

旅游业是莫桑比克第三产业的支柱，也是该国经济增长和提供就业的重要部门。在新冠肺炎疫情影响下，旅游业受挫严重，南部非洲国家旅游市场约萎缩 60%。就莫桑比克而言，该国旅游业产值占国内生产总值的比重由 2019 年的 6.2% 下降至 2020 年的 3.4%。[③] 2021 年，新冠肺炎疫情持续演

① 《莫桑比克总理表示将持续谈判以继续开发煤炭和天然气资源》，中国驻莫桑比克大使馆经济商务处，http：//mz. mofcom. gov. cn/article/jmxw/202112/20211203228922. shtml，最后访问日期：2022 年 2 月 19 日。

② 《国际可再生能源成本持续下降，莫桑比克将迎来新商机》，中国驻莫桑比克大使馆经济商务处，http：//mz. mofcom. gov. cn/article/jmxw/202111/20211103222143. shtml，最后访问日期：2022 年 2 月 19 日。

③ EIU, *Country Report: Mozambique*, January 25, 2022, p. 28.

化，该国主要游客来源地南非、亚洲和欧美地区国家对莫桑比克实施了旅行限制，莫桑比克的旅游业持续低迷。

总体来看，2021年莫桑比克经济缓慢复苏，经济增长率由上年的-1.2%提高到2.1%，其中农业增速为2.0%，工业为4.0%，服务业为1.4%。2022年，随着新冠肺炎疫苗接种率上升，私人消费和投资复苏，全球对于铝产品的需求增加，莫桑比克经济增势将达到4.2%（见图2）。

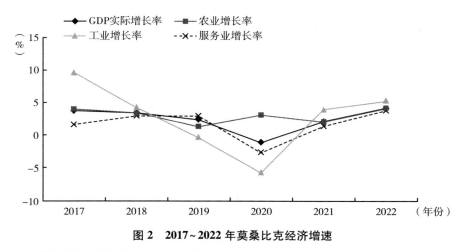

图2　2017~2022年莫桑比克经济增速

资料来源：EIU, *Country Report: Mozambique*, January 25, 2022, p. 12。

三　外交形势

在政治外交方面，受疫情影响，2020年和2021年各国间政要实地互访较前数量减少，但仍保持一定"温度"。莫桑比克与域内外国家政治交往主要聚焦推进伙伴外交、加强区域安全合作等方面。2021年1月，美国国防部负责政策事务的国防次长安东尼·塔塔（Anthony Tata）访问莫桑比克。葡萄牙国务部长兼外长奥古斯托·桑托斯·席尔瓦（Augusto Santos Silva）以欧盟外交与安全政策高级代表何塞普·博雷利（Josep Borrell）特使身份，

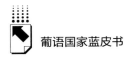

对莫桑比克进行工作访问。纽西总统出访坦桑尼亚，与坦桑尼亚总统马古富力就加强双边经济合作和地方安全等问题进行磋商。4月，纽西总统到访卢旺达。5月，莫桑比克国防部部长雅伊梅·内托（Jaime Bessa Neto）访问葡萄牙。6月，纽西总统出席在莫桑比克举行的南共体特别峰会，峰会重点讨论了应对莫桑比克北部德尔加杜角省恐怖袭击问题。纽西总统赴津巴布韦，会见津巴布韦总统姆南加古瓦。7月，美国国务卿安东尼·布林肯（Antony Blinken）与纽西总统通话。7月2日，纽西总统赴赞比亚卢萨卡参加赞比亚开国总统卡翁达葬礼。11月，卡洛斯·多罗萨里奥总理参加在英国格拉斯哥召开的联合国气候变化峰会。

在贸易与投资合作方面，莫桑比克于2019年推出了《2019～2021年改善商业环境行动计划》（PAMAN），采用消装运前检验、出口"简化通关"等一系列措施，努力改善商业环境。南非和葡萄牙仍是其传统的主要贸易和投资合作伙伴。从商品贸易数据看，据英国经济学人智库（EIU）统计，2020年，莫桑比克对南非出口额和进口额分别占该国出口总额和进口总额的20.4%和19.3%。[1] 在投资领域，国外投资主要流向资源开发领域，尤其是油气开发利用。值得注意的是，莫桑比克油气富集区主要位于该国北部地区，这里也恰恰是极端组织恐袭活跃地带。由于德尔加杜角省及其周边地区暴力冲突频发，法国道达尔集团不得不于2021年1月和4月两次暂停其在德尔加杜角省阿丰吉半岛的价值200亿美元的液化天然气开发项目，这给投资方和东道国均带来较为严重的负面影响。基于对莫桑比克天然气开发良好前景的预期，2021年意大利埃尼公司维持在该国安戈谢的钻井计划，在"A5-A区"进行天然气勘探开发施工作业。12月，韩国三星重工承接的德尔加杜角省海岸附近鲁伍马盆地四区块（Coral South项目）的浮式液化天然气船抵达莫桑比克水域，将助力

---

① EIU, *Country Report: Mozambique*, January 25, 2022, p. 14.

该国的天然气资源开发进程。[1]

在援助方面，莫桑比克在经济发展、民生与抗击新冠肺炎疫情等领域均需要国际社会的帮助。中小企业发展对于推进莫桑比克经济多元化和创造就业具有独特的价值，为此，世界银行于 2021 年 5 月 11 日批准了国际开发协会（IDA）提供的 1 亿美元赠款，用于支持德尔加杜角省、楠普拉省和太特省等地区中小微企业，同时为大型企业提供商品和配套服务，提升产业价值链。[2] 非洲开发银行则于 2021 年 11 月批准了 100 万美元贷款，支持莫桑比克当地发展"初创企业"和中小企业，尤其向青年和妇女特殊群体倾斜。[3]此外，莫桑比克在应对新冠肺炎疫情蔓延和粮食短缺方面得到了国际援助。截至 2021 年 12 月 14 日，莫桑比克共收到约 1780 万剂新冠肺炎疫苗捐赠，其中 1270 万剂来自世界卫生组织的"新冠肺炎疫苗实施计划"。[4] 世界粮食计划署是莫桑比克获得粮食援助的重要来源。例如，针对莫桑比克北部恐袭造成的难民危机，日本政府于 2021 年 8 月向世界粮食计划署提供了 1800 万美元，用于缓解德尔加杜角省 2.5 万名难民的缺粮之困。[5]

四　中国与莫桑比克关系

2020 年和 2021 年，中国与莫桑比克面对新冠肺炎疫情不利因素的影响，努力推进双方在政治、经济、社会发展等方面的合作。

---

[1] 《韩国 Coral Sul 天然气浮动平台已抵达莫桑比克水域》，中国驻莫桑比克大使馆经济商务处，http：//mz. mofcom. gov. cn/article/jmxw/202201/20220103234376. shtml，最后访问日期：2022 年 2 月 19 日。

[2] 《世界银行支持莫桑比克中小微企业经济多元化项目》，中国驻莫桑比克大使馆经济商务处，http：//mz. mofcom. gov. cn/article/jmxw/202107/20210703179606. shtml，最后访问日期：2022 年 2 月 19 日。

[3] 《非洲开发银行宣布批准 100 万美元贷款支持莫桑比克中小企业发展》，中国驻莫桑比克大使馆经济商务处，http：//mz. mofcom. gov. cn/article/jmxw/202111/20211103222139. shtml，最后访问日期：2022 年 2 月 19 日。

[4] EIU, *Country Report: Mozambique*, January 25, 2022, p. 34.

[5] "Food Insecurity," *Africa Research Bulletin: Economic Financial and Technical Series*, August 16-September 15, 2021, p. 23546.

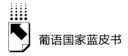

在政治交往领域，2021 年 11 月 29~30 日，中非合作论坛第八届部长级会议在塞内加尔首都达喀尔举行，莫桑比克外交与合作部部长维罗妮卡·马卡莫（Verónica Nataniel Macamo Dlhovo）参会。她表示，莫桑比克愿意在中非合作论坛、中国—葡语国家经贸合作论坛（澳门）和"一带一路"倡议框架下，继续深化与中国的关系，并希望中国在加快莫桑比克产能现代化、助力中小企业成长等方面提供资金、技术等方面的帮助。论坛期间，中国国务委员兼外交部部长王毅与马卡莫等莫方参会代表举行了工作会晤，并就加强国际合作等问题进行了讨论。

在经贸关系领域，2021 年，中国与莫桑比克双边贸易出现明显增长。双边贸易额达到 40.36 亿美元，同比增长 56.5%，其中中方出口额为 28.96 亿美元，同比增长 44.8%；中方进口额为 11.40 亿美元，同比增长 96.7%（见表 1）。中国向莫桑比克主要出口机电产品、钢材、服装鞋类等制成品，从莫桑比克则主要进口木材、矿砂、农产品等初级产品。根据《2020 年度中国对外直接投资统计公报》数据，2020 年中国对莫桑比克非金融类直接投资流量为 4328 万美元，[①] 投资流向包括能源矿产、农渔、加工制造、基础设施、通信、商贸物流和旅游等多个行业。2021 年 9 月 28 日，莫桑比克驻华大使玛丽亚·古斯塔瓦（Maria Gustava）参加第二届中非经贸博览会——2021 中非新能源合作论坛。她表示期待中企加大对莫桑比克清洁能源投资力度，助力该国能源转型与环境保护的互动发展。[②] 另据《2020 年度中国对外承包工程统计公报》数据，2020 年中国对莫桑比克承包工程新签合同额为 28.60 亿美元，较上年的 9.87 亿美元迅猛增长，[③] 这表明莫桑比克有良好的经济与社会发展前景。中国承建的劳务承包工程包括公路、供水、天然气、输变电等项目。

---

① 《2020 年度中国对外直接投资统计公报》，中国商务部"走出去"公共服务平台，http://images. mofcom. gov. cn/hzs/202111/20211112140104651. pdf，最后访问日期：2022 年 2 月 22 日。

② 卢欣：《2021 中非新能源合作论坛在长沙召开》，湖南频道，https://hn. rednet. cn/content/2021/09/28/10245372. html，最后访问日期：2022 年 2 月 22 日。

③ 《2020 年度中国对外承包工程统计公报》，中国商务部"走出去"公共服务平台，http://images. mofcom. gov. cn/hzs/202110/20211013103551781. pdf，最后访问日期：2022 年 2 月 22 日。

表1　2020年和2021年中国与莫桑比克双边商品贸易情况

年份	进出口额（亿美元）	出口额（亿美元）	进口额（亿美元）	进出口累计比上年同期（±%）	出口累计比上年同期（±%）	进口累计比上年同期（±%）
2020	25.77	20.0	5.77	-3.5	2.2	-19.1
2021	40.36	28.96	11.40	56.5	44.8	96.7

资料来源：笔者根据中国海关总署海关统计数据（http://www.customs.gov.cn/customs/302249/zfxxgk/2799825/302274/302277/302276/4127455/index.html）整理。

在援助领域，一方面，中方不断深化对莫桑比克基础设施建设、农业发展与减贫、人力资源开发等方面的援助合作。例如，2021年8月，莫桑比克蒙德拉内大学经济学教授马努埃尔·马科斯·西比亚完成了北京大学南南合作与发展学院博士课程，中国驻莫桑比克大使王贺军为他颁发了毕业证书和博士学位证书。他将为莫桑比克经济建设和促进中莫治国理政经验交流做出贡献。又如，11月29日，中国援建的加扎省赛赛机场项目竣工，此项工程投入运营后将带动当地资源开发、旅游、贸易、投资等行业发展。另一方面，中国政府、企业等全力提供紧急人道主义救援。在2020年和2021年新冠肺炎疫情蔓延期间，中国政府、中资企业、中国在莫医疗机构通过援赠抗疫物资、分享疫情防控经验、建立对口医院合作机制等方式，驰援莫桑比克抗击新冠肺炎疫情。2021年2月24日，中国政府援赠莫桑比克的新冠肺炎疫苗抵达马普托，中国是首个向莫桑比克提供疫苗援助的国家，莫桑比克也成为最早接受中国疫苗的非洲国家之一。[1] 中方践行习近平主席在第八届中非合作论坛部长级会议开幕式致辞中宣布的"再向非洲大陆提供10亿剂新冠肺炎疫苗"承诺。12月13日，王贺军大使出席援赠莫桑比克100万剂新冠肺炎疫苗交接仪式，[2] 这正是习近平主席宣布举措后首批抵达非洲的中国

---

[1]　史跃：《首批中国援赠莫桑比克新冠疫苗运抵　莫总统在社交媒体发文：感谢!》，环球网，https://world.huanqiu.com/article/424P11ReDT0，最后访问日期：2022年2月22日。

[2]　《驻莫桑比克大使王贺军出席新一批中国援莫疫苗交接仪式》，中国驻莫桑比克大使馆经济商务处，http://mz.mofcom.gov.cn/article/zyhd/202112/20211203228912.shtml，最后访问日期：2022年2月22日。

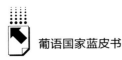

疫苗，将为莫桑比克疫情防控发挥重要作用。此外，中方积极回应莫桑比克北部反恐维稳和"伊代"飓风灾后重建需求，同联合国开发计划署合作实施该国"伊代"飓风灾后重建项目。11月10日，中方向莫桑比克政府提供资金，定向用于为莫受灾地区重建8所学校、3个市场和17户住宅等基础设施。① 上述援助彰显了中非构建更加紧密的命运共同体要义。

---

① 《王贺军大使出席联合国开发计划署"伊代"飓风灾后重建项目交接仪式》，中国驻莫桑比克大使馆经济商务处，http：//mz. mofcom. gov. cn/article/zyhd/202111/20211103217405. shtml，最后访问日期：2022年2月22日。

B.12
葡萄牙共和国

徐亦行　马星凝*

摘　要：　2021 年是葡萄牙政治经济形势发生较大变化的一年。葡萄牙社会党政府提交的 2022 年国家预算草案被议会否决，葡总统被迫宣布提前举行全国大选。现任总统德索萨展现了其一贯亲民友好的良好形象，在五年一届的葡总统选举中毫无悬念地蝉联。在欧盟经济复苏与韧性计划支持下，葡萄牙通过扩大内需、促进对外贸易，经济呈现复苏与增长迹象。人口老龄化等社会问题，给葡萄牙的未来发展带来挑战。中葡关系保持稳定发展势头。

关键词：　葡萄牙　总统选举　经济复苏与韧性计划　国家预算草案

一　政治形势

（一）德索萨蝉联总统，其支持率遥遥领先于其他竞选者

在 2021 年 1 月 24 日举行的葡萄牙总统选举中，现任总统马塞洛·德索萨毫无任何悬念地蝉联，开启了下一个五年的总统新任期。在所有参与总统选举的候选人中，德索萨是唯一一位得票率高于 50% 的总统竞选者，其他候选人甚至都未能达到 15% 的得票率。德索萨的得票率高达 60.7%，而在五年前的总统选举中其得票率为 52%。其他竞选者的最终得票率分别是：

---

* 徐亦行，上海外国语大学葡萄牙研究中心主任，西方语系教授；马星凝，上海外国语大学西方语系欧洲语言文学专业硕士研究生。

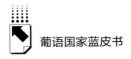

得票率排在第二位的是独立党人安娜·戈麦斯（Ana Gomes），约为 13%；安德烈·文图拉（Andre Ventura）代表近年来异军突起的党派 Chega!（够了党），其得票率为 12% 左右，该党是极端右翼民粹主义政党；代表左翼集团的玛丽莎·马蒂亚斯（Marisa Matias）的得票率为 10.1%，远高于其在上一届总统选举中的得票率（2016 年为 3.9%）。

新一届总统选举结果表明，德索萨总统的亲民形象深入人心。在新冠肺炎疫情暴发初期，总统为葡萄牙采取严格防疫抗疫措施做出了表率，在接见了确诊病例后，他主动要求隔离并积极推动葡萄牙各个年龄层人员积极开展疫苗接种等工作。在对外关系上，德索萨总统致力于与世界葡语国家保持良好的合作关系，积极推动葡萄牙与欧盟一体化发展，促进葡萄牙在欧盟中的话语权。

（二）财政预算年度议案遭否决，葡萄牙总统不得不宣布提前举行大选

新冠肺炎疫情暴发以来，葡萄牙社会、经济、政治等领域面临诸多新挑战。经济复苏前景黯淡，政治形势暴露出新的脆弱性。执政党的稳定执政，不仅需要广泛的民意基础，也需要不同党派的议会支持。在 2019 年 10 月举行的全国大选中，葡萄牙社会党在全部 230 个议席中仅获得 108 个席位，以微弱多数议席蝉联执政，因此执政期内，社会党政府的各种议案必须依靠其他左翼党派的支持。然而，随着新冠肺炎疫情持续蔓延，葡萄牙左翼集团和葡萄牙共产党均对政府应对疫情的措施不力表现出极大的不满，并直接反映在各个政党对政府财政预算的投票表决上。

2021 年 10 月 11 日，葡萄牙社会党政府向议会提交了 2022 年度国家预算草案，明确提出了推动经济复苏和长期增长的各种预算开支计划，包括税收、就业与社会保障、卫生、文化与教育、公共投资、交通以及科技等领域。2021 年 10 月 27 日，经议会辩论后，各党派就草案进行表决，结果为 117 票反对、108 票赞成、5 票弃权，该草案最终遭到议会否决。[①]

---

① EIU，"Country Report 4th Quarter 2021," www.eiu.com.

具体而言，除了反对党对年度预算草案投了否决票，出乎意料，自2015年社会党上台执政以来始终与社会党站在一起的左翼集团，这次也投了否决票。在社会党与葡萄牙共产党就一揽子社会保障措施达成基本共识的前提下，葡萄牙共产党才投了弃权票，作为与执政党之间的一种政治交换。

综上所述，自2015年社会党执政以及蝉联执政以来，国家预算草案从有把握、涉险通过到最终被否决，这个过程表明葡萄牙社会党与左翼党派之间的合作关系呈现渐行渐远之势头，来自执政党外的其他政党力量的支持也越来越弱。为此，11月4日，德索萨总统宣布解散议会，提前举行全国大选。

综合而言，葡萄牙政治生态呈现多个新特征：第一，当前葡萄牙政党碎片化趋势加剧，极端右翼政党力量呈现相当快速的发展势头，传统左翼政党（包括左翼集团、葡萄牙共产党等）的选民支持率均不高，左翼党派的民众基础受到极大削弱；第二，左翼集团对国家预算法案的否决，严重影响了疫情期间葡萄牙政治形势的稳定，造成社会矛盾趋于增多。而极端右翼政党力量的快速上升也预示着民众或社会各界对政府应对新冠肺炎疫情措施不力或不当产生不满。葡萄牙政治光谱中的左翼、右翼政党力量分化现象十分明显，这使得代表中左翼势力的社会党在提前大选中争取到了更多的选民支持。

在2022年1月30日举行的议会选举中，社会党赢得绝对多数议席，蝉联执政，这为社会党在未来各项议案辩论等诸多方面赢得了更大的主动权，葡萄牙政治局势渐趋稳定。

二 经济形势

（一）经济大幅下滑，2021年逐步恢复增长

2020年新冠肺炎疫情将葡萄牙自债务危机以来逐年恢复增长的经济打入谷底。根据世界银行统计数据，2020年葡萄牙国内生产总值（GDP）为

2284 亿美元，实际降幅为 8.4%，是葡萄牙自 1974 年进入民主时期以来的最大跌幅；人均国内生产总值为 34250 美元，下降了 5.5%。2021 年葡萄牙国内生产总值为 2465 亿美元，实际增长率达 4.8%；人均生产总值为 37047 美元，增长了 8.2%。[①]

2021 年葡萄牙全年平均通胀率为 0.9%，与 2020 年同期 -0.1% 的通胀率相比呈强劲上升趋势，尤其是在下半年，每月的通胀率都高于年均水平。值得注意的是，2021 年葡萄牙商品通胀率高于服务业，其中商品价格指数上涨了 1.7%，但该指数在 2020 年和 2019 年分别下降了 0.5% 和 0.3%；而服务价格指数则上涨了 0.6%，该指数在 2020 年和 2019 年分别上涨了 0.7% 和 1.2%。其主要原因在于葡萄牙 2021 年上半年国内商品需求恢复程度高于以旅游业为代表的服务行业，2021 年，葡萄牙旅游人数和住宿次数分别达到 1450 万人次和 3750 万次，与 2020 年相比增长了 39.4% 和 45.2%。随着 2021 年下半年经济逐步重启，葡萄牙服务业也不断恢复。此外，由于欧洲油价上涨、供应链受阻，葡萄牙的交通运输行业以及服饰食品类产品也出现了较大涨幅（分别为 4.4%、1.6%）。同时，2021 年，葡萄牙房价继续维持上涨，葡萄牙房产销售交易数量同比增长 25.1%（环比增长 9.3%），而平均销售价格同比增长约 11%，为每套 166000 欧元，达到自 2017 年以来的峰值。不过，尽管物价普遍上涨，但相较于欧元区 2.5% 的通胀率，葡萄牙仍然是通胀情况较为可控的欧盟国家之一（见表 1）。

表 1　2019~2021 年葡萄牙与欧元区通胀率

单位：%

年份	葡萄牙	欧元区
2019	0.3	1.4
2020	-0.1	0.3
2021	0.9	2.5

资料来源：世界银行网上统计数据库，http://data.worldbank.org/country/portugal。

---

① 参考世界银行网上统计数据库，http://data.worldbank.org/country/portugal，最后访问日期：2022 年 3 月 20 日。

葡萄牙在欧元区内较为良好的表现反映了国家经济正处于强劲的复苏阶段，与此同时，葡萄牙从欧盟所获得的经济援助也加强了人们对其经济快速反弹的信心。2021年4月22日，葡萄牙向欧盟委员会正式提交"复苏与韧性计划"（Plano de Recuperação e Resiliência），成为欧盟成员国中首个提交方案的国家。6月16日该计划成功获批，欧盟将在计划有效期内（2021～2026）向葡萄牙提供总额达166亿欧元的资金支持（其中139亿欧元为援助赠款，27亿欧元为贷款）。通过复苏与韧性计划，葡萄牙将实施一系列改革与投资，旨在恢复新冠肺炎疫情后的国家经济，并实现其在未来十年与欧洲接轨的目标。葡萄牙计划将资金分配于复原力、气候转型、数字转型三个结构层面，分别为111.25亿欧元、30.59亿欧元和24.6亿欧元。复苏与韧性计划大幅度增加了葡萄牙经济复苏的动力，自计划开始实施后，其执行机构已与有关公共部门共同发布了6项投标通告、签署了6份合作文件，主要内容涉及商业创新、学校数字化建设、能源效率、高等教育和商业本土化等。截至2021年底，葡萄牙已经收到了22亿欧元预付款，在国内实行了21项改革，启动了17项投资，并计划于2022年1月向欧盟申请新一批资金的拨款。[①]

（二）内需和国际投资恢复、对外贸易上升，有效助力经济复苏

葡萄牙2021年国内经济快速复苏主要得益于国内需求及国际投资的恢复以及对外贸易的增长。

就国内需求而言，家庭消费的增加起到了至关重要的作用。在2020年全年连续四个季度下降后，2021年家庭消费大幅回升，全年消费量达1382.03亿欧元，占葡萄牙国内生产总值的65.4%，较前一年增加了87.82亿欧元，涨幅达到6.8%。就对外贸易而言，2020年，全球贸易受到新冠肺炎疫情的影响，葡萄牙货物贸易进出口总额为1216.95亿欧元，较2019年下降了13.00%。其中出口总额为537.86亿欧元，同比下降了10.21%；进

---

① 欧洲信息中心网站，https://eurocid. mne. gov. pt/recuperacao-economica-nacional#toc-plano-de-recupera-o-e-resili-ncia-，最后访问日期：2022年3月20日。

口总额为 679.09 亿欧元，同比下降了 15.09%；逆差 141.23 亿欧元，同比下降了 29.65%。2021 年，葡萄牙货物贸易进出口总额达 1459.95 亿欧元，较 2020 年增长了 19.97%，其中出口总额为 634.77 亿欧元，同比增长了 18.02%；进口总额为 825.18 亿欧元，同比增长了 21.51%。2021 年葡萄牙贸易逆差 190.41 亿欧元，较 2020 年增加了 49.18 亿欧元（见表 2）。可以看到，2021 年，葡萄牙对外贸易总体增长势头强劲，在进出口金额上实现双增长；与此同时，由于葡萄牙工业基础较薄弱，大量生活必需品依靠进口，因此贸易逆差同步增长，反映出国内需求的复苏。

表 2 2020~2021 年葡萄牙进出口贸易额

单位：亿欧元

	2020 年	2021 年
总额	1216.95	1459.95
出口	537.86	634.77
进口	679.09	825.18
差额	-141.23	-190.41

资料来源：葡萄牙国家统计局。

就贸易合作伙伴而言，2019~2021 年，葡萄牙对欧盟其他国家的出口额分别为 459.96 亿欧元、383.70 亿欧元及 454.09 亿欧元，分别占出口总额的 76.78%、71.34% 及 71.54%，其中西班牙、法国和德国连续三年为葡萄牙最大的出口目的地国，各年度出口额如表 3 所示。美国、英国、安哥拉则是近三年来葡萄牙在欧盟以外的重要出口市场。

与此同时，西班牙、德国和法国在 2019~2021 年均保持为葡萄牙排名前三位的进口来源国，各年合计分别占葡萄牙进口总额的 53.59%、53.28% 及 51.91%，各年度进口额如表 4 所示。英国、巴西和美国则为近三年来葡萄牙在欧盟以外重要的进口来源国。①

① 参见葡萄牙国家统计局，https：//www.ine.pt/xportal/xmain？xpid = INE&xpgid = ine_indicadores&indOcorrCod = 0002744&contexto = bd&selTab = tab2。

表3 2019~2021 年葡萄牙前三大出口目的地国

单位：亿欧元

年份	西班牙	法国	德国
2019	148.11	77.46	71.28
2020	136.75	73.00	63.77
2021	169.69	82.28	69.98

资料来源：葡萄牙国家统计局。

表4 2019~2021 年葡萄牙前三大进口来源国

单位：亿欧元

年份	西班牙	德国	法国
2019	244.06	106.04	78.51
2020	220.89	90.88	50.86
2021	270.80	102.75	55.08

资料来源：葡萄牙国家统计局。

就产品类别而言，2020 年，首先，车辆及其零配件是葡萄牙最重要的出口产品，占其货物出口额的 13.89%，同比下降了 17.02%；其次是电机、电气、音响设备及其零部件，同比下降了 7.00%；再次是锅炉、机器、机械器具及其零件，出口额较 2019 年下降了 2.10%。2021 年，机械和设备是主要出口产品，占总量的 14.3%，其次是车辆和其他运输材料，占 13.2%。此外，基本金属的出口大幅增加，葡萄牙金属加工协会（AIMMAP）数据显示，2021 年葡萄牙冶金和金属加工出口额达 198.86 亿欧元，较 2020 年增长了 16.2%，较 2019 年增长了 1.5%，创历史新高。

就国际投资而言，在对外投资方面，根据葡萄牙中央银行统计，截至 2020 年底，葡萄牙对外投资存量为 491.23 亿欧元，对外投资流量为 -52.07 亿欧元，较 2019 年减少了 89.05 亿欧元，同比下降 240.81%。截至 2021 年底，葡萄牙对外投资存量为 503.72 亿欧元，对外投资流量为 12.48 亿欧元，较 2020 年增加了 64.55 亿欧元，同比上升 124.0%。①

在吸收外资方面，根据葡萄牙中央银行的统计，截至 2020 年底，葡萄牙吸收外国直接投资存量为 1445.84 亿欧元，吸收外资流量为 55.36 亿欧元，较 2019 年减少了 18.2 亿欧元，同比下降了 24.7%。截至 2021 年底，葡萄牙吸收外国直接投资存量为 1549.81 亿欧元，较 2020 年增加了 103.97 亿欧元，同比增长了 7.19%。② 2021 年，西班牙是葡萄牙的最大直接投资最终持有国。紧随其后的是法国和英国，投资额如表 5 所示。其主要投资领域为电力能源、服务业及制造业。中资企业对葡萄牙的投资也较为广泛，根据葡萄牙中央银行数据，2020 年中国对葡萄牙直接投资流量为 1.83 亿欧元；截至 2020 年底，中国对葡萄牙投资存量为 26.72 亿欧元。2021 年中国对葡萄牙的直接投资额达 2.51 亿欧元，同比增长 37.16%，直接投资存量达 29.23 亿欧元，同比增长 9.4%。

表 5　2021 年葡萄牙前三大直接投资最终持有国

单位：亿欧元

直接投资最终持有国	投资额
西班牙	236.49
法国	171.50
英国	133.34

资料来源：葡萄牙中央银行。

除了通过传统行业吸引外资，葡萄牙的移民政策也是其吸引外国居民对其房地产行业投资的一大原因。葡萄牙美丽的自然风光、悠久深厚的历史文化以及宜人的居住环境一直受到世界各国移民的喜爱。根据葡萄牙移民局（SEF）统计，2021 年葡萄牙共计签发 1182 个黄金签证，吸引投资达 6.467

---

① 葡萄牙中央银行网站，https：//bpstat. bportugal. pt/serie/12569406，最后访问日期：2022 年 6 月 10 日。

② 葡萄牙中央银行网站，https：//bpstat. bportugal. pt/serie/12503403，最后访问日期：2022 年 3 月 20 日。

亿欧元。自 2012 年 11 月黄金移民政策推行以来，截至 2021 年 12 月，葡萄牙共向 10254 位主申请人签发黄金签证，吸引的总投资额接近 61 亿欧元，其中最多的为中国申请人，达 5034 人，占比接近 50%，排名第二位的是巴西申请人，达 1059 人。不过，黄金移民政策也给葡萄牙房地产业带来了一定的负面影响，导致本国居民压力增大。因此，葡萄牙政府在 2021 年对黄金居留政策做出调整，其中包括将存款金额从 100 万欧元提高至 150 万欧元；将科研类投资金额、基金购买金额及公司成立金额均从 35 万欧元提高至 50 万欧元以上；只能在内陆地区、马德拉群岛和亚速尔群岛购买 50 万欧元以上住宅类房产，而曾经热门的沿海城市，如里斯本、波尔图、法鲁等地均不再享受购房移民政策。

根据葡萄牙移民局统计，2020 年，葡萄牙新增外国居民 7.3 万人，与 2019 年的 11.0 万人相比下降了 33.6%，葡萄牙外国居民达到 662095 人。2021 年，获得葡萄牙居留证的外国居民达到 10.9 万人，截至 2021 年 12 月，有 714123 名外国公民居住在葡萄牙，达到了历史最高值。[1] 2020 年，巴西移民占葡萄牙移民总数的 27.8%，其次是英国移民，占 11.2%。除了传统的葡语国家安哥拉、莫桑比克等国移民外，来自印度及意大利的移民数量也有所上升。值得注意的是，由于英国脱欧以及新冠肺炎疫情的影响，近两年来葡萄牙的流出移民在大幅下降。2020 年，葡萄牙的流出移民人数达到了 20 年来的最低值，为 68209 人，较 2019 年的 77040 人减少了 11.5%。同时，移民目的地也有所改变，2019 年葡萄牙移民的最大目的地是英国，而 2020 年被瑞士所取代。

三 社会形势

（一）疫情逐步缓和，疫苗接种覆盖率高

自新冠肺炎疫情发生以来，葡萄牙政府积极采取防疫措施，根据疫情发

---

[1] 葡萄牙移民局网站，https：//sefstat. sef. pt/forms/distritos. aspx，最后访问日期：2022 年 3 月 20 日。

展灵活调整防控政策。2021年1月15日，德尔塔毒株导致病例激增，为此葡萄牙总统德索萨下令全国进入封锁状态，为期1个月。3月11日，葡萄牙总理科斯塔主持召开政府部长委员会并在会后召开记者会，宣布政府将对国家进行"渐进性解封"，包括逐步恢复学校、理发店、博物馆、影院及餐饮中心等公共场所的正常运作。4月27日，葡萄牙总统发表电视讲话宣布，当前国家的"紧急状态"于4月30日结束后将不再继续延长，转而进入"灾害状态"。6月24日，总统德索萨正式签批法案，批准欧盟"绿色数字证书"自7月1日起在葡萄牙生效。9月30日，葡萄牙解除"灾害状态"。11月29日，葡萄牙卫生总局通报发现13例奥密克戎变异毒株感染病例，12月1日起，葡萄牙宣布再次进入"灾害状态"，为期4个月。

2020年12月31日，葡政府部长理事会批准1.96亿欧元用于2021年疫苗接种工作，包含疫苗采购及运输费用等。截至2021年12月，一年之内近870万人完成疫苗接种，230多万人已接种加强针，约9.5万名儿童接种第一剂疫苗。葡萄牙也因此进入了全球疫苗接种人口比例最高的国家之列，达到91.22%。[①] 不过葡萄牙成功的疫苗接种计划也经历过一些问题，如疫苗交付延期、不当接种等。2021年1月，继辉瑞疫苗后，欧洲药品管理局（EMA）先后通过了莫德纳及阿斯利康疫苗的审批。然而辉瑞及阿斯利康在疫苗交付时间上出现延误，导致欧盟就阿斯利康公司未能如约交付新冠肺炎疫苗提起诉讼。同时，葡萄牙国内因疫苗接种过程中存在未照顾优先人员接种的违规行为，担任疫苗接种计划工作组负责人的前卫生大臣弗朗西斯科·拉莫斯（Francisco Ramos）决定引咎辞职，由副海军上将恩里克·古韦亚·伊·梅洛（Henrique Gouveia e Melo）接替。7月，由于德尔塔变异毒株在世界范围内的快速传播，葡萄牙疫苗接种计划工作组宣布加快疫苗接种工作，在全国新开设300多个疫苗接种中心，并设定每天至少接种14万剂疫苗的目标。10月，葡萄牙完成两

[①] 葡萄牙卫生部网站，https://www.sns.gov.pt/monitorizacao-do-sns/vacinas-covid-19/，最后访问日期：2022年3月20日。

剂疫苗接种的人口比例达到85%，成为世界上第一个达到该覆盖率的国家。随着奥密克戎变异毒株的散播，葡萄牙政府加快了第三剂加强针接种速度并同时启动了5~11岁儿童的接种计划。积极快速的疫情防控措施使葡萄牙较为稳定地控制了疫情，国家从抗击疫情阶段转型进入经济复苏阶段。

（二）年轻人口减少，失业率下降

根据葡萄牙2021年开展的第16次人口普查统计数据，葡萄牙的常住人口为10344802人，较第15次人口普查（2011年）的数据减少了2.1%，为近50年内最大降幅。① 人口老龄化现象加剧，老年人口大幅增加，65岁及以上人口的数量在过去10年中增加了20.6%，占葡萄牙人口的23.4%；与此同时，葡萄牙年轻人口减少，2021年每100名年轻人对应182名老年人。

除了人口老龄化之外，葡萄牙还面临着低出生率的问题。根据葡萄牙国家卫生研究所（INSA）统计，与2020年的84426名新生儿相比，2021年葡萄牙新生儿数量首次跌破80000人大关，仅为79217人，创历史新低（见表6）。

表6　2019~2021年葡萄牙出生人口

年份	出生人口（人）
2019	86579
2020	84426
2021	79217

资料来源：葡萄牙国家卫生研究所、葡萄牙国家统计局。

从受教育程度来看，2019~2021年，葡萄牙的国民识字率（15岁以上拥有读写能力的人口占人口总数的比例）逐年上升，分别为94.1%、

① 葡萄牙国家统计局网站，https：//censos.ine.pt/xportal/xmain？xpgid=censos21_main&xpid=CENSOS21&xlang=pt，最后访问日期：2022年3月20日。

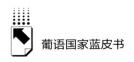

94.9%、96.2%。其中，仅接受过基础教育的人群比例不断下降，分别为
51.0%、49.0%、46.4%。而完成中等教育及高等教育的人群比例不断上
升，分别为23.1%、24.3%、25.4%和20.0%、21.6%、24.1%（见表7）。

表7　2019~2021年葡萄牙人口受教育水平

单位：%

年份	基础教育	中等教育	高等教育
2019	51.0	23.1	20.0
2020	49.0	24.3	21.6
2021	46.4	25.4	24.1

资料来源：葡萄牙国家统计局。

2021年，葡萄牙就业人口数为4812.3万人，较2020年增加了12.86万
人，较2019年增加了3.61万人。其中就业人口增长最多的是服务业，与
2020年相比增加了13.81万人。葡萄牙失业人口数为33.88万人，与2020
年相比减少了1.2万人，失业率为6.6%，这一数据低于葡萄牙政府的预测，
并且低于2019年新冠肺炎疫情暴发前的水平。劳动力利用不足率为12.5%，
比2020年下降了0.4个百分点。2021年，葡萄牙青年（16~24岁）失业率为
23.4%，较2020年上升了0.9个百分点；失业12个月或以上人口（长期失业
人口）的比例为43.4%，较2020年上升了10.1个百分点（见表8）。收入方
面，2021年全年工人每人平均月薪为1361欧元，实际增长了2.1%。

表8　2019~2021年葡萄牙失业率情况

单位：%

年份	总体	16~24岁	25~54岁	55~64岁
2019	6.6	18.3	5.7	7.0
2020	7.0	22.5	6.0	6.5
2021	6.6	23.4	5.7	5.7

资料来源：葡萄牙国家统计局。

四 葡萄牙与中国经贸往来

葡萄牙和中国于 1979 年建交，2005 年建立全面战略伙伴关系，在政治、经贸、文化、科技、军事等各领域的友好合作关系不断发展。在政治、经贸领域，两国关系密切，双边高层交流频繁。2018 年，习近平自担任国家主席以来首次对葡萄牙进行国事访问；2021 年，习近平主席就葡总统德索萨连任致以贺电。双方贸易与投资合作成果丰硕。2021 年 11 月 22 日，中国驻葡萄牙大使赵本堂会见葡国务部长兼财政部部长若昂·莱昂时表示，中葡两国领导人高度重视双边关系发展，在应对欧债危机和新冠肺炎疫情时双方相互理解、支持和帮助，进一步加深了友谊；两国在经济领域发展理念高度契合，有广阔的合作空间。莱昂部长表示，葡萄牙高度重视中国市场，积极鼓励企业对华出口，并始终对中国企业在葡投资持开放态度。

中资企业在葡萄牙的投资主要包括：中国长江三峡集团收购葡电力公司 23.3% 股权，国家电网公司收购葡电网公司 25% 股权，中国石化集团收购葡石油和天然气公司旗下巴西分公司 30% 股份，复兴集团收购葡储蓄总行附属保险公司 80% 股份、葡电网 3.9% 股份和圣灵集团医疗服务子公司 EES96% 股份，等等。① 与此同时，葡萄牙对华投资也在不断增加。2021 年，葡萄牙对华直接投资存量达到 4201 万欧元，同比增长 24.25%。除了投资之外，两国在贸易进出口领域的合作也不断深化。2021 年，中葡双边货物贸易总额为 88.09 亿美元，同比增长 26.5%。其中，中国向葡出口额为 53.54 亿美元，同比增长 27.7%；中国从葡进口额为 34.55 亿美元，同比增长 24.6%（见表 9）。中国是葡萄牙在欧盟外第六大出口目的地国（仅次于美国、英国、安哥拉、摩洛哥及巴西）和第一大进口来源国。

---

① 中国外交部网站，https://www.fmprc.gov.cn/web/gjhdq_ 676201/gj_ 676203/oz_ 678770/1206_ 679570/sbgx_ 679574/，最后访问日期：2022 年 3 月 20 日。

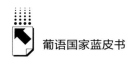

表9　2020~2021年中葡双边贸易情况

年份	中国对葡萄牙出口（千美元）	葡萄牙对中国出口（千美元）	中葡双边进出口总额（千美元）	累计比上年同期(%)	中葡双边进出口差额（千美元）
2020	4191530	2772225	6963755	4.82	1419305
2021	5354290	3454679	8808969	26.5	1899611

资料来源：中华人民共和国海关总署。

五　2022年葡萄牙发展展望

2021年，葡萄牙逐步进入重启复苏阶段，国情整体保持平稳。在国内政治方面，完成了新一届总统选举，社会党在议会提前选举中以绝对多数的优势获胜；在经济财政方面，在复苏与韧性计划的框架以及欧盟的资金援助下，葡萄牙打破了2020年因疫情而大幅下滑的局面，扩大国内需求并拓宽对外贸易合作，经济复苏势头良好。

展望2022年，就机遇而言，首先，葡萄牙将拥有一个更加稳定的政府，获得绝对多数的社会党将在议会中有更大的施展空间及更高的决策效率，这将帮助葡萄牙在未来的发展中愈发稳健敏捷；其次，随着葡萄牙对疫情的常态化管理，曾经的支柱行业如旅游业、餐饮业将逐步复苏，这无疑为葡萄牙经济复苏注入了强心剂。根据国际货币基金组织发布的预期，2022年，葡萄牙经济增长率将达5.1%。

然而，葡萄牙也将面临诸多挑战。首先，新一届政府需要在2022年上任后快速设计并推出合适的预算草案，以便能够保持国家经济增长态势并最大限度地利用来自欧盟的大批援助资金。其次，虽然目前葡萄牙国内疫情发展较为稳定，疫苗接种情况良好，覆盖率较高，但是随着政府对管控措施的逐步放松以及来自国际他国的压力，疫情尚存诸多不确定性，因此政府仍然不能掉以轻心，需要紧盯疫情动态，灵活调整政策及应对措施。最后，疫情给葡萄牙社会带来了深远影响，进一步扩大了社会发展的不均衡，同时，葡萄牙也长期遭受人口减少和老龄化的困扰，因此葡萄牙在经济复苏的同时必须为未来的新型劳动市场转型做好准备，提高生产力和竞争力，以确保可持续及包容性增长，并进一步与欧盟以及世界各国融合。

B.13

圣多美和普林西比民主共和国

宋爽 刘镓 张美琪*

摘　要： 2020~2021年，圣多美和普林西比国内政局基本稳定，两大政党在新一届总统选举中展开激烈竞争，最终民主独立行动党候选人获胜。经济方面，圣多美和普林西比在疫情下依然保持经济增长，贸易逆差有所下降，吸引外资和接受援助大幅提高。虽然政府财政状况在2020年有所改善，但是政府债务持续增加，国际债权人同意减免和展期其部分债务。社会方面，疫情给圣多美和普林西比社会发展带来不利影响，国际机构和其他国家在抗疫物资、设备和疫苗等方面给予其慷慨援助，并继续在基础设施建设等方面对其予以支持。中国与圣多美和普林西比在政治、经贸、发展援助等领域推进双边合作，中国向圣普援助了多批抗疫物资。

关键词： 圣多美和普林西比　总统选举　经济增长　国际援助　中国援助

　　面对新冠肺炎疫情的冲击，在广泛的国际援助下，圣多美和普林西比（简称"圣普"）具备了新冠病毒检测能力，并启动国内疫苗接种工作。国际各界通过债务减免、基础设施援助、人力资源培训等途径帮助该国实现经济、社会发展。中国继续与圣多美和普林西比保持友好关系，在抗疫抗疟、农业技术、住房建设等方面给予其援助。

---

* 宋爽，博士，中国社会科学院世界经济与政治研究所助理研究员，研究方向为国际金融；刘镓，对外经济贸易大学外语学院讲师；张美琪，对外经济贸易大学外语学院助教。

一 政治形势

2020~2021 年，圣多美和普林西比的两大政党——民主独立行动党（简称"民独党"）和解放运动—社会民主党联盟（简称"解运党"）仍是政坛主要力量，国内政治格局相对稳定。两党在新一届总统选举中展开激烈竞争，最终民独党胜出，而解运党依然占据总理席位。

在新一届总统选举中，卡洛斯·诺瓦（Carlos Nova）当选为新一任总统。圣多美和普林西比实行总统共和制政体，总统是国家元首、武装力量总司令，由普选产生，任期 5 年，可连任一届。2016~2021 年，总统职位由民独党（ADI）的埃瓦里斯托·卡瓦略（Evaristo Carvalho）担任。2021 年 7 月，新一届总统选举进行首轮投票，共 19 名候选人参选。因无人获得超过半数选票，民独党候选人卡洛斯·诺瓦、解运党（MLSTP-PSD）候选人吉列尔梅·达科斯塔分别以 43.3%、20.7%的支持率进入第二轮。由于存在选举争议需宪法法院裁决，原定于 8 月 8 日举行的第二轮投票推迟。9 月 5 日，诺瓦在总统选举第二轮投票中以 57.54%的支持率获胜，击败解运党候选人达科斯塔，当选为新一任总统。诺瓦现年 62 岁，曾任该国公共工程、基础设施、自然资源和环境部部长。①

2020~2021 年，圣多美和普林西比的总理职位继续由解运党的若热·博姆·热苏斯（Jorge Bom Jesus）担任，2020 年 9 月政府改组完成。改组后的政府由总理、13 位部长和 3 位国务秘书组成，较之前新增 1 个部和 1 个国务秘书处。原公共工程、基础设施、自然资源和环境部拆分为基础设施和自然资源部及公共工程、环境和国土规划国务秘书处，原内阁和议会事务部拆分为议会事务、国家改革和权力下放部及内阁事务、新闻和新技术部，原旅游、文化、贸易和工业部改为旅游和文化部。原政府中外交、合作和海外侨

---

① 《卡洛斯·诺瓦当选圣普新一任总统》，新华网，2021 年 9 月 6 日，http：//www.news.cn/ 2021-09/06/c_ 1127833769.htm。

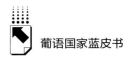

民部部长平托和旅游、文化、贸易和工业部部长拉夫雷斯被免职，达布雷乌（Osvaldo d'Abreu）留任基础设施和自然资源部部长，卡斯特罗（Wuando Castro）留任内阁事务、新闻和新技术部部长。滕茹阿（Edite Ten Jua）为新任外交、合作和海外侨民部部长，桑托斯（Cíclio Santos）新任议会事务、国家改革和权力下放部部长，克里索斯德莫（Aerton Crisóstemo）新任旅游和文化部部长，多纳西门托（Eugénio do Nascimento）新任公共工程、环境和国土规划国务秘书。其他部长和国务秘书没有变化。① 这些人员2/3来自解运党，其余来自民主融合党（PCD）、民主运动力量（MDFM）、民主发展联盟（UDD）等。②

2020 年，圣多美和普林西比的政治环境在葡语国家中处于较好水平。根据透明国际（Transparency International）发布的 2020 年清廉指数（Corruption Perception Index，CPI），圣多美和普林西比得分为 47 分（满分为 100 分），在 180 个国家中排第 63 位，较 2019 年上升 1 个位次。该指数主要反映全球各国商人、学者及风险分析人员对世界各国腐败的观察和感受。世界银行的国家政策与制度评估（CPIA）数据库相关数据显示，2020年圣多美和普林西比的总体得分为 3.0 分（满分为 6 分），在 79 个有分值的国家中排第 53 位；在分项"公共部门管理和机构"下的得分也为 3.0 分，其中 5 个子指标——"公共部门的透明度、问责制和腐败"的得分为 3.5 分、"产权与法治""财政收入使用效率""公共行政质量"的得分均为 3.0 分、"预算和财务管理质量"的得分为 2.5 分，仍有较大提升空间。

二　经济形势

虽然遭遇新冠肺炎疫情，但是圣多美和普林西比在 2020 年仍保持经济

---

① 《圣普总统批准政府改组方案》，中国驻圣多美和普林西比民主共和国大使馆经济商务处，2020 年 9 月 22 日，http://st.mofcom.gov.cn/article/jmxw/202009/20200903003261.shtml。

② "Sao Tome and Principe-Country Commercial Guide," Official Website of the International Trade Administration, August 11, 2022, https://www.trade.gov/country - commercial - guides/sao - tome-and-principe-political-and-economic-environment.

增长。根据经济学人智库（EIU）的数据，2020 年圣多美和普林西比的名义国内生产总值（GDP）为 5.85 亿美元，较 2019 年上升了 0.97 亿美元；GDP 实际增长率为 3.1%，较 2019 年上升了 0.9 个百分点，在葡语国家中处于第 2 位，是仅有两个 GDP 保持正增长的国家之一；按购买力平价计算的人均 GDP 为 4273.8 美元，较 2019 年提高了 99.1 美元，在葡语国家中排第 5 位。2020 年，圣多美和普林西比的通货膨胀率为 10%，较 2019 年上升了 2.2 个百分点。从产业结构来看，圣多美和普林西比仍以农业为经济基础，旅游业也具有一定前景。根据世界银行的数据，2020 年第一产业约贡献了 GDP 的 1/5，第三产业贡献了 GDP 的 2/3。

对外经济联系方面，圣多美和普林西比在 2020 年继续保持高额贸易逆差，吸引外资和接受援助均显著增长。根据 EIU 的数据，2020 年圣多美和普林西比商品贸易进出口总额为 1.29 亿美元，较 2019 年下降了 1000 万美元，其中，商品出口额约为 1400 万美元，较 2019 年上升了 100 万美元；商品进口额为 1.15 亿美元，较 2019 年下降了 1100 万美元；商品贸易赤字为 1.01 亿美元，较 2019 年减少了 1200 万美元。由于国内产业结构和自然资源的特点，圣多美和普林西比需要从国际市场进口大量生产生活必需品，包括粮食、燃料、工业制成品以及日常消费品。圣多美和普林西比主要出口农业经济作物，包括可可、棕榈油、椰干、椰油、咖啡等。根据联合国贸发会议组织（UNCTAD）的数据，圣多美和普林西比在 2020 年吸引外商直接投资流量约为 4700 万美元，较 2019 年增长了 95.83%；截至 2020 年底吸引外资存量达到 3.66 亿美元，较 2019 年底增长了 34.56%。根据世界银行的数据，2020 年圣多美和普林西比接收官方发展援助和官方援助共计 9185 万美元，较 2019 年增加了 4106 万美元；来自经合组织（OECD）成员国的双边援助净流入 2551 万美元，较 2019 年增加了 426 万美元。另外，EIU 的数据显示，圣多美和普林西比在 2020 年的外汇储备（不含黄金）为 7530 万美元，较 2019 年增长了 2810 万美元；其货币多布拉兑美元汇率为 21.5∶1，较 2019 年升值 1.86%。

圣多美和普林西比在疫情下保持了较好的财政状况，但是政府债务水平

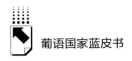

有所上升。根据国际货币基金组织（IMF）的数据，圣多美和普林西比政府在 2020 年的财政收入为 29.73 亿多布拉，较 2019 年增加了 9 亿多布拉；财政收入占 GDP 的比重为 29.02%，较 2019 年增加了 7.02 个百分点。2020 年财政支出为 23.67 亿多布拉，较 2019 年增加了 2.88 亿多布拉；财政支出占 GDP 的比重升至 23.10%，较 2019 年增加了 1.04 个百分点。2020 年，圣多美和普林西比实现财政盈余 6.06 亿多布拉，占 GDP 的比重为 5.92%，改变了该国自 2014 年以来一直处于财政赤字的局面。不过，一般政府总债务在 2020 年出现比较明显的上升，达到 83.39 亿多布拉，较 2019 年增加了 15.94 亿多布拉；一般政府债务占 GDP 的比重从 71.57% 上升到 81.37%，增长了 9.8 个百分点。EIU 的数据显示，圣多美和普林西比的外债总额在 2020 年达到 2.91 亿美元，较上一年增加近 4000 万美元；外债占 GDP 的比重为 49.75%，与其他非洲葡语国家相比较低。自新一届政府就任以来，圣多美和普林西比的外债增加了一倍，政府已就债务减免问题与多双边合作伙伴进行磋商。2020 年 8 月，葡萄牙宣布同意圣多美和普林西比展期偿还当年 12 月 31 日之前到期的贷款，安哥拉、巴黎俱乐部也表示同意为圣多美和普林西比减免 1/4~1/3 的债务，并积极推进相关程序。2021 年 4 月，IMF 执行理事会批准在该组织巨灾遏制和救济信托基金（CCRT）下为包括圣多美和普林西比在内的 28 个符合条件的低收入国家提供基于赠款的债务减免，并将 28 国的偿债减免期限延长至当年 10 月 15 日。

三　社会形势

2020 年，圣多美和普林西比的人口稳步上升，城市人口数量继续增长，卫生服务、公共设施的普及率在非洲葡语国家中较高，但仍有较大提升空间。根据世界银行数据，2020 年圣多美和普林西比总人口为 21.9 万人，其中，城市人口约 16.3 万人，占比 74.43%，比 2019 年增加了 0.76 个百分点；农村人口约 5.6 万人，占比 25.57%，比 2019 年下降了 0.76 个百分点。相比 2019 年，该国总人口、城市人口和农村人口分别增长了 1.91%、

2.96%和-1%。2020年，圣多美和普林西比全国可享受基本卫生服务的人口比例仅为47.62%，较2019年增加了1.41个百分点；可享受基本饮用水服务的人口比例为78.23%，较2019年增加了0.01个百分点；可享受基本洗手设施（包括肥皂和水）的人口比例为55.44%，较2019年增加了2.43个百分点；可接入电力服务的人口比例为76.56%，较2019年增加了1.59个百分点；可使用互联网的人口占总人口比例为33%，较上年提高了1个百分点。

圣多美和普林西比于2020年3月发现新冠肺炎确诊病例，至2021年6月累计确诊病例已超过2000人，对国内社会、经济产生较大不利影响，促使政府实施一系列救助措施。该国政府自2020年3月中旬采取紧急隔离措施，4月确认新冠肺炎疫情在当地流行。此后，政府多次将疫情防控状态升级为"公共卫生灾难状态"，实施严格防疫措施。疫情给国内企业造成较大冲击，并对就业产生不利影响，使许多家庭失去经济来源。根据该国央行于2020年9月发布的企业调查报告，297家受访企业中41%暂时关闭，45%的企业采取部分营业方式，仅14%正常运营；与旅游行业相关的运输、餐饮、住宿行业所受影响尤其严重，分别有80%和68%的企业暂时停业。受疫情期间临时裁员及居家隔离阶段员工缺勤等影响，53%的受访企业员工人数减少，其中75%的企业员工人数减少超40%；25%的受访企业表示无法支付工资，其中，68%的运输企业、50%的教育企业、34%的家具企业及24%的餐饮住宿企业无法支付员工工资。① 为应对上述不利影响，政府于2020年10月决定通过央行向私营企业提供300万美元贷款。该贷款由国际货币基金组织、世界银行、非洲开发银行、欧盟等多边合作伙伴支持，面向农牧、加工、仓储、渔业、旅游、餐饮等企业。② 新冠肺炎疫情使圣普处于贫困线以下的家庭由2.4万户增至3.6万户。2021年3月，世界银行批准向圣普社会保护和

---

① 《圣普央行发布新冠疫情对圣普企业影响的调查报告》，中国驻圣多美和普林西比民主共和国大使馆经济商务处，2020年9月22日，http：//st. mofcom. gov. cn/article/jmxw/202009/20200903003265. shtml。

② 《圣普政府向私营企业提供300万美元贷款》，中国驻圣多美和普林西比民主共和国大使馆经济商务处，2020年10月13日，http：//st. mofcom. gov. cn/article/jmxw/202010/20201003007604. shtml。

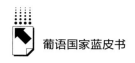
技能发展项目资助 800 万美元，使该项目总预算增至 1800 万美元，将在 9 个月期限内向 1.6 万户贫困家庭提供紧急资助。①

为应对疫情负面影响，圣多美和普林西比政府依托广泛的国际援助，努力提升国内疫情防控能力。在多边机构方面，世卫组织和联合国开发计划署（UNDP）于 2020 年 7 月分别向圣普捐赠 50 台制氧机，非洲开发基金也宣布将为圣普提供约 1000 万美元的抗疫资金援助，以减轻疫情对该国经济和弱势人群的冲击，帮助加强其卫生体系建设。2020 年 10 月，世卫组织向圣普捐赠抗疫物资和实验室耗材，包括 17200 个面罩、2400 副护目镜、14000 套防护服、12.4 万只外科口罩、2.4 万只 N95 口罩及 2260 个 PCR 检测试剂盒。2021 年 4 月，世卫组织再次向圣普捐赠抗疫物资及设备，包括 1 台 PCR 检测仪、1.5 万个快速检测试剂、2.42 万个检测样品盒和 8.72 万副手套。在双边方面，葡萄牙驻圣普大使代表葡萄牙国家紧急医疗中心于 2021 年 3 月向圣普捐赠约 2 万个 PCR 检测试剂盒，并向该国方舱医院和卫生部捐赠一批药品和医疗耗材，这些物资为葡萄牙帮助非洲葡语国家和东帝汶抗击疫情行动计划第二阶段物资捐赠中的一部分。此外，葡萄牙古本江基金会于 2020 年 7 月向圣普大学卫生学院捐赠一套 3D 打印设备，帮助其与当地医疗部门开展合作，提高疫情研究及应对能力。法国道达尔石油公司于 2021 年 1 月向圣普捐赠抗疫物资，包括 3 万只外科口罩和 5760 瓶酒精凝胶等，计划分发给圣普医院和其他公共机构。圣普在外界帮助下，于 2020 年 7 月具备了新冠病毒检测能力，于 2021 年 3 月正式启动新冠疫苗接种工作。新冠肺炎疫苗实施计划（COVAX）计划向圣普提供 9.6 万剂疫苗，覆盖圣普 20% 的人口，世界银行将为圣普提供覆盖 50% 人口的疫苗援助，非盟也承诺向圣普提供疫苗援助。②

---

① 《世界银行向圣普社会保护和技能发展项目资助 800 万美元》，中国驻圣多美和普林西比民主共和国大使馆经济商务处，2021 年 3 月 24 日，http://st.mofcom.gov.cn/article/jmxw/202103/20210303046937.shtml。

② 《首批 COVAX 援圣普疫苗运抵圣多美》，中国驻圣多美和普林西比民主共和国大使馆经济商务处，2021 年 3 月 24 日，http://st.mofcom.gov.cn/article/jmxw/202103/20210303046932.shtml。

圣多美和普林西比在基础设施、人力资源等方面也得到国际广泛支持。在基础设施方面，圣普在 2020 年开展了灌溉、防洪、国道等建设或整修项目。2020 年 7 月，由非洲开发银行援助实施的粮食安全基础设施修复二期项目（PRIASA-II）启动 Mesquita、Santarem 和 Uba Cabra 社区灌溉系统整修工程。该工程耗资约 19.86 万欧元，工期 90 天，旨在促进相关地区灌溉系统现代化。2020 年 8 月，由世界银行资助的西部非洲沿海地区抗灾力投资项目（WACA）出资的 Santa Catarina 社区防洪墙及 40 套社会住房前期配套设施工程举行奠基仪式。其中，防洪墙工程耗资约 11.7 万美元，社会住房前期配套设施工程耗资约 38.8 万美元，预计工期 3 个月。2020 年 10 月，由世界银行资助的圣普 1 号国道整修工程开工。该国道连接首都圣多美市和伦巴大区首府内韦斯市，全长 27 公里，项目总投资额 2900 万美元。2021 年，该国政府将在世界银行、非洲开发银行、联合国的支持下，公开招标在 Rio Grande 和 Bombaim 建设 2 个水电站，并启动多个光伏电站建设，以改善能源结构；还将建立公共部门通信和服务电子化系统，以降低政府各部门间通信费用，提高行政效率，实现数字化办公。在人力资源方面，圣多美和普林西比政府在 2021 年 1 月受到来自联合国、世界银行和葡萄牙等国的培训支持。例如，联合国机构举办了为期两周的媒体工作者培训班，25 名该国记者和技术人员参加；世界银行与该国签署女童技能培训和高质量教育项目合作协议，该项目为期 6 年，耗资 1700 万美元，受众涵盖学前至中学阶段女童；圣普还与葡萄牙签署了公共工程职业培训合作协议，将在 3 年内由葡方提供建筑和工程领域的职业培训。

四　中国与圣多美和普林西比关系

中国与圣多美和普林西比在政治、经贸、发展援助等领域持续开展双边合作。在政治外交方面，2020 年 1~2 月，圣多美和普林西比总理热苏斯、议长内韦斯、总统卡瓦略分别向中国李克强总理、栗战书委员长和习近平主席就中国抗击新冠肺炎疫情致慰问信。卡瓦略总统在信中代表圣普人民向习

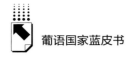

近平主席和友好的中国人民表示慰问、同情和支持；坚信习近平主席所采取的有力、有效措施必将收到预期效果，并最终战胜这一可怕疾病。① 2020 年 12 月 9 日，新任中国驻圣多美和普林西比大使徐迎真向圣普总统卡瓦略递交国书。徐迎真大使转达了习近平主席对卡瓦略总统的亲切问候和良好祝愿，他表示，复交以来，在一个中国原则基础上，两国关系发展势头良好，政治互信日益增强，各领域友好交流与合作取得丰硕成果。卡瓦略总统欢迎徐迎真大使履新，感谢习近平主席的亲切问候，并请徐迎真大使转达他对习近平主席的诚挚问候和良好祝愿。2021 年 6~7 月，在中国共产党百年华诞来临之际，圣多美和普林西比国民议会议长内韦斯、总理热苏斯等政要和友好人士纷纷向中方致函祝贺。为庆祝中国共产党成立 100 周年，圣多美和普林西比邮局还以伟大的马克思主义者、无产阶级革命家毛泽东同志为主题发行纪念邮票。

在经贸关系方面，2020 年中国对圣多美和普林西比的出口和直接投资均大幅增长。在贸易方面，中国与圣多美和普林西比商品贸易以中国出口为主，主要出口加工保藏鱼产品的船、机器零配件、钢材、燃料油等。中国海关总署资料显示，2020 年 1~12 月，中国与圣多美和普林西比进出口商品总额为 2033.22 万美元，同比增长 127.55%，其中，中国自圣多美和普林西比进口总额为 4.67 万美元，同比增长 242.48%；对圣多美和普林西比出口总额为 2028.56 万美元，同比增长 127.37%。在投资方面，根据《2020 年度中国对外直接投资统计公报》的数据，2020 年中国对圣多美和普林西比的直接投资流量为 155 万美元，大幅超过 2019 年 6 万美元的投资流量；对圣多美和普林西比投资存量为 199 万美元，是 2019 年投资存量 44 万美元的 4.52 倍。

中国是圣多美和普林西比的重要援助方，持续在疟疾防控、农业技术、住房建设等方面对圣普提供帮助。在抗疟援助方面，中国专家组在疫情下仍多次开展治疗和捐赠活动。2020 年 8 月，中国专家组赴伦巴和洛巴塔两个

---

① 《圣普总统卡瓦略向习近平主席致慰问信》，中国驻圣多美和普林西比民主共和国大使馆，2020 年 2 月 8 日，http://st.china-embassy.gov.cn/zspgx/202002/t20200213_6714428.htm.

大区开展疟疾病例调查并向当地捐赠防蚊用品。在疟疾病例较多的圣阿马罗地区，专家组探访疟疾患者，向当地居民捐赠了长效蚊帐，并对技术人员进行了培训和技术指导。2020 年 10 月，中国抗疟专家组在圣多美北部的伦巴庄园地区启动第二次全民服药治疗行动。中国专家在全民服药、主动侦查以及防蚊物品分发等方面开展大量工作，使抗疟工作覆盖圣普疟疾高发地区。2020 年 12 月，两国代表在圣普国家疾控中心举行中国援圣普抗疟物资交接仪式。未来中国还将在两国签署的第 3 期抗疟合作协议框架下，继续在技术、物资和资金等方面向圣普提供支持，助力圣普实现到 2025 年消除疟疾的目标。在农技援助方面，中国专家组开展了培训和捐赠活动。2020 年 8 月，第 2 期农牧业技术援助项目留守专家组在当地养猪发展中心举办仔母猪去势手术、猪疝气微创手术等实用兽医技术操作示范培训，当地 10 多名养猪技术员和专业户参加了培训。2020 年 10 月，中国农牧业技术援助专家组向圣普捐赠 1200 枚受精鸭蛋，用于孵化鸭苗，降低养鸭成本。这些肉鸭孵化成功后将分发给圣普养殖户，提高圣普鸭肉产量。在建设援助方面，中国援圣多美和普林西比社会住房项目于 2020 年 11 月举行结构封顶仪式。该项目于 2019 年 11 月开工，建设内容为在圣普瓜达卢佩市和桑塔纳市新建 5 栋住宅楼共 60 套社会住房。

中国还多次援助抗疫物资，帮助圣多美和普林西比应对新冠肺炎疫情。2020 年 10 月，中圣普抗疫对口医院合作意向书签字暨四川省人民政府向圣普 2 所医院捐赠抗疫物资交接仪式在圣普抗疫物资仓库举行。中国驻圣普使馆政务参赞傅长华代表国家卫生健康委员会与该国卫生部部长内韦斯签署对口医院合作意向书，高金宝经商参赞代表四川省卫生健康委员会与圣普中心医院院长平托、阿瓜格朗德大区中心门诊主任阿吉亚尔分别签署捐赠物资交接证书。四川省人民政府捐赠的抗疫物资包括 2 万只外科口罩、5000 只医用口罩、500 套医用防护服和 300 个医用防护眼罩。2020 年 12 月，中国国家卫健委向圣普卫生部捐赠抗疫医疗设备交接仪式在圣普抗疫物资仓库举行，徐迎真大使和圣普卫生部部长致辞并分别代表两国签署交接证书。中国在两国抗疫对口医院合作机制下捐赠的医疗设备包括呼吸机、心电图机、制氧机、排痰机等。

B.14
东帝汶民主共和国

唐奇芳[*]

摘　要： 2020 年，东帝汶依靠有利的自然条件和有力的防控措施，在抗击新冠肺炎疫情中取得较好成效。同时，东帝汶制定中短期计划，积极寻求恢复受到疫情严重影响的经济社会发展，在多个方面有所进步。联合国等国际机构和国家对东帝汶的抗疫和发展予以全力支持，中国创造了援助东帝汶抗疫的多项第一，双边合作更加密切和牢固。

关键词： 东帝汶　复苏计划　中国援助

2020 年，东帝汶较好地进行了新冠肺炎疫情防控。针对深受疫情影响的经济社会发展，东帝汶政府采取积极措施推动复苏，这些努力得到国际社会的大力支持，维护了东帝汶的稳定和秩序。

一　政治情况

东帝汶政府新内阁上任后，于 2020 年 6 月 29 日批准了 2020 年国家财政预算额度上限，并据此制定了具体预算案和进度时间表。按照时间表，东帝汶政府于 8 月 26 日批准 2020 年国家预算案，9 月 15 日提交国民议会审议。10 月 8 日，议会以 43 票支持、21 票反对、1 票弃权的结果通过了该预

---

* 唐奇芳，中国国际问题研究院副研究员，主要研究领域为中国—东盟关系等。

算案，总额为 14.97 亿美元。10 月 19 日，卢奥洛（Francisco Guterres Lú Olo）总统批准了 2020 年国家预算。由此，东帝汶政府结束了长达两年的 1/12 预算，在 11 月和 12 月转而执行 2020 年国家预算。在此基础上，2021 年国家预算案得以按照正常程序制定，2020 年 12 月获得国民议会批准并由总统颁布，总额为 18.95 亿美元。其中，薪金和工资为 2.39 亿美元，商品与服务为 4.21 亿美元，公共转移为 6.69 亿美元，小额资金为 0.61 亿万美元，发展资金为 5.03 亿美元。[①]

新内阁在推动体制建设改革和完善立法方面也有进展。2020 年 7 月，东帝汶政府宣布建立海事管理局。该机构将通过协商、执行机制的建设，将军队、警察、海关等相关部门的力量统筹整合，以保障东帝汶的海洋权益。9 月，东帝汶政府成立体制改革协调和监督委员会，并举行首次会议。会上，鲁瓦克（Taur Matan Ruak）总理明确东帝汶体制改革主要包括公共行政、行政分权、司法以及公共财政管理等领域。按照计划，该委员会每两个月召开一次会议，以加强部门之间合作，监督推进改革。

在立法方面，东帝汶国民议会在 7 月集中通过了《预防和打击腐败措施法》、《公民保护法》和《矿业法》等重要法律。《预防和打击腐败措施法》规定东帝汶包括总统在内的各级政府官员需要向法院和反腐败委员会申报个人及家庭成员的财产、收入等，将对该国国家反腐败委员会、总检察长办公室等机构的工作提供有力的支持。《公民保护法》被东帝汶政府列为国家安全立法的三大支柱之一，规定了公民保护的基本原则，定义并组织了东帝汶公民保护的基础。《矿业法》为东帝汶的采矿活动制定了必要的标准和规则，给未来可持续开发利用该国潜力巨大的金、银、锌和镍矿资源提供了重要保障。

新冠肺炎疫情使得电子政务成为东帝汶政治能力建设的重点和亮点。2020 年 2 月，东帝汶政府下令创建市政门户网站并建立相关运营和管理制

---

① Government of Timor-Leste，"Extraordinary Meeting of the Council of Ministers on October 12，2020，" October 12, 2020, http：//timor-leste. gov. tl/？p＝25878&lang＝en.

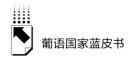
度。这些网站旨在提供市政公共信息，支持市政在社会、经济、基础设施和文化方面的进步和发展，并帮助中央政府以集中和透明的方式收集市政信息。7月，东帝汶启动电子申请（e-Request）电子政务服务，纳税人可以通过互联网申请获得纳税凭证，从而简化行政程序并降低成本。9月，东帝汶政府制定建立公民身份电子标识系统计划，该系统将作为东帝汶电子政务系统的一项基础。

二　抗疫情况

东帝汶疫情一直处于可控状态。2020年3月21日该国发现首个新冠肺炎确诊病例，截至2021年3月4日，累计确诊113人，其中绝大多数为境外输入，并未出现本土社区传播现象。对于东帝汶这样一个被联合国列为最不发达国家的小型经济体来说，这样的防控成果难能可贵。

东帝汶疫情防控较好，首先与其地理条件有密切关系。东帝汶位于帝汶岛一侧，仅与印尼陆上相连，对外交通主要依靠航空和海上，国际人员流动相对容易管控。

但是，东帝汶疫情防控成功的主要原因还在于其应对措施较为得力。整体上，东帝汶应对新冠肺炎疫情具有以下特点。

一是早做准备。自从世界卫生组织通报新冠肺炎疫情，东帝汶政府便从软件和硬件两方面着手准备，未雨绸缪。软件上，成立由卫生部牵头的特别行动小组，并与世卫组织等国际机构和各国驻东机构密切沟通合作。硬件上，在蒂坝地区预先建立隔离区，将特定医疗机构划为检查点和治疗点，并实施较为严格的限制或禁止外国人入境的临时措施。

二是资金到位。2020年3月21日发现首个确诊病例，23日东帝汶部长理事会就批准了1100万美元的支出，用于从中国购买医用防疫物资，同时还专门拨付35万美元建设新冠肺炎检测实验室。4月2日，东帝汶国民议会通过了2.5亿美元的议案，其中1.5亿美元用于应对疫情。

三是常抓不懈。东帝汶政府于2020年3月28日零点开始进入国家紧急状态，其后国内疫情控制有力，国际输入病例得到妥善安置，并多次实现现存病例清零。但东帝汶并未因此放松警惕。截至2021年底，该国政府共11次宣布延长国家紧急状态，全国疫情防控措施长期维持较严格的标准。

四是重视协调。东帝汶发动全国力量应对疫情，并成立专门机构负责统筹协调工作。上文提到的特别行动小组，后来完善升级为由总理直接负责的防控新冠肺炎疫情部际协调委员会，负责在战略层面统领抗疫工作。在发现第一个确诊病例后，东帝汶成立综合危机管理中心，专门负责全面抗疫工作。东帝汶政府对于抗疫协调的重视达到了空前程度。发现第一个确诊病例后不久，卢奥洛总统宣布解除卫生部代理部长艾丽娅的职务，原因就是其在应对疫情时缺乏与相关部门的协调合作，导致疫情防控面临较大压力。

五是计划全面。除了针对疫情防控的直接措施，东帝汶还及时出台了一揽子措施，以应对疫情带来的社会和经济影响。这些措施主要涉及八个方面的内容：一是设施联通，旨在确保海、空运输的连续性，以保证物资供应；二是确保基本物资的分配，主要包括食品、药品和医疗设备等；三是保障电信服务的连续性，政府补贴教师和学生上网费用；四是税收减免，推迟或暂停征税，以减轻企业和消费者的负担并为其提供流动性；五是公共服务，包括延期支付水电费等；六是公共转移支付，包括加快预算中公共支出执行，即工资、社会福利、补贴和合同款等支出；七是提高信贷额度和降低利率；八是直接补助，直接向个人或企业提供补贴，以确保每个家庭每月100美元收入等。按照预期，这些措施可以保障全国约28.8万个家庭的基本月收入、对部分受疫情影响的员工进行60%的工资补贴、为可能面临的粮食短缺购置3个月的粮食储备、为4200多名东海外留学生提供补助金等。该计划覆盖了东帝汶绝大部分国民，可以在一定程度上缓解疫情的影响。

六是落实有效。一揽子措施基本上都得到及时有力的落实，并得到完善巩固。以最受关注的家庭收入补贴为例，东帝汶政府先是酌情将补贴数额从每个家庭100美元上调至200美元，接着以较好的效率完成补贴发放。在一揽子措施正式出台两个月后的2020年6月21日，东帝汶政府便将每个家庭200美元的新冠肺炎疫情补贴发放至全国12个区的26.5万个家庭，完成率

达91%。随后，欧库西特区的2.3万个家庭也按照计划领取补贴，第一轮补贴发放顺利完成。在此基础上，东帝汶政府又针对受疫情影响最严重的家庭制定了第二轮200美元补贴计划，并于2021年1月初实施，涉及全国12个区（欧库西特区除外）的1.2万个家庭。

不过，东帝汶疫情防控也面临不少风险。一是医疗基础设施严重不足。东帝汶仅有一所可容纳30~40人的隔离中心，且仅能治疗轻症患者，无重症治疗机构。二是边境控制压力巨大。东帝汶虽然关闭了机场和港口，但与印尼的陆上边界地形复杂，难以管控。印尼暴发疫情时，有不少东帝汶侨民和外国公民非法越界进入东帝汶，给东帝汶疫情防控工作带来较大压力。

三 经济情况

尽管东帝汶政府就疫情及其造成的经济社会影响进行了较为成功的应对，该国经济仍然受到严重影响。以东帝汶着重开发的旅游业为例，2020年全行业收入同比下降了95%，餐馆、旅行社等企业面临巨大压力，无法支付员工工资或正常运转，纷纷停业。根据东帝汶政府发布的信息，截至2020年10月初，新冠肺炎疫情已造成该国超过400家公司倒闭和800余人失去工作。相应，2020年东帝汶除石油行业外的国内生产总值为15.65亿美元，同比下降8.3%。[①] 如果按照东帝汶2019年9月开始采用的GDP计算方式，将石油收入计入，则其GDP同比增长25%，显然与经济现状不符。同时，东帝汶石油产业也难逃疫情的影响。据东帝汶政府预测，疫情中长期将给该国石油经济带来15亿~18亿美元的损失，潜在破坏不容小觑。

为了降低疫情造成的经济损失，东帝汶政府成立专门机构制定复苏计划。2020年6月18日，经济复苏计划筹备委员会正式成立。8月18日，该委员会如期向东政府提交了《东帝汶经济恢复规划》并宣布解散。该计划包

---

① IMF, "IMF Country Report No. 21/152 Democratic Republic of Timor-Leste," July 14, 2021, https：//www.imf.org/-/media/Files/Publications/CR/2021/English/1TLSEA2021001.ashx.

括短期措施和长期措施。短期措施聚焦四个重点领域：一是家庭基本保障，包括向东帝汶基层家庭发放代金券；二是恢复性补助，帮助企业雇主尽快恢复经济活动，尤其是恢复旅游业；三是捐助性补助，和恢复性补助相似，帮助企业复工复产，但只针对特定企业；四是对非正式劳工发放补助，对象包括非正式劳工及合同工。政府为这些措施初步拨款1.13亿美元。长期措施重点支持农业、教育、清洁水和卫生等领域发展，计划于2021~2023年陆续执行。

不过，这一计划的落实效果还有待观察。首先，计划中的一些措施并不成熟。如作为短期措施核心的"基本食品篮"计划于2020年11月初启动，但出现供应过期食品等问题，被迫于2021年1月初暂停。其次，疫情令东帝汶深刻的经济缺陷进一步暴露。该国产业基础极为薄弱，经济结构单一，小微企业资金和信贷匮乏。最后，东帝汶经济发展过度依赖公共行政和消费支出，忽视人力资本积累和发展。因此，东帝汶的经济复苏计划需要将视野调整得更加长远，把重点放在提高生产力、保障私营企业发展、推动经济多元化上。

实际上，东帝汶政府也着手解决经济的长远发展问题。新内阁成立后，即于2020年6月27~28日举行两天闭门会议，全体阁员深入探讨了发展规划、经济模式、未来挑战等问题，并邀请联合国驻东机构、东帝汶中央银行代表参会。同时，东帝汶政府继续制订关键领域的发展政策。8月，部长理事会批准了《国家水资源管理政策》和《国家给水政策》，为东帝汶到2030年的国家水资源管理构建总体框架、提供行动指南，勾画出向国民提供充足、安全、可持续和可负担供水的远景和目标。

在被东帝汶视为经济命脉的油气领域，该国政府正在努力应对多方挑战。一方面，积极开发新项目以解决油气资源枯竭危机。迄今，东帝汶探明石油储量为1.87亿吨，天然气约7000亿立方米。[①] 根据2020年9月东帝汶

---

① 《东帝汶国家概况》，中华人民共和国外交部网站，2021年8月，https：//www.mfa.gov.cn/web/gjhdq_ 676201/gj_ 676203/yz_ 676205/1206_ 676428/1206x0_ 676430/。

政府向议会提交的报告，按照目前的开采速度，东帝汶油气资源可能在2024年接近枯竭，石油收入下降至零。按照目前的支出水平，作为国家主要收入来源的石油基金将在15年内消耗殆尽。为此，东帝汶政府积极开发新的项目，2020年1月批准将两个海上区块的开发扩大到陆地，相关区域已确定存在具有勘探和开发潜力的地质构造。另一方面，坚持推进油气发展规划，提升本国产能。2020年，由于发展理念不同，东帝汶油气部门高层之间就油气发展战略及大阳升油气项目等问题发生争论。东帝汶政府明确将坚持油气发展战略，特别是将大阳升油气田管道铺向东帝汶比亚索地区，以提高本国产能。

四　社会情况

尽管2020年东帝汶的主要精力和资源都放在抗疫上，但社会发展的其他方面仍然取得了一定成果。在教育方面，国立大学、和平大学和商学院等高校2020届共有2147名大学生如期毕业，涵盖社会科学、工程技术、农业等专业。[①] 商学院首次开设管理学、会计及企业管理等专业硕士学位。在社会公平方面，东帝汶政府引入或出台更多政策保护弱势群体，如加入并执行联合国旨在消除对妇女和女童一切形式暴力行为的"聚光灯倡议"，以及制定为残疾人服务的"2021~2023年工作计划"。在环境保护方面，东帝汶政府通过法令，禁止处置、进口和生产不可回收的塑料产品，并禁止获取、分销、进口和生产某些有害塑料制品。在基建方面，东帝汶政府计划投资1200万美元升级国家电视台（RTTL）设备并建造新的信号塔（2022年前完成），计划于2020~2022年分期为东独立斗争老战士修建117间住房。

东帝汶的社会发展成就得到国际社会的认可。经济合作与发展组织

---

① TATOLI, "2147 University Students Will Graduate from Three Universities in 2020," September 9, 2020, http：//www. tatoli. tl/en/2020/09/09/2147 – university – students – will – graduate – from – three–universities–in–2020/.

（OECD）2020 年 9 月发布的《2020 年脆弱国家报告》显示，由于在冲突减缓、政治体制建设和经济韧性强化等方面的长期持续投入，除"安全"指标外，东帝汶各项脆弱指标均有较大改善，首次退出脆弱国家名单。①

与此同时，东帝汶仍然存在的巨大发展差距在疫情之下更加明显。2020 年上半年，全国范围内的持续降雨给东帝汶带来一系列灾害。严重洪水给帝力市造成巨大危害，多人伤亡，数百人无家可归，环境、饮用水被严重污染，经济损失超过 2000 万美元。潮热引发的蚊媒疾病发病率是 2019 年的 2 倍以上，报告登革热病例 1000 多个，包括 10 个死亡病例。面对灾情，疫情重压下的东帝汶政府显得力不从心，救灾行动和物资都无法及时到位。此外，疫情也令东帝汶的粮食安全和饥饿问题雪上加霜。国家紧急状态期间，东帝汶的粮食储备告急，只能在国际协助下紧急进口大米。在"2020 年全球饥饿指数"的 107 个国家中，东帝汶位列倒数第二，被划为"极度令人震惊"的饥饿国家。② 东帝汶是亚洲儿童营养不良最严重的国家，超过 46%的东帝汶儿童发育迟缓。③

五　外交情况

东帝汶的抗疫行动得到国际社会的广泛支援，联合国等国际伙伴继续为其经济社会发展提供援助。2020 年 3 月，东帝汶政府与联合国开发计划署（UNDP）、韩国国际协力事业团（KOICA）以及印度尼西亚共和国签署了谅解备忘录。其中规定的相关机构合作将改善包考、博博纳罗、帝力和马纳图

---

① Government of Timor-Leste, "Timor-Leste for the First Time outside the OECD Group of Fragile Countries," September 18, 2020, http：//timor-leste. gov. tl/？p＝25662&lang＝en&n＝1.

② "Global Hunger Index 2020," October 2020, https：//www. globalhungerindex. org/pdf/en/2020. pdf.

③ "New Report Finds 46% of Children in Timor-Leste Malnourished," The Independente, October 26, 2020, https：//www. independente. tl/en/national/new-report-finds-46-of-children-in-timor-leste-malnourished-world-food-program.

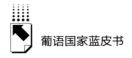

托市偏远地区居民电力供应和清洁用水的条件。5月，东帝汶政府与联合国签署了《2021～2025年可持续发展合作框架》，内容涉及六个方面：营养、粮食安全和农业可持续发展；就业机会和经济可持续发展；儿童成长和技能学习；高质量的福利和保健；高质量的公共服务和治理；自然资源的可持续管理和应对气候变化。6月，联合国世界粮食计划署开始在吉隆坡和帝力间开通人道主义航班，以运送重要的医疗和人道主义物资以及参与支持新冠肺炎疫情防控的工作人员。12月，东帝汶接受全球基金协调机制（CCM）830万美元捐助，用于防治结核病。这笔资金分为两部分，600万美元用于与肺结核有关的项目，其余部分用于管理、监控和研究活动。①

多边主义仍然是东帝汶外交的主要方向，葡语国家共同体（以下简称"葡共体"）和东盟是其最重视的两大平台。按照原定计划，东帝汶本应于2020年7月10～22日主办葡共体第十二届运动会，后来该国政府考虑到疫情而推迟举办。2020年6月，东帝汶前外长扎卡里亚斯·达科斯塔被提名为葡共体执行秘书，该提名在2021年7月举行的葡共体第十三届国家元首和政府首脑会议上得到批准。

2020年是东帝汶加入东盟程序执行的重要年份。由于疫情，东盟在经济、社会文化两个方面对东帝汶的考察从派遣代表团实地访问改为先通过视频会议方式进行技术成熟度评估。9月8～10日，东帝汶政府与东盟社会文化共同体（ASCC）高级官员举行了线上对接会议，社会团结与包容部，高等教育、科学和文化部以及卫生部等多部门与会，交流内容涉及人权、环境、教育、体育、卫生等领域。12月7～9日，东帝汶旅游贸工部、外交部等部门的代表参与了加入东盟线上会议，向东盟高级官员汇报本国加入东盟经济共同体（AEC）的筹备进展。这些会议是东帝汶加入东盟的重要一步，为后续东盟实况考察团赴东帝汶奠定了良好的沟通基础。

---

① TATOLI, "CCM Supports ＄8.3 Million to Ministry of Health to Combat Tuberculosis Disease," December 12, 2020, http：//www.tatoli.tl/en/2020/12/12/ccm－support－8－3－million－to－ministry－of－health－to－combat－tuberculosis－disease/.

六　中国与东帝汶关系

受疫情影响，中国与东帝汶的高层往来转为线上方式进行。2020 年 9月 21 日，东帝汶外长阿达尔吉萨·雷斯·马尼奥（Adaljiza Reis Magno）与中国国务委员兼外长王毅通电话。阿达尔吉萨就中国国庆向王毅表示祝贺，双方探讨了双边、地区和多边等多层次的合作。在双边领域，两国外长重申继续扩大重点领域合作，深化中东交流。王毅对东帝汶有效控制新冠肺炎疫情表示祝贺，阿达尔吉萨感谢中方对东帝汶防疫提供的帮助和支持。在地区合作上，王毅表示中方支持东方加入东盟。阿达尔吉萨表示东方愿与中方密切"一带一路"框架下合作，推动东帝汶和本地区基础设施发展。在多边合作上，王毅强调多边主义对全人类的重要意义和国际合作在抗疫中的重要作用。阿达尔吉萨重申东方坚定支持多边主义原则立场，并将其视为东方发声的有效途径。11 月 5 日，第三届中国国际进口博览会开幕式在上海举行，东帝汶贸易与工业部副部长多明戈斯（Dominguez）应邀线上出席。

成功的抗疫合作是 2020 年双边关系中最大的亮点。中国创造了支援东帝汶抗疫的多个"第一"：中国是第一个迅速响应东帝汶政府请求的国家；中国是第一个向东帝汶提供抗疫援助的国家；中国是第一个派包机向东帝汶援助防疫物资的国家。中国政府分多批次，为东帝汶抗疫捐赠了口罩、护目镜、红外体温检测仪和便携式呼吸机等大量物资。此外，阿里巴巴公益基金会等中国民间公益组织也向东帝汶捐赠大宗防疫物资。中国澳门特别行政区红十字会向东帝汶红十字会捐赠了 2 万只口罩，助力东帝汶抗击新冠肺炎疫情。东帝汶的华人华侨在自身面临疫情重压的情况下，组织捐款捐物，与东帝汶人民共抗疫情、共渡难关。中国援助东帝汶医疗队冒着疫情风险，为阿伊纳罗区萨姆市马努法伊社区居民义诊，100 多名婴儿和社区居民接受免费诊疗服务。9 月 28 日，东帝汶总统卢奥洛在第 75 届联大一般性辩论视频会议上感谢中国等伙伴给予的抗疫援助。

疫情并未阻碍中国与东帝汶的合作步伐。在经济合作方面，2020 年，

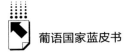
中国同东帝汶的外贸进出口总额为 1.9 亿美元，同比增长 13.97%，对东帝汶承包工程完成营业额为 2.34 亿美元，同比下降 10%。[①] 在东帝汶运营的中国企业努力克服疫情困难，尽快实现复工复产。中铁国际集团承建的东帝汶包考—维可可公路项目、山东外经承建的东帝汶商业银行大楼项目等在疫情稳定后迅速复工。中核二二公司运营的东帝汶国家电网、马拉图托自来水厂等项目，未受疫情影响而停工一天，切实保障了东帝汶民生用电用水的需求和稳定。中国港湾承建的蒂坝港集装箱项目是中东两国共建"一带一路"的重点项目，疫情期间保持了较高的开工率，有效保证了项目建设进度。此外，为了帮助东帝汶实现进出口贸易便利化，中国政府支持其建成原产地证书在线签发系统，9 月 24 日举行启动仪式。在人文交流方面，中国出资对东帝汶高等教育提供各种支持，例如提供 3.8 万美元帮助东帝汶商学院开设孔子课堂教授中文，并向 60 名东国立大学（UNTL）学生颁发奖学金。

---

① 相关数据来自中国国家统计局年度数据，https：//data. stats. gov. cn/easyquery. htm？ cn = C01，最后访问日期：2022 年 3 月 18 日。

附　　录

Appendix

B.15
2021年葡语国家大事记

成　红[*]

1月

1月1日　葡萄牙接替德国开始担任为期半年的欧盟轮值主席国。

1月11日　据圣多美和普林西比国家通讯社、国家电视台报道，当日，圣多美和普林西比议会全会以30票赞成、22票反对和1票弃权通过2021年国家预算案。

1月12日　据《人民日报》报道，巴西经济部日前发布的数据显示，2020年巴西对华出口逆势增长，达到创纪录的676.9亿美元，占巴西全年出口总额的32.3%。全年双边贸易额达1017.28亿美元。中国继续保持巴西第一大出口目的地国和进口来源国地位，并成为巴西首个年度贸易额突破1000亿美元的贸易伙伴。

---

[*]　成红，中国社会科学院西亚非洲研究所科研处处长、研究馆员。

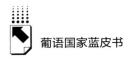

据佛得角国家通讯社报道，佛得角外长兼国防部部长塔瓦雷斯宣布辞去政府职务。

1月13日　葡萄牙议会通过法案，自15日起将国家紧急状态再次延长15天。政府部长理事会当日决定，自15日零时起，葡萄牙全国再次进入全面封禁状态。

1月14日　佛得角总理席尔瓦提名佛得角区域一体化部长苏亚雷斯兼任外交与侨民事务部部长兼国防部长。

1月17日　巴西国家卫生监督局宣布，给予中国北京科兴中维生物技术有限公司研发的新冠肺炎疫苗克尔来福紧急使用许可。

1月18日　委内瑞拉向巴西提供紧急抗疫物资。

巴西卫生部宣布，该国当天正式在全国启动新冠肺炎疫苗接种。

1月24日　葡萄牙举行总统选举。葡萄牙内政部选举委员会当晚公布的总统选举结果显示，在对99.91%的选票进行统计后，葡萄牙现任总统马塞洛·雷贝洛·德索萨获得60.7%的选票，赢得第二个总统任期。

1月27日　中国国家主席习近平致电德索萨总统，祝贺他连任葡萄牙共和国总统。

1月28日　安哥拉外交部和农业渔业部联合举办中安农渔业投资合作线上论坛。中安两国政府部门、金融机构、行业商协会和中资企业代表近300人参加。

2月

2月18日　据佛得角国家通讯社报道，佛得角政府通过全国新冠肺炎疫苗引进和接种计划，预计在2023年实现全国60%的人口接种新冠肺炎疫苗的目标。

2月24日　中国政府援赠莫桑比克的新冠肺炎疫苗抵达莫首都马普托。中国驻莫桑比克大使王贺军与莫桑比克总理多罗萨里奥赴马普托国际机场迎接疫苗并举行交接仪式。

2月28日 印度空间研究组织用 PSLV 型极地卫星运载火箭，成功发射一颗巴西地球观测卫星。

3月

3月8日 莫桑比克政府在首都马普托举行新冠肺炎疫苗接种启动仪式，莫桑比克卫生部部长蒂亚戈在仪式上率先接种了中国援助的国药集团新冠肺炎疫苗，成为莫桑比克首位中国疫苗接种者。

3月15日 据圣多美和普林西比国家通讯社、国家电视台报道，圣多美和普林西比新冠肺炎疫苗接种工作正式启动。

3月19日 由欧盟委员会与欧盟轮值主席国葡萄牙共同举办的首届欧盟反种族主义峰会以视频形式举行。葡萄牙国务部部长兼部长理事会主席玛丽安娜·席尔瓦在发言中承诺，葡萄牙在 2021 年上半年担任欧盟轮值主席国期间将继续严格执行欧盟的反种族主义时间表，推动各项措施落实。

葡萄牙总理科斯塔宣布，"欧洲创业国家联盟"创业平台正式启动，并将永久落户该国首都里斯本。由欧盟和欧盟轮值主席国葡萄牙共同主办的第四届"欧洲数字日"活动当天在里斯本举行。

3月25日 据《人民日报》报道，葡萄牙政府日前宣布，开始逐步解除与新冠肺炎疫情防控相关的封禁措施，分阶段开放商业经营场所和经济活动，逐步重启经济。

中国政府援助安哥拉的新冠肺炎疫苗运抵安哥拉首都罗安达。中国驻安哥拉大使龚韬，安哥拉卫生部部长卢图库塔、外交合作国务秘书洛佩斯等共同赴机场迎接并出席交接仪式。

3月26日 中国全国人大常委会委员长栗战书在京以视频方式同巴西众议长利拉举行会谈。

3月29日 巴西总统博索纳罗宣布更换 6 名部长级官员，这是博索纳罗 2019 年执政以来规模最大的内阁改组。

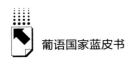

4月

4月3日　在中国驻安哥拉大使馆协调推动下，安卫生主管部门即日起开始在罗安达一家医院为有需要的中国公民集中接种新冠肺炎疫苗，标志着"春苗行动"正式在安启动。

4月3~4日　受热带气旋"塞洛亚"（Seroja）影响，东帝汶部分地区连降暴雨，造成严重洪灾。

4月6日　葡萄牙政府网站发布公告表示，葡萄牙部长理事会当日批准通过《2020~2024年国家反腐败战略》（ENAC），该战略的优先事项包括：①在透明度和廉正性方面提高知识、加强培训、改进做法；②预防和发现公共行为中的腐败风险；③致力于私营部门预防、侦查和打击腐败；④加强公共机构和私人机构之间的衔接联系；⑤确保在打击腐败领域更有效、统一地运用法律机制，缩短司法系统的响应时间，并确保处罚的充分性和有效性。

4月7日　据圣多美和普林西比国家通讯社、国家电视台报道，当日，葡语国家共同体（CPLP）可持续家庭农业技能中心在圣多美和普林西比农牧业技术中心成立。

莫桑比克总统纽西在莫桑比克妇女节的活动中发表全国演说，并就莫桑比克北部存在的恐怖主义活动进行了表态。纽西表示，根据国防部提供的信息，目前莫桑比克政府已经夺回了帕尔马的控制权，但这并不代表莫桑比克的胜利，因为莫桑比克的最终目标是要打击恐怖主义。他坚信只要各方团结一致，莫桑比克将取得最终的胜利。

4月9日　葡萄牙最高法院宣布，葡萄牙前总理若泽·苏格拉底将因涉嫌洗钱和伪造文件等6项罪名受审，开庭日期待定。一旦开庭，苏格拉底将成为葡萄牙历史上第一位受审的总理。

4月10日　中国国务委员兼外长王毅同巴西新任外长弗兰萨就两国关系和合作抗疫通电话。

4月14日　据巴西《经济价值报》报道，4月1日巴西总统博索纳罗签署修改后的《公共招标法》（第 14133 号法）。

4 月 15 日 巴西联邦最高法院举行全会，就 3 月 8 日联邦大法官法欣宣布取消对前总统卢拉涉嫌贪腐判决的决定进行表决，最终以 8 票同意、3 票反对，维持法欣大法官的决定。

4 月 27 日 联合国维和人员安全小组在纽约联合国总部成立，中国、巴西、印度尼西亚和卢旺达担任共同主席。

非洲葡语国家（PALOP）举行首脑视频会议，批准佛得角作为非洲葡语国家论坛 2021~2023 年主席国。

葡萄牙总统德索萨宣布，随着新冠病毒感染人数大幅下降，葡萄牙将于本月 29 日结束国家"紧急状态"。此后，国家将进入防范措施相对宽松的"灾害状态"。

4 月 29 日 据圣多美和普林西比国家通讯社、国家电视台报道，当日，圣多美和普林西比阿瓜格朗德大区正式启动可持续发展整体提升项目。该项目耗资 220 万欧元，由欧盟出资，有效期至 2023 年 8 月。

南非、津巴布韦、博茨瓦纳和莫桑比克外长举行区域会谈，评估当地安全局势并确定如何帮助莫桑比克应对恐怖袭击。

4 月 30 日 佛得角国家选举委员会公布佛得角 2021 年议会选举最终结果，确认民运党成为议会绝对多数党。

5月

5 月 3 日 据《人民日报》报道，4 月上旬，50 年一遇的暴雨袭击东帝汶全国大部分地区，造成山体滑坡、道路损毁、城市街道淹没、房屋倒塌。自 4 月 8 日起，东帝汶宣布国家进入"灾难状态"。

5 月 4 日 据圣多美和普林西比国家通讯社、国家电视台报道，当日，圣多美和普林西比总统卡瓦略赴赤道几内亚出席葡语国家共同体贸易峰会。

东帝汶总统卢奥洛颁布经修订后的 2021 年国家预算修正案。预算修正案额度达 3.177 亿美元，包括一揽子抗疫、救灾经济社会措施，主要用于支持就

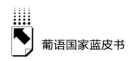

业、信贷延期、学生帮扶、维护粮食安全、支持一线专业人员、抗疫预防等。

5月6日 中国驻莫桑比克大使王贺军与莫桑比克外交与合作部部长韦罗尼卡·马卡莫共同出席中国政府向莫北部受恐怖袭击难民提供人道主义援助项目交接仪式并致辞。此次援助包括现汇无偿援助，大米、面粉等食品和呼吸机、制氧机等抗疫物资。

5月8日 据安哥拉通讯社报道，鉴于近期安哥拉第二波新冠肺炎疫情形势愈发严峻，安哥拉政府再次调整了该国在国家公共灾难状态下的抗疫措施。安哥拉国务部长兼民办主任德阿尔梅达于当天宣布了新调整的抗疫措施，执行时间为5月10日至6月8日。

5月11日 据《人民日报》报道，为期两天的欧盟社会峰会日前在葡萄牙北部城市波尔图举行，会议围绕"实现就业、职业培训和消减贫困"三大议题展开讨论。峰会达成并发表《波尔图宣言》，呼吁落实欧盟在今年3月初提出的未来10年三大计划目标，即到2030年保障至少78%的欧洲人口实现就业、确保每年至少60%的成年劳动者参加培训、减少1500万贫困人口等。

5月19日 佛得角国民议会举行第十届议会组成会议，民运党圣地亚哥岛北部选区国民议员奥斯特林诺·科雷亚成功当选佛得角新任国民议会议长。

5月20日 佛得角新政府举行就职仪式。

葡萄牙政府官网发布消息，当日葡萄牙部长会议批准《重启旅游计划》。该计划包括支持企业、保障安全、创造旅游业务和经济新增长点、构建未来四大支柱，旨在以高标准落实葡萄牙可持续性发展、增强领土和社会凝聚力等国家战略，积极寻求结构性对策纾解新冠肺炎疫情对葡经济和旅游业造成的冲击，并将葡建设为优异的国际旅行目的地。

5月25日 中国全国人大常委会副委员长蔡达峰在京与莫桑比克议会副议长因若若举行视频会晤。双方就推动两国关系发展、加强抗疫合作、密切立法机构交往等共同关心的问题深入交换意见。

5月27日 据葡萄牙《现金报》报道，葡萄牙铁路运营商梅德韦（Medway）当日宣布，将与中国铁路总公司合作，通过开通货运铁路，便利中葡进出口贸易。双方合作推出的此项新业务运输时间为 28 天，从中国义乌出发，途经两大洲九个国家，连接到葡萄牙 Valongo、Entroncamento 和 Bobadela 三地。

5 月 28 日 世界银行批准向圣多美和普林西比银行体系现代化项目资助 700 万美元。该项目旨在支持圣多美和普林西比政府改善银行体系、融资渠道及国家数据统计系统，增加数字支付使用，促进国家金融包容性。

据圣多美和普林西比国家通讯社、国家电视台报道，当日，"圣多美和普林西比生物多样性保护及环境治理"项目举行启动仪式。该项目由联合国开发计划署资助，为期 5 年半，耗资 420 万美元，旨在保护圣多美和普林西比自然资源及生物多样性、科学利用土地、打击非法采伐等。

6月

6 月 1 日 巴西、俄罗斯、印度、中国和南非外长以视频方式举行会晤并发表《金砖国家关于加强和改革多边体系的联合声明》。

6 月 2 日 据《巴西利亚邮件》报道，当日巴西总统博索纳罗通过社交网络宣布，已签署实施常态化扶持小微企业计划的相关法案。根据该法案规定，在 2020 年 370 亿雷亚尔的基础上，政府将向借贷担保基金再注资 50 亿雷亚尔，有关企业贷款比例最高为营收的 30%，利率为基准利率+6%。

6 月 5 日 中国政府向东帝汶政府捐赠 10 万剂科兴新冠肺炎疫苗，驻东大使肖建国出席在帝力国际机场举办的移交仪式，东帝汶副总理阿曼达、外交合作部长阿达尔吉萨、卫生部部长贝洛，联合国世界粮食计划署、儿基会和世卫组织驻东帝汶代表等出席交接仪式。

6 月 11 日 中国政府援助佛得角政府的首批新冠疫肺炎苗运抵佛得角首都普拉亚。

6 月 14 日 为海外中国公民接种新冠肺炎疫苗的"春苗行动"在东帝汶正式启动。

6 月 16 日 欧盟委员会主席冯德莱恩在里斯本宣布，葡萄牙经济复苏与韧性计划获得欧盟批准。葡萄牙此次获批的经济复苏与韧性计划涉及资金

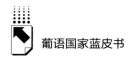

总额 166 亿欧元，其中 139 亿欧元为欧盟提供的拨款，第一批资金计划在今年 7 月拨付。

6 月 18 日　中国国家主席习近平就古特雷斯连任下届联合国秘书长向古特雷斯和葡萄牙总统德索萨分别致贺电。

6 月 21 日　圣多美和普林西比基础设施和自然资源部部长达布雷乌宣布，圣多美和普林西比将于年内在其专属经济区 6 号石油区块进行首次钻探作业。

6 月 22 日　中国驻巴西使馆同瓦加斯基金会巴中关系研究中心、《今日中国》杂志社联合举办"巴西学者眼中的《习近平谈治国理政》"特刊在线首发仪式。

6 月 25 日　莫桑比克中央数字电视中心揭幕仪式在马普托市举行，莫总统纽西为中心揭幕剪彩，中国驻莫桑比克大使王贺军出席仪式并致辞。莫交通和通信部部长，马普托市国务秘书、市长，四达时代集团总裁及当地党政各界人士等百余人出席仪式，莫电视台进行现场直播。

6 月 29 日　据巴西《经济价值报》报道，巴西总统博索纳罗与农业、畜牧业和供应部（MAPA）部长克里斯蒂娜共同签署促进巴西渔业可持续发展法令。根据该法令，将建立渔业可持续发展机制——巴西渔业网络，并成立 10 个专门委员会为农业部决策提供咨询。

7月

7 月 1 日　据圣多美和普林西比国家通讯社、国家电视台报道，圣多美和普林西比部长会议决定，为平衡疫情防控和经济复苏，在全国范围内延长国家公共卫生灾难状态至 7 月 31 日。

7 月 6 日　据《人民日报》报道，巴西经济部近日公布的数据显示，今年 5 月，巴西外贸实现顺差 92.91 亿美元，比去年同期增长 29.4%。其中，巴西对华出口逆势增长，中国继续成为巴西出口第一大目的地国。

7 月 7 日　佛得角与卢森堡签署两项价值 1500 万欧元的预算援助协议，用于支持佛得角就业与卫生领域。协议实施期为 2021～2025 年。

7月8日　据《人民日报》报道，巴西总统博索纳罗近日签署法令，决定继续动用军方力量，会同公共安全机构和环境机构在亚马孙雨林地区开展巡逻检查，打击林木盗伐行为。

7月9日　据葡萄牙《经济日报》报道，葡萄牙议会批准了政府提出的《证券法》修正案。

7月10日　据圣多美和普林西比国家通讯社、国家电视台报道，当日，葡萄牙援圣多美和普林西比第一批1.2万剂新冠肺炎疫苗运抵。

7月13日　据巴西《经济价值报》报道，巴西总统博索纳罗签署《国家电力公司私有化法案》。

7月20日　据《人民日报》报道，巴西圣保罗州政府近日宣布，将新建一座生物质能发电厂，预计于2023年投入使用。

7月22日　中国国务委员兼外长王毅在成都同葡萄牙国务部长兼外长席尔瓦以视频方式举行中葡首轮外长级战略对话。

7月23日　中国驻佛得角大使杜小丛与佛得角总理席尔瓦共同主持佛得角大学交接仪式。

7月29日　葡萄牙总理科斯塔宣布，自8月1日开始，分三步取消该国应对新冠肺炎疫情的禁令和各项封禁措施。

7月30日　中共中央对外联络部部长宋涛同巴西劳工党领袖、前总统卢拉举行视频通话，就增进党际交往与合作、维护多边主义、共同应对新冠肺炎疫情并反对溯源政治化等交换意见。

佛得角总理席尔瓦宣布从当日起解除国家灾难状态并进入应急状态，出入人群聚集性的公共场所须出示新冠病毒检测阴性证明或疫苗接种证明。

8月

8月4日　巴西央行宣布加息100个基点，将该国基准利率从目前的4.25%上调至5.25%。这是今年以来巴西央行连续第四次加息，也是自2003年2月以来的最大幅度加息。

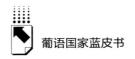

8 月 5 日　据圣多美和普林西比国家通讯社、国家电视台报道，当日，圣多美和普林西比财政部技术团队向圣多美和普林西比部长会议提交疫情纾困和经济复苏计划，该计划为期两年，总额约 8400 万美元，涵盖卫生、教育、就业等多个领域，预计于年内开始实施。

8 月 6 日　中国政府援助莫桑比克的第二批新冠肺炎疫苗顺利抵莫。中国驻莫大使王贺军与莫卫生部部长阿明多·蒂亚戈签署交接证书，并与莫卫生部副部长莉迪亚·卡多佐共同主持交接仪式。

8 月 13 日　巴西圣保罗市议会举行"中国移民日"线上庆祝活动，以迎接 8 月 15 日"中国移民日"的到来。中国驻圣保罗总领事陈佩洁、华侨华人代表和巴西各界友好人士 50 余人出席了活动。

8 月 17 日　据《人民日报》报道，巴西国家电力调度中心近日发布的数据显示，7 月巴西可再生能源发电量屡创新高。7 月 22 日，风力发电产能首次可满足东北部地区全天的能源需求。

8 月 18 日　据《人民日报》报道，巴西中央银行近日发布最新预测显示，巴西经济第二季度环比增长 0.12%，延续第一季度复苏态势。今年第一季度，巴西国内生产总值（GDP）实现环比增长 1.2%，恢复至 2019 年第四季度水平，社会经济活动恢复明显。巴西经济部 7 月中旬发布的报告预计，今明两年巴西经济增速分别为 5.3% 和 2.51%，高于 5 月预测的数据。

8 月 19 日　中国驻圣多美和普林西比大使徐迎真与圣普总理热苏斯共同出席中国援圣普社会住房项目交接仪式。

8 月 23 日　据《人民日报》报道，巴西国家地理统计局近日发布的数据显示，6 月巴西服务业环比增长 1.7%，连续 3 个月保持 1% 以上增长，较疫情前提高了 2.4%，达到 2016 年 5 月以来的最高水平，其中信息和通信服务达到 10 年来最高点。

8 月 27 日　中国国家主席习近平同葡萄牙总统德索萨通电话。

24 名阿富汗难民乘机抵达葡萄牙首都里斯本军用机场。葡萄牙此次共帮助撤出 58 名阿富汗人，其中包括为葡萄牙军队服务的翻译人员，第二批难民将于 28 日抵达里斯本。

8月30日　由中国驻里约热内卢总领事馆主办的 2021 年中国巴西部分省州市云上国际服务贸易交易会开幕。

9月

9月1日　据巴西《环球报》报道，当日巴西众议院审议通过所得税改革法案，主要内容包括：个人所得税起征点由每月 1903.98 雷亚尔提至 2500 雷亚尔，免缴个税人数由 1070 万人增至 1630 万人；企业所得税由 25% 降至 18%，社会贡献费下降 1 个百分点；增设股息红利税 15%，采用简易计税法公司享受免税待遇。

9月9日　金砖国家领导人第十三次会晤以视频方式举行。此次会晤主题是"金砖 15 周年：开展金砖合作，促进延续、巩固与共识"。中国国家主席习近平在北京出席会晤并发表重要讲话。南非总统拉马福萨、巴西总统博索纳罗、俄罗斯总统普京出席，印度总理莫迪主持会晤。会后发表《金砖国家领导人第十三次会晤新德里宣言》。

9月12日　中国国家主席习近平就葡萄牙前总统桑帕约逝世向葡萄牙总统德索萨致唁电。

9月12~19日　中国驻巴西大使馆与巴西主要高校联合举办"线上中国周"。

9月16日　由中国驻里约热内卢总领事馆主办的中国巴西部分省州市云上国际服务贸易交易会闭幕式暨文化贸易论坛举行，中巴官员、学者和文化产业代表就双边合作和产业前景进行了在线对话。

10月

10月4日　安哥拉政府在中国直接采购的首批 300 万剂国药疫苗顺利运抵罗安达。

10月8日　据巴西《经济价值报》报道，巴西外长弗兰萨与来访的阿

根廷外长卡菲耶罗共同宣布，两国已就南共市共同对外关税（TEC）降低10%达成协议。

10月13日 佛得角政府与非洲开发银行（BAD）签署一项2000万欧元的贷款协议，以实现佛得角公共行政现代化。

据圣多美和普林西比国家通讯社、国家电视台报道，圣多美和普林西比总统诺瓦颁布总统令宣布，应总理热苏斯提请，任命达格拉萨为圣多美和普林西比计划、财政和海洋经济部长。

10月14日 圣多美和普林西比政府召开部长会议，会议决定再次延长国家"公共卫生灾难状态"至10月31日，相关防疫措施持续有效。

10月17日 佛得角举行第七届总统选举投票。根据对96.4%投票点的选票进行的统计，前总理、前独立党主席内韦斯获得有效选票的51.5%，超过半数，当选下任总统。

10月21日 中国国务委员兼外长王毅与巴西外长弗兰萨视频会晤。

中国向莫桑比克提供人道主义援助物资交接仪式在莫桑比克首都马普托举行。此次援助物资包括大米、面粉、食用油等，用于帮助该国北部受恐怖袭击影响的难民。

10月25日 据巴西《PODER 360》报道，当日巴西总统博索纳罗在总统府举行仪式，正式推出"国家绿色增长计划"，并成立"气候变化和绿色增长跨部委委员会"，负责推动和监督上述计划落实，将每60天召开一次协调会议。该计划拟利用总规模约4000亿雷亚尔的国内外公共和私人资本推动实现降低巴碳排放、开展森林保护及合理利用自然资源三大目标，以创造绿色就业、促进绿色增长。

10月28日 据葡萄牙《经济日报》报道，在葡萄牙和西班牙第32次峰会上，葡萄牙和西班牙签署一份备忘录，共同开发在汽车、能源、空间技术和数字基础设施四大关键战略领域的合作。

中国政府通过世界粮食计划署（WFP）向东帝汶营养不良孕妇和哺乳期妇女提供紧急营养食物援助项目启动仪式在东帝汶卫生部举行。

11月

11月1日 第六届圣保罗中国电影展以线上形式举行开幕式。

11月1~4日 网络峰会在葡萄牙首都里斯本举行。

11月2日 2021金砖国家治国理政研讨会在北京开幕。来自中国、俄罗斯、印度、巴西、南非五个金砖国家的150余名代表以线上线下相结合的方式深入交流治国理政经验。

11月10日 中国政府与联合国开发计划署合作实施的莫桑比克"伊代"飓风灾后重建项目交接仪式在莫首都马普托市和索法拉省同时以线上线下形式举行。

葡萄牙国家统计局（INE）发布的数据显示，2021年1~9月，中葡双边货物贸易额为31.85亿欧元，同比增长19.13%。其中，中国向葡萄牙出口26.56亿欧元，同比增长16.40%；中国从葡萄牙进口5.28亿欧元，同比增长35.04%。

11月12日 据葡萄牙政府网站报道，2021年版经济与社会数字化指数（IDES）显示，葡萄牙在欧盟27个成员国中排第16位，较2020年上升了3个位次，反映了国家经济和社会数字化发展的努力。

11月17~20日 第四届佛得角国际博览会在首都普拉亚举办，此届博览会的主题是"佛得角与危机时期的机遇"。

11月23日 葡萄牙央行网站发布数据显示，2021年前三个季度，中国对葡萄牙直接投资额为4683万欧元，同比增长82.36%，直接投资存量达到28.39亿欧元，同比增长8.27%。

11月24日 葡萄牙央行数据显示，2021年1~9月，中葡双边服务贸易进出口总额为4.35亿欧元，同比增长0.93%。其中，中国向葡萄牙出口3.54亿欧元，同比增长12.03%；中国从葡萄牙进口0.81亿欧元，同比下降29.57%。

11月25日 中国驻圣多美和普林西比大使徐迎真同圣多美和普林西比

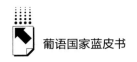

总理、国防部代部长热苏斯共同出席中国援圣普军事物资交接仪式并签署物资交接证书。

11 月 28 日 中国国务委员兼外长王毅在达喀尔会见出席中非合作论坛第八届部长级会议的莫桑比克外长马卡莫。

11 月 29 日 中国驻莫桑比克大使王贺军与莫桑比克总统纽西共同出席中国援莫赛赛机场项目移交暨启用仪式并致辞，并与莫交通和通信部部长阿布杜莱签署交接证书。

中国国务委员兼外长王毅出席中非合作论坛第八届部长级会议期间在达喀尔会见安哥拉外长安东尼奥。

11 月 30 日 巴西总统博索纳罗在巴西利亚参加了自由党为其举办的欢迎仪式，正式加入这一中间党派，并将作为该党总统候选人参加 2022 年大选。

中国国务委员兼外长王毅出席中非合作论坛第八届部长级会议期间在达喀尔会见几内亚比绍外长巴尔博萨、圣多美和普林西比外长腾朱瓦。

12月

12 月 1 日 据《人民日报》报道，巴西环境部近日颁布了设立国家野生动物救援项目的法令，以减少因极端天气事件或人为环境破坏带来的生物多样性丧失，加强保护濒危野生动物及其栖息地。

12 月 6 日 世界银行批准一项 3000 万美元的贷款，以支持佛得角在疫情后复苏政策的推行。

12 月 7 日 中国全国人大常委会副委员长吉炳轩在京与佛得角国民议会副议长阿尔明多举行视频会晤。双方就推动两国关系发展、密切立法机构交往等共同关心的问题深入交换意见。

12 月 8 日 巴西央行货币政策委员会宣布，将基准利率上调 1.5 个百分点至 9.25%。在今年连续七次加息后，目前巴西基准利率已达 4 年多来的最高水平。

12月9日　中国驻圣多美和普林西比徐迎真大使与圣普外长腾朱瓦分别代表两国政府签署《中华人民共和国政府与圣多美和普林西比民主共和国政府关于共同推进丝绸之路经济带和21世纪海上丝绸之路建设的谅解备忘录》。

12月10日　据葡萄牙《商报》报道，葡萄牙国家统计局公布的数据显示，2021年1~10月，葡萄牙货物出口同比增长17.9%，较2019年同期增长4.3%；货物进口同比增长18.1%，较2019年同期下降0.8%。10月，货物进出口同比分别增长3%和17.5%，贸易逆差达19.85亿欧元，同比增加9.71亿欧元，较2019年同期增加2.86亿欧元。

12月12日　巴西总统博索纳罗乘直升机视察各地灾情。巴西东北部巴伊亚（Bahia）州南部至少51个城市连日遭到暴雨袭击，数十万人流离失所。

12月13日　中国驻莫桑比克大使王贺军与莫卫生部部长蒂亚戈共同出席中国政府援助莫政府新一批100万剂疫苗交接仪式，并签署交接证书。

据葡萄牙《快报》报道，葡萄牙总统德索萨当日颁布《气候基本法》。该法规定，葡萄牙议会将批准以5年为基础，30年内减少温室气体排放的国家目标，即相对于2005年的排放值，到2030年葡温室气体排放至少减少55%，到2040年减少65%~75%，到2050年至少减少90%。

12月20日　据佛得角国家通讯社报道，西班牙将通过佛得角预算支持小组（GAO）在2022~2024年为佛得角提供60万欧元预算援助，以支持该国发展蓝色经济。

12月21日　葡萄牙政府应佛得角、莫桑比克与圣多美和普林西比三国政府申请，同意延长上述三国2021年还款宽限期。

12月30日　据巴西《经济价值报》报道，当日巴西总统博索纳罗批准启动鼓励非常规油气开发计划。

B.16
2017~2021年葡语国家主要经济指标

安春英[*]

2017~2021年安哥拉主要经济指标

	2017 年	2018 年	2019 年	2020 年	2021 年
人口（百万）	29.8	30.8	31.8	32.9	33.9
名义 GDP 总量（百万美元）	122124	101353	89417	62307	75594
GDP 实际增长率（%）	-0.1	-2.0	-0.6	-4.0	-1.5
人均 GDP（美元）	7311	7100	6953	6538	6447
通货膨胀率（%）	23.7	18.6	16.9	25.1	23.0
出口额（百万美元）	34613	40758	34726	20937	29983
进口额（百万美元）	14163	15798	14127	9543	11867
经常项目平衡（百万美元）	-633	7403	5137	872	3063
外债总额（百万美元）	59176	63218	64780	63207	70292
国际储备（百万美元）	18228	16170	17238	14905	17948
汇率（1 美元兑换宽扎）	165.92	308.61	482.23	656.23	547.18

注：人均 GDP 数值按购买力平价计算；2017~2020 年为实际值，2021 年各项指标均为估计值。

资料来源：EIU, *Country Report：Angola*, January 2022。

2017~2021年巴西主要经济指标

	2017 年	2018 年	2019 年	2020 年	2021 年
人口（百万）	206.8	208.5	210.1	211.8	213.3
名义 GDP 总量（亿美元）	20627	19162	18725	14478	15882
GDP 实际增长率（%）	1.6	1.7	1.2	-4.2	4.8
人均 GDP（美元）	14594	15088	15413	14920	16019
通货膨胀率（%）	-0.7	6.9	7.1	17.8	38.0

* 安春英，中国社会科学院西亚非洲研究所编审，研究方向为非洲经济、非洲减贫与可持续发展问题。

续表

	2017 年	2018 年	2019 年	2020 年	2021 年
出口额（百万美元）	218001	239520	225800	210707	299038
进口额（百万美元）	160675	196147	199253	178337	240764
经常项目平衡（百万美元）	−22033	−51457	−65030	−24492	1190
外债总额（百万美元）	543000	557743	569646	549234	567964
国际储备（百万美元）	373972	374715	356884	355620	362204
汇率（1 美元兑换雷亚尔）	3.31	3.87	4.03	5.20	5.58

注：人均 GDP 数值按购买力平价计算；2017～2020 年为实际值，2021 年各项指标均为估计值。

资料来源：EIU, *Country Report：Brazil*, February 2022。

2017~2021 年佛得角主要经济指标

	2017 年	2018 年	2019 年	2020 年	2021 年
人口（万人）	53.7	54.4	55.0	55.6	56.2
GDP 总量（百万美元）	1772.7	1986.4	1981.8	1703.7	1795.0
GDP 实际增长率（%）	3.7	4.5	5.7	−14.8	4.5
人均 GDP（美元）	6643.2	7029.0	7475.1	6376.6	—
通货膨胀率（%）	0.8	1.3	1.1	0.6	1.5
出口额（百万美元）	189.6	273.6	265.7	123.9	177.2
进口额（百万美元）	849.4	959.6	931.2	789.1	872.5
经常项目平衡（百万美元）	−139.6	−100.9	2.1	−286.1	−328.6
外债总额（百万美元）	1790.0	1767.5	1821.2	2069.8	—
外汇储备（百万美元）	617.4	606.4	738.0	674.6	667.2
汇率（1 美元兑换埃斯库多）	97.81	93.41	98.50	96.80	93.26

注：人均 GDP 数值按购买力平价计算；2017～2020 年为实际值，2021 年各项指标均为估计值。

资料来源：EIU, *Country Report：Cape Verde*, 1ˢᵗ Quarter 2022；世界银行网上统计数据库，http：//data. worldbank. org/country/cape-verde。

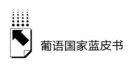
2017～2021 年几内亚比绍主要经济指标

	2017 年	2018 年	2019 年	2020 年	2021 年
人口（百万人）	1.8	1.9	1.9	2.0	2.0
名义 GDP 总量（百万美元）	1347.0	1503.9	1439.5	1431.8	1601.0
GDP 实际增长率（%）	5.9	1.3	4.5	-2.4	2.5
人均 GDP（美元）	1925.2	1947.6	2021.3	1948.8	—
通货膨胀率（%）	1.0	0.4	0.2	1.5	3.2
出口额（百万美元）	340.2	339.5	248.8	199.8	227.0
进口额（百万美元）	291.4	293.3	335.2	312.7	342.7
经常项目平衡（百万美元）	3.9	-54.1	-127.4	-118.7	-127.6
外债总额（百万美元）	425.0	520.7	611.2	805.9	—
外汇储备（百万美元）	457.7	472.6	497.2	485.7	655.6
汇率（1 美元兑换西非法郎）	582.03	555.70	582.96	575.59	554.11

注：人均 GDP 数值按购买力平价计算；2017～2020 年为实际值，2021 年各项指标均为估计值。

资料来源：EIU，*Country Report：Guinea Bissau*，1st Quarter 2022；世界银行网上统计数据库，http://data.worldbank.org/country/guinea-bissau。

2017～2021 年莫桑比克主要经济指标

	2017 年	2018 年	2019 年	2020 年	2021 年
人口（百万人）	28.6	29.5	30.4	31.3	32.2
名义 GDP 总量（亿美元）	132	149	154	140	153
GDP 实际增长率（%）	3.7	3.4	2.3	-1.2	2.1
人均 GDP（美元）	1291	1328	1343	1304	1338
通货膨胀率（%）	5.7	3.5	3.6	3.7	6.6
出口额（百万美元）	4727	5197	4669	3589	5150
进口额（百万美元）	5223	6169	6753	5883	7134
经常项目平衡（百万美元）	-2586	-4120	-3022	-3616	-3434
外债总额（百万美元）	15822	18679	20110	20932	21658
国际储备（百万美元）	3361	3104	3888	4092	3444
汇率（1 美元兑换梅蒂亚尔）	59.00	61.50	61.50	74.90	63.80

注：人均 GDP 数值按购买力平价计算；2017～2020 年为实际值，2021 年各项指标均为估计值。

资料来源：EIU，*Country Report：Mozambique*，January 2022。

2017~2021年葡萄牙主要经济指标

	2017 年	2018 年	2019 年	2020 年	2021 年
人口(百万人)	10.3	10.3	10.3	10.3	10.3
名义 GDP 总量(亿美元)	2213	2424	2400	2284	2465
GDP 实际增长率(%)	3.5	2.8	2.7	−8.4	4.8
人均 GDP(美元)	33014	34863	36247	34250	37047
通货膨胀率(%)	1.6	1.2	0.3	−0.1	0.9
出口额(亿美元)	602	664	649	597	763
进口额(亿美元)	753	848	831	737	756
经常项目平衡(百万美元)	30	13	10	−24	−22
国际储备(亿美元)	101.53	91.6	62.7	62.0	—
汇率(1 美元兑换欧元)	0.89	0.85	0.89	0.88	0.84

注：人均 GDP 数值按购买力平价计算；2017~2020 年为实际值，2021 年各项指标均为估计值。

资料来源：EIU, *Country Report：Portugal*, 1ˢᵗ Quarter 2022；世界银行网上统计数据库，http：//data. worldbank. org/country/portugal。

2017~2021年圣多美和普林西比主要经济指标

	2017 年	2018 年	2019 年	2020 年	2021 年
人口(万人)	20.7	21.1	21.5	21.9	22.3
GDP 总量(百万美元)	381.8	457.0	488.0	585.3	678.5
GDP 实际增长率(%)	3.8	2.9	2.2	3.1	3.3
人均 GDP(美元)	3952.9	4089.2	4174.7	4273.8	—
通货膨胀率(%)	5.7	7.9	7.8	10.0	7.9
出口额(百万美元)	16.0	16.0	13.0	14.0	18.8
进口额(百万美元)	127.0	133.0	126.0	115.0	145.6
经常项目平衡(百万美元)	−74.0	−74.0	−87.0	−57.0	−71.5
外债总额(百万美元)	269.5	252.6	251.6	291.2	—
国际储备(百万美元)	59.0	43.7	47.3	75.3	97.9
汇率(1 美元兑换多布拉)	21.7	20.8	21.9	21.5	20.9

注：人均 GDP 数值按购买力平价计算；2017~2020 年为实际值，2021 年各项指标均为估计值。

资料来源：EIU, *Country Report：São Tomé and Príncipe*, 1ˢᵗ Quarter 2022；世界银行网上统计数据库，http：//data. worldbank. org/country/são tomé and príncipe。

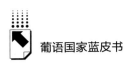

2017～2021 年东帝汶主要经济指标

	2017 年	2018 年	2019 年	2020 年	2021 年
人口（百万人）	1.2	1.3	1.3	1.3	1.3
名义 GDP 总量（百万美元）	1616	1584	2048	1902	1960
GDP 实际增长率（%）	−3.1	−0.7	19.5	11.3	3.0
人均 GDP（美元）	3177.5	3168.4	3780.1	4141.3	—
通货膨胀率（%）	0.5	2.3	1.0	0.5	3.8
出口额（百万美元）	16.7	24.6	26.0	17.4	—
进口额（百万美元）	681.1	613.1	592.5	527.4	—
经常项目平衡（百万美元）	−339.0	−191.1	134.0	−308.0	
外债总额（百万美元）	124.5	158.1	203.4	231.8	—
外汇储备（百万美元）	544.4	673.9	656.2	656.5	—
汇率（通用美元）	1	1	1	1	1

注：人均 GDP 数值按购买力平价计算；2017～2020 年为实际值，2021 年各项指标均为估计值。

资料来源：EIU, *Country Report：Timor-Leste*, 1ˢᵗ Quarter 2022；世界银行网上统计数据库，http：//data. worldbank. org/country/timor-leste。

Abstract

Reports on the Development of Portuguese — Speaking Countries (2022) is the 7th academic annual report on the economic and social development status and trends of Portuguese-speaking countries.

The Republic of Angola, the Federative Republic of Brazil, the Republic of Cape Verde, the Republic of Guinea—Bissau, the Republic of Mozambique, the Republic of Portugal, the Democratic Republic of São Tomé and Príncipe, and the Democratic Republic of Timor — Leste have been severely impacted by the global pandemic of COVID—19 in 2020, and their economic growth has shown an unprecedented recession, and there has been significant catastrophic turmoil in social life. However, confronting such a pandemic, all countries have adopted extraordinary prevention and control measures to maintain the basic needs of the economy and society. Overall, the economy and society are operating at the lower level.

The General Report summarizes the overall economic and social development status and trends of Portuguese-speaking countries in a large number of pages. After analyzing and judging the global political and economic situation, the Report believes that the curtain of the world's profound changes unseen in a century has begun and been intensifying. The pandemic of COVID—19 started in early 2020, and even continued until 2022. The international community has fully invested in the fight against the pandemic. Portuguese-speaking countries are faced with the dual challenges of significant pandemic and drastic changes in the global pattern. On the one hand, these countries have adopted strict prevention and control measures to protect people's lives; on the other hand, these countries have relentlessly resumed production to ensure the basic needs of society.

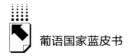

In 2020, the development of Portuguese-speaking countries has generally slipped into recession. The GDP of most countries has experienced negative growth, and GDP per capita has generally declined. Foreign investment confidence has been frustrated, foreign debts have risen, the unemployment rate has increased significantly, and foreign trade has remained at a low level. From 2020 to 2021, Portugal held presidential and parliamentary elections, and the society maintained stable after elections. In 2021, the GDP of Portuguese-speaking countries achieved restorative growth, and their foreign trade achieved double-digit growth. However, Portuguese-speaking countries were still unable to get rid of the shackles of COVID-19. All countries continued to adopt prevention and control measures, while promoting the resumption of work and production, and striving to achieve economic growth.

In 2020, the total value of imports and exports between China and Portuguese-speaking countries has dropped slightly compared with the same period last year, but the trading volume was basically kept on the whole. China has been Brazil's largest export destination and import source country for 12 consecutive years, and Angola has become China's third largest trading partner in Africa. China's investment in Portuguese-speaking countries has decreased compared to the homologous period of last year, but the value of newly-signed project contracting contracts by Chinese enterprises in Portuguese-speaking countries has increased significantly, while the completed turnover has declined significantly. China and Portuguese-speaking countries have cooperated in the face of the pandemic and joined hands to fight COVID - 19. China has provided Portuguese-speaking countries with a large amount of emergency medical supplies and vaccine assistance. Portuguese-speaking countries have supported China's fight against the pandemic in various ways, and jointly written a magnificent chapter of building a community with a shared future for mankind.

In 2021, Chinese President Xi Jinping had a telephone conversation with Portuguese President to promote the joint construction of the "Belt and Road". People-to-people exchanges between China and Portuguese-speaking countries have been on the rise, promoting bilateral friendly cooperation.

The Special Report, Work of the Permanent Secretariat of Forum Macao in

2021 and its outlook for 2022, is an annual report on the progress of the Forum Macao compiled by the Permanent Secretariat for five consecutive years. In 2021, the Permanent Secretariat prepared actively for the special ministerial meeting of Forum Macao, steadily promoted trade and investment, strived to maintain a good momentum of cultural exchanges, actively promoted interprovincial and city-to-city cooperation, continued to carry out human resources cooperation, and supported the activities of social groups and academic institutions, participated in the construction of youth innovation and entrepreneurship and bilingual talent training base of China and Portuguese-speaking countries.

Topic Reports observe the development and changes of Portuguese-speaking countries in the fields of trade and investment, carbon neutrality, bilateral economic and trade cooperation, and infrastructure construction from the perspective of the Portuguese-speaking countries as a whole and by country. Among them, one report studies trade and investment facilitation between China and Portuguese-speaking countries in the post-pandemic period, the second one is about the policies and action goals adopted by Portugal in the European strategy for carbon neutrality, the third one is about the policies and results of Brazil's pursuit of close economic and trade relations with China, and the fourth one is about the cooperation between China and Mozambique in infrastructure construction – a typical case of the Maputo Bridge.

Country Reports, sorted by the first letter of the Portuguese-speaking country name, explain the development and changes of the Portuguese-speaking countries in the fields of politics, diplomacy, economy, society and humanities from 2020 to 2021, including details of the economic and social development and changes of Portuguese-speaking countries, the development of bilateral relations between China and Portuguese-speaking countries, and the progress of bilateral economic and trade cooperation. In the appendix, we continue to compile the Chronology of Events of the Portuguese-speaking Countries in 2021, and publish the main economic indicators of the Portuguese-speaking Countries for 2017-2021.

Keywords: Portuguese-speaking Countries; Economic and Social Development; Economic and Trade Cooperation

Contents

Ⅰ General Report

Abstract: Since 2020, the world's profound changes unseen in a century and the global pandemic of COVID-19 have severely impacted the economic and social development of Portuguese-speaking countries. The economy has experienced a great recession that has not been seen in many years. The GDP per capita has fallen sharply. The total value of import and export commodities has experienced an unprecedented drop, foreign investment has dropped significantly, and the government has a heavy debt burden. Social order has been severely disturbed. Although the population of these countries has increased in varying degrees, the unemployment rate has soared. Most of Portuguese-speaking countries are still developing countries and have a long way to go in economic and social development. All countries have adopted relatively strict emergency measures to prevent and control the spread of the pandemic, and to protect people's lives to the greatest extent in the case of a shortage of medical facilities. At the same time, these countries have adopted special fiscal and monetary policies, maintained a considerable scale of foreign trade, strived to improve the investment environment, and minimized the damage caused by the pandemic. China and Portuguese-speaking countries have strengthened cooperation and joined hands to fight

COVID – 19. China has provided emergency medical supplies and vaccine assistance to Portuguese-speaking countries to help Portuguese-speaking countries to ease the pressure of the pandemic of COVID – 19, working together to create a community of shared future for mankind. With the gradual weakening of the pandemic of COVID – 19, the economy of Portuguese-speaking countries is expected to recover in 2021, and the economic and trade cooperation between China and Portuguese-speaking countries will gain more development opportunities.

Keywords: Portuguese-speaking Countries; Economic Development; Multilateral and Bilateral Cooperation

Ⅱ Special Report

B . 2 Work of the Permanent Secretariat of Forum Macao
in 2021 and Its Outlook for 2022

Permanent Secretariat of Forum Macao / 034

Abstract: Confronting the situation that the COVID – 19 pandemic continues to ravage around the world, the Permanent Secretariat of Forum Macao had taken the initiative of Macao's role as a platform, working together with the Portuguese-speaking countries of the Forum, under the mode of "online+offline", carrying out relevant work under the framework of the Forum, continuously promoting China and Portuguese-speaking countries to achieve positive results in various fields. The construction of the Greater Bay Area and Guangdong–Macao In–Depth Cooperation in Hengqing, is not only developing and enriching "one country, two systems" practice, ensuring that Macao has a long-term prosperity and stability, but also provides a broad cooperative space between China and Portuguese-speaking countries. In the next step, the Permanent Secretariat will help the Macao SAR Government to further build the Macao Commercial and Trade Service Platform Complex between China and Portuguese-speaking

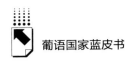
葡语国家蓝皮书

countries, and promote cooperation between China and Portuguese-speaking countries in all fields in the new era to achieve new results.

Keywords: Forum Macao; Macao as Platform; Economy and Trade; Humanities

Ⅲ   Topic Reports

B.3   The New Development of Trade and Investment Facilitation between China and Portuguese-speaking Countries

Li Chunding, *Xie Huimin and He Huanyue* / 041

Abstract: In 2021, the trade and investment between China and Portuguese-speaking countries grew despite the impact of the COVID − 19 pandemic, reflecting the huge development potential and complementarity of bilateral economic, trade and investment cooperation, among which the facilitation of bilateral trade and investment is an important driving force. In recent years, outstanding achievements have been made in trade and investment facilitation between China and Portuguese-speaking countries, including the development of legal protection, mechanism construction, trade and investment promotion agencies, and multilateral and bilateral trade and investment promotion platforms. Looking ahead, cooperation in digital economy and digital infrastructure construction, multilateral and regional trade and investment liberalization and development will all promote trade and investment facilitation between China and Portuguese-speaking countries. China and Portuguese-speaking countries should actively promote the liberalization and facilitation of economic and trade cooperation from both long-term and short-term perspectives, and promote the high-quality development of trade and investment cooperation between China and Portuguese-speaking countries.

Keywords: Portuguese-speaking Countries; Forum Macao; Trade and Investment Facilitation

Abstract: The goal for carbon neutrality is an important watershed for the EU to achieve green and low-carbon transformation. The European Green Deal put forward by New President of the EU commission, Ursula von der Leyen, after taking office, proposed that the EU will become the first "carbon neutral" world continent in 2050 and accelerate the transformation of the EU to green and low-carbon. Portugal has always been an active driving force in the process of EU integration. The Portuguese government responded positively and put forward Portugal's specific action plan from the perspective of policy and action, so as to contribute to the realization of the EU's goal for carbon neutrality.

Keywords: European Green Deal; Carbon Neutral Continent; Portugal's Strategy for Carbon Neutrality

Abstract: This paper carries out a study on the new reality that bilateral trade between China and Brazil reached a new historical high in 2021, contending that their economic and trade cooperation has developed steadily and closer. It is believed that trade diversion is not the only explanation for this progress. In bilateral exchanges, the priority given by the leaders of the two countries, the improvement of the trade structure, the suitability of Brazil's trade policies in line with market rules, and the Sino−Brazilian cooperation mechanism has become the main reasons why China−Brazil trade has achieved breakthroughs even under the severe impacts of the pandemic. In the future, the economic and trade relations will continue to be the relevant area in Sino−Brazilian bilateral relationship. At the

same time, a brief evaluation is made on the environmental issues and deindustrialization issues, which are concerned by Brazilian scholars.

Keywords: China; Brazil; Economic and Trade Cooperation

B.6　Cooperation in Infrastructure Construction between China
　　　　and Mozambique

　　　　　——*Typical Case of Maputo Cross-sea Bridge*

Cao Changwei, Bai Pengyu / 079

Abstract: Maputo Cross-sea Bridge and Link Roads Project in Mozambique is a typical case of China and Mozambique co-building high-quality the Belt and Road and it is the largest main span suspension bridge in Africa. China Road and Bridge Corporation (CRBC), a subsidiary of China Communications Construction Corporation (CCCC), undertook the project construction, and adopted a series of practices to promote the smooth progress and achieve good economic, technical and social benefits, such as going abroad of as a group integrating advantageous resources, strictly controlling construction quality and safety, promoting technological innovation, insisting on cultural communication, and actively fulfilling social responsibilities. As an important arterial passage to the South African border in Maputo and the north, the project provides great convenience for local economic development and people's work and life, and will significantly improve the level of road network and connectivity in the southern region, and quickly drive the construction of economic corridors along the project. At the same time, the project is of exemplary significance that "Made in China" and "China Standard" go abroad. During the implementation of the project, we adopt local personnel managing, technology transferring and local staff training, which is beneficial to Mozambique's long-term development.

Keywords: The Belt and Road; Infrastructure Construction; Mozambique; Maputo Bridge and Link Roads Project

Ⅳ   Country Reports

Abstract: From 2020 to 2021, the Lourenço government continued to promote domestic political governance. Although it faces challenges such as serious corruption, the impact of the COVID−19 pandemic on economic and social life, and fierce political wrangling of opposition parties, the political situation in Angola maintained generally stable. In the economic field, the growth of the national economy continued to be sluggish, the government's financial difficulties were difficult to solve, and the external debt pressure was huge. In terms of external relations, Angola attaches great importance to international cooperation, promotes economic diplomacy, actively participates in regional affairs, and strives to increase its influence in international and regional affairs. In the context of the continuous spread of the pandemic of COVID−19, China and Angola have worked hard to promote bilateral cooperation in political, economic and other fields, and joined hands to fight the pandemic, further deepening the bilateral friendly relationship.

Keywords: Angola; Political Governance; Economic Diversification; Economic Diplomacy; China−Angola Cooperation

Abstract: The 2022 presidential election of Brazil has been gradually heating up, and various political parties are starting to coalesce, and potential candidates have gradually come out. After the economic recession in 2020, thanks to the positive effects of domestic vaccine promotion and the improvement of the international market, the Brazilian economy achieved a restorative growth of 4.8% in 2021. The government's relief measures have improved poverty. As the

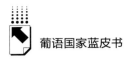

pandemic has gradually stabilized, the employment situation has improved, but inflation problem became worse and exchange rates have fluctuated greatly. China and Brazil have achieved fruitful results in bilateral trade, and joint anti-pandemic efforts, and have strengthened coordination and cooperation on issues such as BRICS and environmental governance.

Keywords: Brazil; Vaccination; Economic Recovery; China - Brazil Relations

B.9 The Republic of Cape Verde　　　　　　　　　　　*Li Shiyue* / 112

Abstract: From 2020 to 2021, the political environment of Cape Verde maintained stable, and parliamentary and presidential elections were held consecutively. Affected by the COVID-19 pandemic, there is a significant decline in numerous economic indicators in 2020. The GDP of Cape Verde shrank by 14.8%, comparing with the homologous period of the previous year. With the gradual improvement of the pandemic situation and the orderly resumption of production and work in various sectors, the national economy is expected to achieve a restorative growth of 4.5% in 2021. The pressure from fiscal operations and public debt have increased. The volume of import and export trade declined seriously, and the trade deficit was obvious. The health infrastructure is relatively complete and the COVID-19 vaccine has been popularized on a large scale to effectively protect the safety of people's lives. The mutually beneficial cooperation between China and Cape Verde has been continuously deepened in many fields, and there is broad space for future cooperation. After the outbreak of the COVID-19 pandemic, China has successively provided multiple batches of medical supplies to Cape Verde to fight against the COVID-19, demonstrating the vision of a community of a shared future for humanity.

Keywords: Cape Verde; Parliament Election; Presidential Election; High Public Debt; China-Cape Verde Cooperation

Contents ⌐⌐

B.10 The Republic of Guinea–Bissau *Song Shuang* / 120

Abstract: In 2020, the new government of Guinea–Bissau was established with the support of the Economic Community of West African States (ECOWAS) and the United Nations, but there were still contradictions among domestic political parties. Due to the COVID – 19 pandemic, Guinea –Bissau's GDP growth rate was negative in 2020; trade deficit rose significantly and foreign direct investment decreased dramatically; the government's debt burden continued increasing, so some international creditors approved debt relief to Guinea–Bissau. Thanks to the government's strict controls, COVID – 19 in Guinea –Bissau was effectively controlled. In order to restore domestic development, the government made a series of efforts and received assistance and aid from other countries and international institutions. China and Guinea–Bissau continued bilateral cooperation in the areas of politics, economy and trade, development assistance, etc. China also provided batches of anti-pandemic goods and materials to Guinea–Bissau.

Keywords: Guinea–Bissau; Change of Government; Heavy Debt Burden; COVID–19; China and Guinea–Bissau Cooperation

B.11 The Republic of Mozambique *An Chunying* / 130

Abstract: From 2020 to 2021, the political situation in Mozambique remained stable, and the ruling Frelimo Party continued to promote its political governance and economic and social development policies. The security situation in the northern Mozambique was critical, partly owing to the COVID – 19 pandemic, and the violent activities of extremist organizations were very active. It is slowly improving with support from foreign troops, especially from the Southern African Development Community (SADC) and Rwanda. The economy of Mozambique slowly recovered, in 2021 real GDP is forecast to grow by 2.1%, following estimated growth of −1.2% in 2020. Under the concept of partnership diplomacy, Mozambique is trying to deepen friendly exchange with neighboring

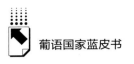

countries and other countries. New Achievements have been made in cooperation in the fields of trade, investment and aid between China and Mozambique.

Keywords: Mozambique; COVID－19; Security Situation; Economic Recovery; China－Mozambique Cooperation

B.12　The Portuguese Republic　　　*Xu Yixing, Ma Xingning* / 143

Abstract: 2021 is a year of significant changes in the political and economic situation in Portugal. The 2022 Draft National Budget submitted by the Portugal's socialist government was rejected by the parliament, and the Portuguese president was forced to call an early election. The current President Marcelo Rebelo de Sousa has presented his good image of being close to people and friendly, and won the presidential election held every five years without suspense. With the support of the European Recovery and Resilience Plan, Portugal has shown signs of economic recovery and growth by expanding domestic demand and promoting foreign trade. Social issues such as population aging pose challenges to the country's future development. China－Portugal relations have maintained a momentum of steady development.

Keywords: Portugal; Presidential Election; Economic Recovery and Resilience Plan; Draft National Budget

B.13　The Democratic Republic of São Tomé and Príncipe
　　　　　　　　　　Song Shuang, Liu Jia and Zhang Meiqi / 158

Abstract: From 2020 to 2021, the political environment in São Tomé and Príncipe was stable. The two major political parties competed fiercely in presidential elections, in which the candidate from the Independent Democratic Action defeated other candidates. In the economic field, São Tomé and Príncipe has maintained economic growth despite the pandemic, the trade deficit has declined, and foreign investment and aid have increased significantly. While public finances have improved in 2020, government debt has continued to mount and international creditors have agreed to forgive and defer part of their debts. In the social area, the pandemic has adversely affected the social development of São Tomé and Príncipe. International agencies and other countries have provided generous assistance in protest materials, equipment and vaccines, and continued to support infrastructure construction. China and São Tomé and Príncipe have promoted bilateral cooperation in the fields of politics, economy and trade, and development assistance, and have assisted São Tomé and Príncipe with multiple batches of anti-pandemic materials.

Keywords: São Tomé and Príncipe; Presidential Election; Economic Growth; International Aid; Chinese Aid

B.14　The Democratic Republic of Timor-Leste　*Tang Qifang* / 168

Abstract: In 2020, East Timor achieved great success in fighting Covid-19 and took positive measures to restore economic and social development severely affected by the pandemic. UN agencies and other international partners have given full support to its efforts in both public health and economy. China was Timor-Leste's biggest partner in terms of helping to fight the pandemic in several ways, which makes the bilateral cooperation closer and stronger.

Keywords: East Timor; Economic Recovery Policy; Chinese Aid

Resumo Geral

O *Relatório de Desenvolvimento dos Países de Língua Portuguesa* (2022) constitui o 7° relatório anual académico acerca do desenvolvimento económico e social dos países de língua portuguesa (também conhecido abreviadamente como PLP) e da sua tendência de desenvolvimento.

Os oito PLP, nomeadamente Angola, Brasil, Cabo Verde, Guiné-Bissau, Moçambique, Portugal, São Tomé e Príncipe e Timor-Leste, foram severamente impactados pela expansão global da pandemia de COVID-19 em 2020, e sofreram recessão económica nunca vista na história e grandes turbulências catastróficas na vida social. No entanto, nesta pandemia, os países adotaram medidas extraordinárias de prevenção e controlo para manter as necessidades básicas da economia e da sociedade. Em geral, a economia e a sociedade funcionam a um nível relativamente baixo.

No Relatório Pincipal, resume-se a situação geral de desenvolvimento económico e social e as tendências dos PLP em um grande número de páginas. Depois de se analisar a situação política e económica global, julga-se que já se iniciam as grandes mudanças mundiais não vistas em um século e estão a intensificar-se. A pandemia de COVID-19 começou no início de 2020e continuou durante todo o ano de 2021 e até 2022. A comunidade internacional envidou todos os esforços na luta contra a pandemia. Os PLP enfrentam o duplo desafio de grande pandemia e mudanças drásticas na estrutura mundial. Por um lado, os países adotaram medidas rigorosas de prevenção e controlo para proteger a vida das pessoas. Por outro lado, esses países insistem em recuperar a produção para garantir as necessidades básicas da sociedade.

Em 2020, o desenvolvimento dos PLP deslizou geralmente para a recessão económica. O PIB da maioria dos PLP registou um crescimento negativo e o PIB*per capita* diminuiu de forma geral. Os PLP sofreram o declínio da confiança para investimento direto estrangeiro, o aumento das dívidas externas e da taxa de desemprego e revés significativo no comércio exterior. De 2020 a 2021, Portugal realizou eleições presidenciais e parlamentares e a sociedade manteve-se estável após as eleições. Em 2021, o PIB dos PLP conseguiu um crescimento restaurador e o seu comércio exterior conseguiu um crescimento de dois dígitos. No entanto, os PLP ainda não conseguiram livrar-se das amarras da pandemia de COVID-19. Os países continuam a adotar medidas de prevenção e controlo, promovendo a retomada do trabalho e da produção e buscando o crescimento económico.

Em 2020, o valor total das trocas comerciais entre a China e os PLP caiu ligeiramente em relação ao ano anterior, mas a balança comercial básica foi mantida em geral. A China tem sido o maior destino de exportação e origem de importação do Brasil por 12 anos consecutivos, e Angola tornou-se o terceiro maior parceiro comercial da China na África. O investimento da China nos PLP diminuiu face ao período homólogo, mas o valor dos novos contratos de contratação de projetos assinados por empresas chinesas nos PLP aumentou significativamente, enquanto o volume de negócios concluído diminuiu significativamente. A China e os PLP cooperaram diante da pandemia e combateram em conjunto a pandemia. A China forneceu aos PLP uma grande quantidade de suprimentos médicos de emergência e assistência vacinal. Os PLP apoiam de várias formas a luta da China contra a pandemia, e escrevem conjuntamente um capítulo magnífico da construção de uma comunidade com futuro compartilhado.

Em 2021, o Presidente chinês Xi Jinping teve uma conversa telefónica com o Presidente português para promover a construção conjunta da "Faixa e Rota". Os intercâmbios pessoais entre a China e os PLP continuam a promover a cooperação bilateral amigável.

O Relatório Especial, intitulado "Trabalho em 2021 e Perspectivas em 2022" constitui um relatório anual sobre o progresso do Fórum para a Cooperação Económica e Comercial entre a China e os Países de Língua Portuguesa (Macau) compilado pelo Secretariado Permanente durante cinco anos consecutivos. Em 2021, o secretariado permanente preparou-se ativamente para a reunião ministerial

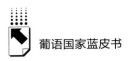
especial do Fórum de Macau, promovendo firmemente a promoção do comércio e investimento mútuos, esforçou-se por manter um bom ímpeto de intercâmbios culturais, promovou ativamente a cooperação entre províncias e cidades, continuou a realizar cooperação em recursos humanos, e apoiou a cooperação de grupos sociais e instituições académicas, participou na construção da Base China-PLP de Inovação e Empreendedorismo Juvenil e Formação de Talentos Bilingues.

Os Relatórios Cadentes, quatro relatórios em que se observam o desenvolvimento e as mudanças dos PLP nas áreas de comércio e investimento, neutralidade carbónica, cooperação económica e comercial bilateral e construção de infraestrutura na perspetiva dos PLP como um todo e por país. Entre eles, um estudo analisa a facilitação do comércio e investimento entre a China e os PLP no período pós-pandemia. Um outro é sobre as políticas e objetivos de ação adotados por Portugal na estratégia neutra em carbono da UE. O terceiro é sobre as políticas e resultados da busca do Brasil por estreitas relações económicas e comerciais com a China. O quarto é sobre a cooperação entre a China e Moçambique na construção de infraestruturas - caso típico da Ponte de Maputo.

Os Relatórios por País, ordenados pela primeira letra do nome dos PLP, explicam o desenvolvimento e as mudanças dos PLP nos campos da política, diplomacia, economia, sociedade e humanidades de 2020 a 2021. Estes incluem detalhes do desenvolvimento económico e social e mudanças dos PLP, o desenvolvimento das relações bilaterais entre a China e os PLP e o progresso da cooperação económica e comercial bilateral. Em anexo, compila-se a Crónica dos Acontecimentos dos PLP em 2021 e divulga-se para os leitores os principais indicadores económicos dos PLP para 2017-2021.

Palavras-chave: PLP; Desenvolvimento Económico e Social; Cooperação Económica e Comercial

Resumos

I　Relatório Principal

B.1　Desenvolvimento Económico e Social dos Países de
Língua Portuguesa（2020－2021）　　　*Wang Cheng'an* ／ 001

Resumo：Desde 2020, as grandes mudanças mundiais não vistas em um século e apandemia de COVID－19 impactaram severamente o desenvolvimento económico e social dos PLP. A economia passou por uma grande recessão sem precedente há muitos anos. O PIB *per capita* caiu drasticamente. O valor total das importações e exportações experimentou uma queda dupla inédita. A atração de capital estrangeiro caiu drasticamente e o governo tem uma pesada carga de dívida. A ordem social foi severamente perturbada. Apesar de a população dos PLP crescer em diferentes graus, a taxa de desemprego disparou, as pessoas vivem em dificuldades, a maioria dos países ainda se encontram em desenvolvimento, e ainda há um longo caminho a percorrer para o desenvolvimento. Todos os países adotaram medidas de emergência estreitas para prevenir e controlar a expansão da pandemia e para proteger ao máximo a vida das pessoas em caso de escassez de instalações médicas. Ao mesmo tempo, esses países adotaram políticas fiscais e monetárias especiais, mantiveram uma escala considerável de comércio exterior e esforçaram-se para melhorar o ambiente de investimento, minimizando ao máximo os danos causados pela pandemia. A China e os PLP fortaleceram a cooperação para combater a pandemia. A China forneceu suprimentos médicos de emergência e assistência vacinal aos PLP para ajudar os PLP a

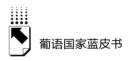

aliviar a pressão no combate à pandemia de COVID−19, escrevendo um magnífico capítulo da construção de um futuro compartilhado para a humanidade. Com o enfraquecimento gradual da pandemia de COVID−19, os PLP conseguiram uma recuperação económica em 2021, e a cooperação económica e comercial entre a China e os PLP voltaram a ganhar oportunidades de desenvolvimento.

Palavras-chave: PLP; Desenvolvimento Económico; Cooperação Multilateral e Bilateral

II   Relatório Especial

B.2   Os Trabalhos do Secretariado Permanente do Fórum de Macau em 2021 e as suas Perspetivas para 2022

Secretariado Permanente do Fórum de Macau / 034

Resumo: Confrontado com a situação em que a pandemia de COVID−19 continua a espalhar-se pelo mundo, o Secretariado Permanente do Fórum de Macau tomou a iniciativa de colocar Macau como plataforma, trabalhando em conjunto com osPLP participantes do Fórum, sob o modalidade "*online+offline*", realizando trabalhos relevantes no âmbito do Fórum, promovendo continuamente a China e os PLP a alcançarem resultados positivos em diversas áreas. A construção da Grande Área da Baía e da Cooperação Aprofundada Guangdong−Macau em Hengqing, não só desenvolve e enriquece a prática "um país, dois sistemas", garantindo que Macau tenha uma prosperidade e estabilidade a longo prazo, mas também proporciona uma ampla espaço cooperativo entre a China e os PLP. Na próxima etapa, o Secretariado Permanente ajudará o Governo da RAEM a continuar a construir o Complexo da Plataforma de Serviços Comerciais de Macau entre a China e os PLP e a promover a cooperação entre a China e os PLP em todos os domínios na nova era para alcançar novos resultados.

Palavras-chave: Fórum de Macau; Macau como Plataforma; Economia e Comércio; Humanidades

III   Relatórios Cadentes

B.3   O Desenvolvimento da Facilitação do Comércio e
Investimento entre a China e os PLP no Período
Pós-pandemia   *Li Chunding, Xie Huimin and He Huanyue* / 041

Resumo: Em 2021, o comércio e o investimento entre a China e os PLP conseguiram um crescimento contrário apesar do impacto da pandemia, refletindo o enorme potencial de desenvolvimento e complementaridade da cooperação bilateral económica, comercial e de investimento, entre os quais a facilitação do comércio bilateral e do investimento constitui uma importante força motriz. Nos últimos anos, conquistas notáveis foram alcançadas na facilitação do comércio e investimento entre a China e os PLP, incluindo o desenvolvimento de proteção legal, construção de sistemas, agências de promoção de comércio e investimento e plataformas multilaterais e bilaterais de promoção de comércio e investimento. Olhando para o futuro, a cooperação na economia digital e na construção de infraestruturas digitais e a liberalização do comércio e investimento multilateral e regional promoverão a facilitação do comércio e do investimento entre a China e os PLP. A China e os PLP devem promover ativamente a liberalização e facilitação da cooperação económica e comercial, tanto a longo como a curto prazo, e promover o desenvolvimento de alta qualidade da cooperação comercial e de investimento entre a China e os PLP.

Palavras-chave: PLP; Fórum de Macau; Facilitação do Comércio e Investimento

B.4   Estratégia para a Neutralidade Carbónica da UE e
Políticas e Metas de Ação de Portugal   *Zhang Min* / 056

Resumo: O objetivo da neutralidade carbónica é um divisor de águas

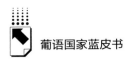

importante para a UE alcançar a transformação verde e de baixo carbono. O Acordo Verde Europeu apresentado pela nova presidente da Comissão Europeia, Ursula von der Leyen, após assumir o cargo, propôs que a UE se torne o primeiro continente neutro em carbono em 2050 e acelere a transformação da UE em verde e de baixo carbono. Portugal sempre foi um motor ativo no processo de integração na UE. O governo português respondeu positivamente e apresentou o plano de ação específico de Portugal do ponto de vista da política e da ação, de modo a contribuir para a concretização do objetivo da neutralidade carbónica da UE.

Palavras-chave: Acordo Verde Europeu; Continente Neutro em Carbono; Estratégia para a Neutralidade Carbónica

B.5 Atualidade, Motivos e Perspetivas da Cooperação Económica e Comercial entre a China e o Brasil

Zhang Weiqi, Xu Yujie / 068

Resumo: Este trabalho estuda a nova realidade do comércio bilateral sino-brasileiro, que conseguiu bater um novo recorde em 2021, afirmando que a sua cooperação económica e comercial tem-se desenvolvido de forma constante e cada vez mais estreita. Acredita-se que o desvio do comércio não constitui a única explicação deste progresso. Nos intercâmbios bilaterais, a prioridade atribuída pelos líderes dos dois países, o tamanho do mercado chinês e a atualização do consumo, a adequação das políticas comerciais brasileiras às regras de mercado, assim como o mecanismo de cooperação sino-brasileiro tornaram-se as principais razões do progresso comercial entre os dois países, mesmo sob os impactos graves da pandemia. No futuro, as relações económicas e comerciais continuarão a ser a área relevante das relações bilaterais sino-brasileiras. Ao mesmo tempo, realiza-se uma avaliação simples sobre as questões ambientais e de desindustrialização, que preocupam os estudiosos brasileiros.

Palavras-chave: China; Brasil; Cooperação Económica e Comercial

B . 6   Cooperação na Construção de Infraestruturas entre a
China e Moçambique—Caso Típico da Ponte Maputo

Cao Changwei , Bai Pengyu / 079

Resumo: O Projeto da Ponte de Travessia Marítima de Maputo e Estradas de Ligação em Moçambique é um caso típico da cooperação entre China e Moçambique na construção conjunta de alta qualidade da Faixa e Rota, sendo a maior ponte suspensa de vão principal na África. A China Road and Bridge Corporation (CRBC), uma subsidiária da China Communications Construction Corporation (CCCC), responsabilizou-se pela construção do projeto e adotou uma série de práticas para promover o bom andamento e obter bons benefícios económicos, técnicos e sociais. Integram-se recursos vantajosos para ir ao exterior, controlam-se rigorosamente a qualidade e a segurança da construção, promove-se a inovação tecnológica, insiste-se na comunicação cultural e cumprem-se ativamente as responsabilidades sociais. Como uma importante passagem arterial para a fronteira sul-africana em Maputo e no norte, o projeto oferece grande conveniência para o desenvolvimento económico local e para o trabalho e a vida das pessoas, melhorando significativamente o nível da rede rodoviária e conetividade na região sul e conduzindo rapidamente a construção de corredores económicos ao longo do projeto. Ao mesmo tempo, através desse projeto, "*Made in China*" e "*China Standard*" vão para o exterior. Durante a implementação do projeto, adota-se gerenciamento de pessoal local com transferência de tecnologia, o que é benéfico para o desenvolvimento de longo prazo de Moçambique.

Palavras-chave: Faixa e Rota; Construção de Infraestruturas; Moçambique; Projeto Ponte Marítima de Maputo e Estradas de Ligação

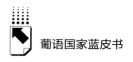

Ⅳ　Relatórios por País

B.7　República de Angola　　　　*An Chunying*, *Wen Zhuojun* / 090

Resumo：De 2020 a 2021, o governo Lourenço continuará a promover a governação política doméstica. Embora enfrente desafios como a corrupção grave, o impacto da pandemia de COVID−19 na vida económica e social e a luta política feroz entre os partidos da oposição, a situação política em Angola é geralmente estável. No campo económico, o crescimento da economia nacional continuou lento, as dificuldades financeiras do governo eram difíceis de resolver e a pressão da dívida externa era enorme. Ao nível das relações externas, Angola atribui grande importância à cooperação internacional, promove a diplomacia económica, participa ativamente nos assuntos regionais e procura aumentar a sua influência nos assuntos internacionais e regionais. No contexto da propagação contínua da pandemia de COVID − 19, China e Angola têm trabalhado arduamente para promover a cooperação bilateral nos campos político, económico e outros, e uniram-se para combater a pandemia, aprofundando ainda mais o relacionamento amigável bilateral.

Palavras-chave：Angola；Governação Política；Diversificação Económica；Diplomacia Económica；Cooperação China−Angola

B.8　República Federativa do Brasil　　　　*He Luyang* / 102

Resumo：A eleição presidencial de 2022 está esquentando gradualmente. Os potenciais candidatos surgem um após o outro. Após a recessão económica em 2020, graças aos efeitos positivos da promoção nacional de vacinas e à melhoria do mercado internacional, a economia brasileira alcançou um crescimento de recuperação de 4, 8% em 2021. As medidas de alívio do governo melhoraram a pobreza. À medida que a pandemia se estabilizou gradualmente, a situação do emprego melhorou, mas a inflação ficou vermelha e as taxas de câmbio flutuaram muito. O retorno do ex-presidente Lula e a introdução de novos regulamentos eleitorais tornaram-se eventos importantes que afetam as eleições. A China e o Brasil alcançaram resultados frutíferos na comunicação partidária, comércio bilateral e esforços conjuntos antiepidémicos, e fortaleceram a coordenação e a cooperação em questões como BRICS e governança ambiental.

Palavras-chave: Brasil; Vacinação; Recuperação Económica; Relações China-Brasil

B.9 República de Cabo Verde   *Li Shiyue* / 112

Resumo: Nos anos de 2020 e 2021, a situação política interna em Cabo Verde é estável, tendo-se realizado sucessivamente eleições parlamentares e presidenciais. Afetada pela pandemia de COVID-19, a economia cabo-verdiana encolheu significativamente em 2020, com uma quebra homóloga de 14, 8%. Com a melhoria gradual da situação pandémica e a retoma ordenada da produção e do trabalho nos diversas setores, a economia nacional deverá atingir um crescimento restaurador de 4, 5% em 2021. A pressão sobre as operações fiscais tem crescido e a dívida pública tem sido elevada. O volume do comércio de importações e exportações diminuiu drasticamente e o déficit comercial foi óbvio. As infraestruturas de saúde são relativamente completas, e as vacinas contra COVID-19 foram popularizada em larga escala, o que efetivamente protege a segurança da vida das pessoas. A China e Cabo Verde continuaram a promover a sua cooperação em diversas áreas, com amplo espaço de cooperação a ser aprofundado. A China tem doado vários lotes de medicamentos a Cabo Verde para ajudar o povo cabo-verdiano a combater a pandemia de COVID-19, refletindo o espírito da construção conjunta de um futuro compartilhado para a humanidade.

Palavras-chave: Cabo Verde; Eleições Parlamentares; Eleições Presidenciais; Pesado Endividamento; Cooperação China-Cabo Verde

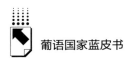
B.10 República da Guiné-Bissau   *Song Shuang* / 120

Resumo: Em 2020, o novo governo da Guiné-Bissau foi estabelecido com o apoio da Comunidade Económica dos Estados da África Ocidental (CEDEAO) e das Nações Unidas, mas ainda existiam contradições entre os partidos políticos nacionais. Devido à pandemia de COVID-19, a taxa de crescimento do PIB da Guiné-Bissau foi negativa em 2020. O déficit comercial aumentou significativamente e o investimento estrangeiro direto diminuiu drasticamente. O peso da dívida do governo continuou a aumentar, pelo que alguns credores internacionais aprovaram o alívio da dívida da Guiné-Bissau. Graças aos rígidos controles do governo, a pandemia de COVID-19 na Guiné-Bissau foi efetivamente controlada. Para recuperar o desenvolvimento nacional, o governo empreendeu uma série de esforços e recebeu ajuda e doação de outros países e instituições internacionais. A China e Guiné-Bissau continuaram a aprofundar a cooperação bilateral nas áreas de política, economia e comércio, assistência ao desenvolvimento, etc. A China também forneceu lotes de bens e materiais anti-pandémicos à Guiné-Bissau.

Palavras-chave: Guiné-Bissau; Mudança de Governo; Pesado Endividamento; COVID-19; Cooperação entre a China e Guiné-Bissau

B.11 República de Moçambique   *An Chunying* / 130

Resumo: De 2020 a 2021, a situação política em Moçambique manteve-se estável, a Frelimo que é o partido no poder continuou a promover a sua governação política e políticas de desenvolvimento económico e social. A situação de segurança no norte de Moçambique era crítica, em parte devido à pandemia de COVID-19, e as atividades violentas de organizações extremistas eram muito ativas, sendo melhorando lentamente com o apoio de tropas estrangeiras, especialmente da Comunidade de Desenvolvimento da África Austral (SADC) e de Ruanda. A Economia de Moçambique recuperou lentamente, em 2021 o PIB real deverá crescer 2,1%, após um crescimento estimado de -1,2% em 2020. Sob o conceito de diplomacia de parceria, Moçambique procura aprofundar o intercâmbio amigável com os países vizinhos e outros países. Novas conquistas foram alcançadas na cooperação nas áreas de comércio, investimento e ajuda entre a China e Moçambique.

Palavras-chave: Moçambique; COVID − 19; Situação de Segurança; Recuperação Económica; Cooperação ente a China e Moçambique

B.12 República Portuguesa *Xu Yixing, Ma Xingning* / 143

Resumo: 2021 é um ano de grandes mudanças na conjuntura política e económica em Portugal. O projeto de orçamento nacional para 2022 apresentado pelo governo socialista português foi rejeitado pelo parlamento, e o presidente português foi forçado a anunciar uma eleição nacional antecipada. O atual Presidente Marcelo Rebelo de Sousa tem mostrado a sua boa imagem de proximidade e simpatia ao povo, e venceu sem qualquer suspense as presidenciais que se realizam a cada cinco anos em Portugal. Com o apoio do plano de recuperação e resiliência económica da UE, Portugal tem dado sinais de recuperação e crescimento económico ao expandir a procura interna e promover o comércio externo. Questões sociais como o envelhecimento da população representam desafios para o desenvolvimento futuro do país. As relações China − Portugal mantiveram um ritmo de desenvolvimento constante.

Palavras-chave: Portugal; Eleições Presidenciais; Plano de Recuperação Económica e Resiliência; Projeto de Orçamento Nacional

B.13 República Democrática de São Tomé e Príncipe
Song Shuang, Liu Jia and Zhang Meiqi / 158

Resumo: De 2020 a 2021, a situação política em São Tomé e Príncipe manteve-se estável. Os dois principais partidos políticos competiram ferozmente nas

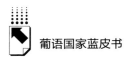
novas eleições presidenciais. No final, o candidato da Acção Democrática Independente（ADI）venceu. Em termos económicos, São Tomé e Príncipe manteve o crescimento económico apesar da pandemia, o défice comercial diminuiu e o investimento estrangeiro e a ajuda aumentaram significativamente. Embora as finanças do governo tenham melhorado em 2020, a dívida do governo continuou a aumentar e os credores internacionais concordaram em perdoar e rolar algumas de suas dívidas. Em termos de sociedade, a pandemia afetou negativamente o desenvolvimento social de São Tomé e Príncipe. Agências internacionais e outros países forneceram assistência generosa em materiais de protesto, equipamentos e vacinas, e continuaram a apoiar a construção de infraestrutura. A China e São Tomé e Príncipe promoveram a cooperação bilateral nas áreas de política, economia e comércio e assistência ao desenvolvimento, e ajudaram São Tomé e Príncipe com vários lotes de materiais antiepidémicos.

Palavras-chave：São Tomé e Príncipe；Eleições Presidenciais；Crescimento Económico；Ajuda Internacional；Ajuda Chinesa

B.14　República Democrática de Timor-Leste　　*Tang Qifang* / 168

Resumo：Em 2020, graça às condições naturais favoráveis e medidas eficazes de prevenção e controlo, Timor-Leste alcançou bons resultados na luta contra a pandemia de COVID-19. Simultaneamente, Timor-Leste formulou planos de curto e médio prazo, procurando ativamente restaurar o desenvolvimento económico e social gravemente afetado pela pandemia, tendo registado progressos em muitos aspetos. As agências das Nações Unidas e outros parceiros internacionais deram total apoio aos seus esforços tanto no combate à pandemia quanto no seu desenvolvimento. A China foi o maior parceiro de Timor-Leste em termos da ajuda no combate à pandemia de diversas formas, o que torna a cooperação bilateral mais próxima e mais forte.

Palavras-chave：Timor-Leste；Plano de Recuperação Económica；Ajuda Chinesa

社会科学文献出版社

皮书

智库成果出版与传播平台

❖ 皮书定义 ❖

皮书是对中国与世界发展状况和热点问题进行年度监测，以专业的角度、专家的视野和实证研究方法，针对某一领域或区域现状与发展态势展开分析和预测，具备前沿性、原创性、实证性、连续性、时效性等特点的公开出版物，由一系列权威研究报告组成。

❖ 皮书作者 ❖

皮书系列报告作者以国内外一流研究机构、知名高校等重点智库的研究人员为主，多为相关领域一流专家学者，他们的观点代表了当下学界对中国与世界的现实和未来最高水平的解读与分析。截至2022年底，皮书研创机构逾千家，报告作者累计超过10万人。

❖ 皮书荣誉 ❖

皮书作为中国社会科学院基础理论研究与应用对策研究融合发展的代表性成果，不仅是哲学社会科学工作者服务中国特色社会主义现代化建设的重要成果，更是助力中国特色新型智库建设、构建中国特色哲学社会科学"三大体系"的重要平台。皮书系列先后被列入"十二五""十三五""十四五"时期国家重点出版物出版专项规划项目；2013~2023年，重点皮书列入中国社会科学院国家哲学社会科学创新工程项目。

权威报告·连续出版·独家资源

皮书数据库
ANNUAL REPORT(YEARBOOK)
DATABASE

分析解读当下中国发展变迁的高端智库平台

所获荣誉

- 2020年，入选全国新闻出版深度融合发展创新案例
- 2019年，入选国家新闻出版署数字出版精品遴选推荐计划
- 2016年，入选"十三五"国家重点电子出版物出版规划骨干工程
- 2013年，荣获"中国出版政府奖·网络出版物奖"提名奖
- 连续多年荣获中国数字出版博览会"数字出版·优秀品牌"奖

皮书数据库　　　"社科数托邦"
　　　　　　　　微信公众号

成为用户

　　登录网址www.pishu.com.cn访问皮书数据库网站或下载皮书数据库APP，通过手机号码验证或邮箱验证即可成为皮书数据库用户。

用户福利

- 已注册用户购书后可免费获赠100元皮书数据库充值卡。刮开充值卡涂层获取充值密码，登录并进入"会员中心"—"在线充值"—"充值卡充值"，充值成功即可购买和查看数据库内容。
- 用户福利最终解释权归社会科学文献出版社所有。

社会科学文献出版社　皮书系列
SOCIAL SCIENCES ACADEMIC PRESS (CHINA)
卡号：293269477786
密码：

数据库服务热线：400-008-6695
数据库服务QQ：2475522410
数据库服务邮箱：database@ssap.cn
图书销售热线：010-59367070/7028
图书服务QQ：1265056568
图书服务邮箱：duzhe@ssap.cn

法律声明

"皮书系列"（含蓝皮书、绿皮书、黄皮书）之品牌由社会科学文献出版社最早使用并持续至今，现已被中国图书行业所熟知。"皮书系列"的相关商标已在国家商标管理部门商标局注册，包括但不限于LOGO（ ）、皮书、Pishu、经济蓝皮书、社会蓝皮书等。"皮书系列"图书的注册商标专用权及封面设计、版式设计的著作权均为社会科学文献出版社所有。未经社会科学文献出版社书面授权许可，任何使用与"皮书系列"图书注册商标、封面设计、版式设计相同或者近似的文字、图形或其组合的行为均系侵权行为。

经作者授权，本书的专有出版权及信息网络传播权等为社会科学文献出版社享有。未经社会科学文献出版社书面授权许可，任何就本书内容的复制、发行或以数字形式进行网络传播的行为均系侵权行为。

社会科学文献出版社将通过法律途径追究上述侵权行为的法律责任，维护自身合法权益。

欢迎社会各界人士对侵犯社会科学文献出版社上述权利的侵权行为进行举报。电话：010-59367121，电子邮箱：fawubu@ssap.cn。

社会科学文献出版社